Helmut Roob

Das Gothaer Land

Thüringen unter der Lupe

Das HERZOGTHUM GOTHA und umliegende Länder.

Meist nach Messungen und örtlichen Untersuchungen bearbeitet von J. C. Bär, mit Erläuterungen von Ad. Stieler.

Gotha, bei J. Perthes

Zweite 1839. Auflage

Berichtigt bis Nov. 1843

Erklaerung der Zeichen.

- **STAEDTE** Staedte
- Marktflecken
- Kirchdorf
- Dorf ohne Kirche
- einzelnes Haus
- Herrschaftl. Schloss
- einzelnes Gut
- Bergschloss
- ruinirtes Bergschl.
- einzelne Kirchen

- Chaussée
- Poststr.
- Hauptstr. } ohne Chaussée
- Nebenstr.

- Herrschaftl. Waldung
- Privat Wald
- 5057 bed. Par. Fuss üb. d. Meer

Canzleybezirk Ohrdruff

Amtsbezirke
- Gotha
- Tonna
- Tenneberg
- Liebenstein
- Nazza (Gen Amt)
- Ichtershausen
- Zella
- Wangenheim (Gen Amt Sitz in Friedrichswerth)
- Georgenthal
- Volkenroda
- Thal (Gen Amt)

Forsteyen
Siehe die Zahlen auf der Karte

1. Ruhla
2. Winterstein
3. Tabarz
4. Waltershausen
5. Friedrichroda
6. Kl. Schmalkalden
} Forstmeisterey Tenneberg

7. Finsterbergen
8. Georgenthal
9. Tambach
10. Dietharz
} Forstm. Georgenthal

11. Stutzhaus
12. Crawinkel
13. Dörrberg
14. Arlesberg
15. Liebenstein
} Forstm. Schwarzwald

16. Oberhof
17. Zella
18. Gehlberg
} Forstm. Zella

Gotha
Friedrichswerth
Tonna
Volkenroda
Menteroda
Gossel
Ichtershausen
} Forstm. Gotha

Helmut Roob

Das Gothaer Land

7000 Jahre Geschichte und Kultur
der Landschaft zwischen Rennsteig und Unstrut

Justus Perthes Verlag Gotha

Lektoren: R. Huschmann, Gotha; Dr. K. - P. Herr, Gotha

Verzeichnis der Bildquellen:
Karten, Graphiken und Fotos ohne Quellenangabe entstammen dem Verlagsarchiv bzw. den Wissenschaftlichen Sammlungen im Justus Perthes Verlages Gotha. Karte Vorderes Vorsatz: Ausschnitt aus der Karte „Das Herzogthum Gotha und umliegende Länder" aus dem Jahre 1839, bearbeitet von J. C. Bär mit Erläuterungen von A. Stieler (Legende neu angeordnet), Karte Hinteres Vorsatz: Ausschnitt aus der Karte „Denkmale des Waidanbaus in Thüringen", 1 : 150 000, von W. Hebeler und H. Müllerott 1989; Karte S. 7: nach Schultze 1955; Karte S. 10: nach Geologie von Thüringen 1974, S. 49; Karte S. 14: Fiege in Ludwig 1974; Karte S. 39: Terra, Unser Land Thüringen, 1991, S. 10 (leicht verändert); Karte S. 112: Heß 1897 (Karte von C. Hellfarth); Karte S. 115: Ausschnitt aus Karte „Nova Territorii Erfordiensis..." von J. B. Homann, Nürnberg 1762 (Sächsische Landesbibliothek Dresden).

Grafiken:
Forschungs- und Landesbibliothek Gotha (S. 31, 64, 99); Museum für Regionalgeschichte Gotha (S. 30, 37); B. Rausch, Göttingen (S. 65); Archiv Roob, Gotha (S. 35, 150); Uniprint Gotha (Städtewappen)

Fotos:
Archiv Blickensdorf, Gera (S. 43); Bricks, Erfurt (S. 137); Grams, Georgenthal (S. 93); Herr, Gotha (S. 140); Kirchner, Gotha (S. 24, 26, 53 r., 60, 75); Kleeberg, Gotha (S. 12); Klein, Gotha (S. 67, 79); Landesmedienzentrum Rheinland-Pfalz, Koblenz-Ehrenbreitstein (Luftbildfreigabe LU 78947)(S. 13); Mader, Schöneberg/Hunsrück (S. 19, 84, 88, 122); Möller, Gotha (S. 25); Museum für Regionalgeschichte Gotha (S. 46, 147); Roob, Gotha (S. 40, 69, 90, 109, 114, 149); Schloßmuseum Gotha (S. 34); Scholze, Molschleben (S. 155); Technisches Denkmal Tobiashammer, Ohrdruf (S. 73).

Titelbild:
Blick vom Boxberg zum westlichen Thüringer Wald mit dem Inselsberg (Foto: Mader, Schöneberg/Hunsrück)

Alle Angaben in dieser Druckschrift erfolgen nach bestem Wissen, jedoch ohne Gewähr!

Die Deutsche Bibliothek - CIP Einheitsaufnahme
Roob, Helmut:
Das Gothaer Land.
7000 Jahre Geschichte und Kultur der Landschaft zwischen Rennsteig und Unstrut.
Helmut Roob. - Gotha: Perthes, 1996
(Thüringen unter der Lupe)
ISBN 3-623-00747-1

ISBN 3-623-00747-1
Thüringen unter der Lupe
Helmut Roob
Das Gothaer Land
1. Auflage
© Justus Perthes Verlag Gotha GmbH, Gotha 1996
Printed in Germany. All rights reserved.
Gesamtgestaltung und Satz:
Möller documentation, Gotha
Bildreproduktionen (teilweise),
Offsetdruck und Buchbinderei:
Druck- und Verlagshaus Erfurt GmbH
Kartographie: Klett-Perthes Kartographie, Gotha

Inhaltsverzeichnis

6 *Vorwort*

7 *Geographie des Gothaer Landes im Überblick*

18 *Geschichte des Gothaer Landes im Überblick*

18 Erste Siedlungsepochen
22 Das Gothaer Land unter den Ludowinger Landgrafen
24 Das Gothaer Land unter den Wettinern
29 Das Gothaer Land unter den Ernestinern
41 Das Gothaer Land während der Zeit der Weimarer Republik und des Nationalsozialismus
47 Das Gothaer Land nach dem Zweiten Weltkrieg

52 *Die Städte im Gothaer Land*

52 Residenz- und Kreisstadt Gotha
62 Friedrichroda und der Rennsteig
71 Ohrdruf und Umgebung
78 Tambach-Dietharz
82 Waltershausen

89 *Tabarz und der Inselsberg*

92 *Die Verwaltungsgemeinschaften des Gothaer Landes*

92 Die Verwaltungsgemeinschaft „Apfelstädtaue"
97 Die Verwaltungsgemeinschaft „Leinatal"
101 Die Verwaltungsgemeinschaft „Hörsel"
106 Die Verwaltungsgemeinschaft „Emsetal"
108 Die Verwaltungsgemeinschft „Nesseaue"
117 Die Verwaltungsgemeinschaft „Mittleres Nessetal"
126 Die Verwaltungsgemeinschaft „Nessetal"
132 Die Verwaltungsgemeinschaft „Nesse-Apfelstädt-Gemeinden"
137 Die Verwaltungsgemeinschaft „MittlererApfelstädtgrund" im Gothaer Burgenland „Drei Gleichen"
146 Die Verwaltungsgemeinschaft „Fahner Höhe"

156 **Anhang**

156 *Literatur im Überblick*
157 *Register von Orten und anderen geographischen Objekten*
159 *Personenregister*

Vorwort

Seit August Becks dreibändiger „Geschichte des gothaischen Landes" (1868-75) und Karl Kohlstocks 30 Heften über „Entdeckungsreisen in der Heimat" (1926) ist keine größere Darstellung mehr über das Gothaer Land zwischen Rennsteig und Unstrut erschienen. Dieser landeskundliche, die Geschichte unseres Landstriches behandelnde Überblick zum Kreis Gotha mit seinen 5 Städten und 69 Gemeinden schließt an diese älteren Arbeiten an, ohne deren Umfang bzw. Vollständigkeit erlangen zu können. Damit soll dem Interesse weiter Bevölkerungskreise Rechnung getragen werden, die an der Historie unseres Gothaer Landes einen großen Informationsbedarf haben und die sich als Thüringer bzw. Thüringerin verstärkt mit ihrer Geschichte identifizieren möchten. Sinn und Zweck dieses Buches kann es dabei nicht sein, Lücken in der Vergangenheit aufzuarbeiten und zu schließen. Hier sind die Ortschronisten und Heimatforscher gefordert.

Letzten Endes wollen Verlag und Autor durch die umfängliche Beschränkung des Buches und damit mit einem preiswerten Angebot möglichst viele Interessenten bzw. Käufer erreichen.

So wurde im Literaturverzeichnis, das nur eine kleine Auswahl von Überblicksliteratur enthält, auf die Nennung von Ortschroniken und Vereinsschriften verzichtet; denn selbst eine Auswahl wäre vom Inhalt und Umfang her unbefriedigend geblieben. Statt dessen sei hier mit Nachdruck auf den reichen Bestand an landes- und heimatkundlicher Literatur verwiesen, den die Forschungs- und Landesbibliothek Gotha auf Schloß Friedenstein seit vielen Jahrzehnten traditionell gesammelt hat und noch ständig erweitert. Denn ohne diese große Bibliothek in unserem Gothaer Land hätte dieses Buch nicht geschrieben werden können - das sei hier dankbar vermerkt.

Bei der Erarbeitung des Buches wurden durch den Autor auch aktuelle Publikationen und einzelne Pressemeldungen verwertet. Doch schon bald entspricht so manches nicht mehr dem letzten Stand der Dinge; denn unsere Zeit ist manchmal schneller als schnell. So wurde als Redaktionsschluß bei der Behandlung der Städte und Verwaltungsgemeinschaften sowie der übrigen Gemeinden der Stand vom 30. September 1995 zugrunde gelegt. Die Einwohnerzahlen der Gemeinden entsprechen der Broschüre „Landkreis Gotha" vom Landratsamt mit dem Stand November 1995; sie wurden aufgerundet und sollen nur Orientierungswerte darstellen. Für das schnelle Auffinden der einzelnen Gemeinden wurde ein alphabetisches Ortsverzeichnis mit Ortsteilen beigefügt. Auch ein Personenregister wird die Benutzung dieser Landkreiskunde erleichtern, die aus Liebe zur Heimat und mit einer kenntnisreichen Erfahrung geschrieben wurde, wie sie der Autor in einem langen Leben sammeln konnte. Aber man lernt bekanntlich nie aus, deshalb sind Autor und Verlag für kritische oder ergänzende Hinweise dankbar.

Gotha, im Frühjahr 1996   Helmut Roob

Geographie des Gothaer Landes im Überblick

Seit dem 12. Jahrhundert ist die Stadt Gotha das Zentrum des Gothaer Landes mit den im 13./14. Jahrhundert entstandenen Ämtern Gotha, Tenneberg und Wachsenburg. Im Jahre 1543 wurden aus Klosterbesitz die Ämter Georgenthal, Ichtershausen und Reinhardsbrunn gebildet. Mit der ernestinischen Erbteilung von 1640 entstand das Herzogtum Sachsen-Gotha unter Herzog Ernst dem Frommen; damit wurde das Gothaer Land zu einem festen geopolitischen Begriff. Spätere Erbteilungen unter den Ernestinern (1680/81 und 1826) haben die Größe des Gothaer Landes wieder verkleinert, so auch die Kreiseinteilung im Land Thüringen zu Zeiten der Weimarer Republik (1922). Im Jahre 1944/45 wurde die preußische Exklave mit den Gemeinden Mühlberg, Wandersleben und Röhrensee dem Landkreis Gotha eingegliedert. Die beiden territorialen Verwaltungsreformen von 1950 und 1952 brachten wiederum Abgaben von Gemeinden an die Nachbarkreise, aber auch die Eingliederung des Stadtkreises Gotha in den Landkreis Gotha. Mit der Thüringer Gebietsreform am 1. Juli 1994 erhielt das Gothaer Land wieder zehn Gemeinden zurück sowie drei neue dazu. Der Landkreis Gotha umfaßt heute eine Fläche von rund 940 km² mit 150 000 Einwohnern, die in fünf Städten und 69 Gemeinden leben.

In seiner Vielgestaltigkeit reicht das Gothaer Land vom Rennsteig auf dem Thüringer Wald bis zur Unstrut im Thüringer Becken bei einem Höhenunterschied von 750 Metern. Der *Thüringer Wald* erhebt sich als ein Kammgebirge horstartig aus dem hügelig bis bergigen Vorland heraus. Das Gebirge, auf dem sich der Rennsteig entlangzieht, besteht vorwiegend aus Sandsteinen und Konglomeraten sowie Porphyren des Rotliegenden, aber auch Granite und andere Gesteinsarten sind anzutreffen. Porphyre und Tuffe weisen u.a. auf eine ehemalige vulkanische Tätigkeit hin, wie es Ge-

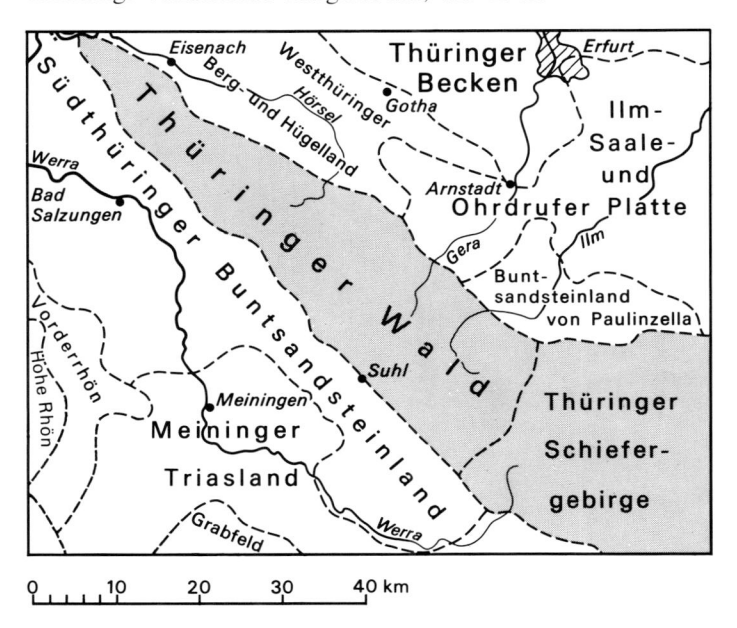

Landschaftsgliederung Südwestthüringens (nach Schultze 1955)

steine in Kammnähe um Oberhof und Tambach-Dietharz beweisen. Seit Ende des 19. Jahrhunderts werden in den Steinbrüchen am Bromacker im Tambacher Becken in den Rotliegendschichten Fossilien gefunden und erforscht. Vom Juni 1995 stammt so der bedeutende Fund eines Saurierskeletts durch US-amerikanische und deutsche Paläontologen. Neben vorwiegend Rotliegenden-Schichten trifft man auch Kristalline und Glimmerschiefer an; Quarzporphyre sowie aufgesetzte Porphyrithärtlinge sind nicht selten, von denen der Inselsberg (916 m) am bekanntesten ist.

Seit dem 14. Jahrhundert wurde im Gebirge bereits Erzbergbau betrieben, so auch seit dem 17. Jahrhundert um Friedrichroda vor allem Eisenerzbergbau (Gottlob, Marienglashöhle). Eine Verhüttung von Brauneisenstein erfolgte im 18. und 19. Jahrhundert in Luisenthal (1877 eingestellt).

Ein Großteil des Thüringer Waldgebietes im Landkreis Gotha wird von der *Ohra* und der *Apfelstädt* zum Stromgebiet der Elbe hin entwässert; hier sind die Talsperren bei Tambach-Dietharz und Luisenthal für die Wasserversorgung über den Landkreis hinaus wichtig (vgl. auch Tabelle 1). Die am Rennsteig bei Finsterbergen entspringende *Leina*, die später den Namen *Hörsel* annimmt, das an der Tanzbuche entspringende *Badewasser*, das unterhalb des Heuberghauses entspringende *Schilfwasser* sowie die *Laucha* und die *Emse* aus dem Inselsberggebiet entwässern über die Hörsel zum Stromgebiet der Werra/Weser.

Die *Wälder* in den Thüringer Waldbergen sind meist Fichtenforsten, wie sie seit dem 18. Jahrhundert für eine schnellere Holzgewinnung angelegt wurden. Die ursprünglichen Mischwaldbestände (Edeltanne-Buche, Fichte-Buche u.a.) wurden verdrängt. Im Gebiet des Inselsberges gibt es jedoch noch schöne Buchenwälder mit ihrem frischen Grün im Frühjahr und dem bunten Laub im Herbst. Hier liegt auch das Naturschutzgebiet „Großer Inselsberg" (136 ha) im Kreisgebiet mit einer Naturwaldzelle, in die keine menschlichen Eingriffe erfolgen dürfen. Die Tabelle 2 erfaßt die weiteren Naturschutzgebiete im Gothaer Teil des Thüringer Waldes und seinem unmittelbaren Vorland.

Die *Naturschutzgebiete* mit ihren jeweils charakteristischen Profilen der Vegetation und Tierwelt dienen seit Jahrzehnten der biologischen Umweltforschung. Sie sind mit dem bekannten Eulenschild gekennzeichnet und dem besonderen Schutz

Tabelle 1: Talsperren im Gothaer Land

Talsperre	Baujahr	Volumen	Einzugsgebiet
Tambach-Dietharz	1902/05 (1906 i. Betr.)	775 000 m^3	Apfelstädt
Luisenthal	1960/66 (1967 i. Betr.)	18,4 Mill. m^3	Ohra
Friemar	1967	0,7 Mill. m^3	Tröchtelbach
Dachwig	1974/76	2,1 Mill. m^3	Jordan
Tüngeda	1978	1,48 Mill. m^3	Mittelwasser (Wangenh. See)
Wechmar	1978/81 (1983 i. Betr.)	1,26 Mill. m^3	Schmallgraben
Tambach-Dietharz	1988/93 (1995 i. Betr.)	21,2 Mill. m^3	Schmalwasser

der Urlauber, Touristen und Einheimischen empfohlen. Naturschutz und Waldpflege haben im Gothaer Land eine alte Tradition. Schon aus dem 17. Jahrhundert sind zum Beispiel die alten Wald- und Forstordnungen unter Herzog Ernst dem Frommen bekannt.

Dem Thüringer Wald sind im Nordwesten nach Gotha zu die **Waltershäuser Vorberge** und nordöstlich die *Ohrdrufer Muschelkalkplatte* vorgelagert. Das Berg- und Hügelland der Waltershäuser Buntsandsteinlandschaft ist weitgehend bewaldet, überwiegend mit Fichten und Kiefern. Die Ohrdrufer Platte zwischen Ohra und Apfelstädt einerseits und der Gera bei Plaue/Arnstadt andererseits ist ein Teil der südlichen Muschelkalktafelumrandung des inneren Thüringer Beckens. Sie wird im Süden durch das etwa 4 km lange zum großen Teil tief in den Muschelkalk eingeschnittene Jonastal geteilt, das sich zwischen Crawinkel und Arnstadt erstreckt. Die Bewaldung ist gering; Verkarstung und Auslaugungen im klüftigen Kalk ließen Erdfälle und Springquellen entstehen. Seit dem Jahre 1907 wird der überwiegend größte Teil der Ohrdrufer Platte als Truppenübungsplatz genutzt.

Tabelle 2: NSG und FND des Gothaer Landkreises im Thüringer Wald und seinem unmittelbaren Vorland

Naturschutzgebiete

Name	Lage	Größe
Großer Inselsberg		136,0 ha
Kleiner Wagenberg	südwestlich von Tabarz	28,0 ha
Burgberg und Kräuterwiese	südlich von Waltershausen	35,5 ha
Wiesen zwischen Tabarz und Fischbach		14,0 ha
Vordere Schwarzbachwiese	zwischen Winterstein und Ruhla	8,5 ha
Saukopfmoor	am Rennsteig, südöstlich des Wachserasens	35,5 ha
Spittergrund	seit 28. 01. 1993 NSG, Quellzonen der Ebertswiese in den Gemarkungen Tambach-Dietharz, Georgenthal und Floh	261,0 ha

Flächennaturdenkmale (3 bis 5 ha)

Mühltal	bei Waltershausen/Rödichen
Kuhhalterwiese	beim Tobiashammer/Ohrdruf
Röllchen	Schmalwassergrund bei Tambach-Dietharz
Marderbachgrund	östliches Seitental vom unteren Schmalwassergrund

Außer den Naturschutzgebieten (NSG) gibt es im Kreis Gotha 35 Flächennaturdenkmäler zwischen 3 und 5 ha Größe, die in den Jahren 1987 und 1990 sichergestellt worden sind.

Nördlich der Ohrdrufer Muschelkalkplatte erstreckt sich die SO-NW-streichende **Saalfeld-Arn**stadt-Gotha-Eichenberger Störungszone. Im Gothaer Land zählt dazu die Burgenlandschaft der Drei Gleichen, der Seeberg (409 m), der Gothaer Schloßberg (333 m), der Krahnberg (431 m) bei Gotha und der Hainberg (391 m) bei Weingarten. Soweit diese Muschelkalk- und Keuperberge bewaldet sind, trifft man bei Gotha Buchenmischwälder, im Burgenland auch Fichten- und Kiefernwälder an. Ein großer Teil der restlichen Fläche wird landwirtschaftlich genutzt. In dieser geologischen Störungszone liegt eine Reihe von Naturschutzgebieten, worüber Tabelle 3 informiert.

Das Landschaftsschutzgebiet „Drei Gleichen" wird durch die Wachsenburg (421 m), die Burg

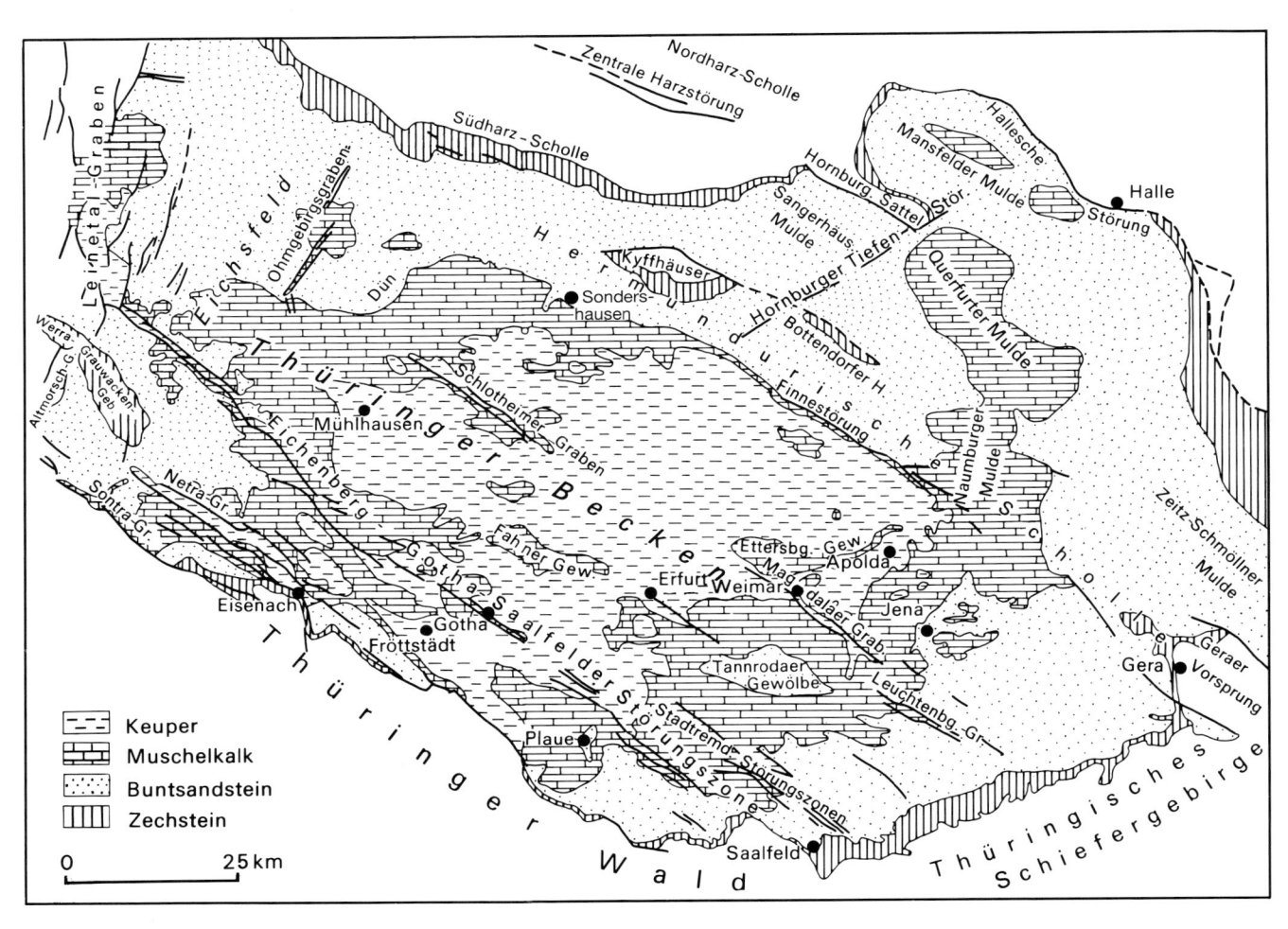

Geologische Übersichtskarte des Thüringer Beckens

Gleichen (365 m) auf Rätsandsteinkuppen über Keupermergel und die Mühlburg (376 m) auf einer Muschelkalkscholle am westlichen Ende der Schloßleite beherrscht. An den Nordhängen der Kalk- und Keuperhügel wächst Laubmischwald (Eichen, Hainbuchen, Linden und Ahorn) sowie eine artenreiche Strauch- und Krautflora, an den Südhängen wärmeliebende Steppenpflanzen, wie sie in Südosteuropa beheimatet sind, und eine artenreiche Kleintierwelt.

Das untere Apfelstädt- und das Nessetal sowie das nordöstliche Gebiet des Landkreises bis zur Unstrut sind Agrargebiete im südlichen *Thüringer Becken*. Die *Apfelstädt*, die nahe der Schmalkalder Loipe unterhalb des Rennsteigs entspringt, verläßt bei Georgenthal den Thüringer Wald, nimmt am Kollerstädter Grund die *Ohra* auf und wendet sich zwischen Wechmar und Wandersleben nach Osten. Hinter Ingersleben mündet sie bei der alten Molsdorfer Brücke in die Gera. Die *Nesse* entspringt an der Alacher Höhe (nördlich des Flugplatzes Erfurt-Bindersleben) und durchzieht von Nottleben über Friemar, ab Molschleben in westlicher Richtung, bis Haina das nördliche Kreisgebiet und mündet vor Eisenach in die Hörsel. Hydrologisch wichtig sind auch der Friemarer Stausee und der Wangenheimer See (vgl. Tabelle 1). Vom Westabhang der Fahnerschen Höhe bei Ballstädt fließt der *Tonna-Bach* nach Norden und mündet nördlich von (Gräfen-) Tonna in die *Unstrut* (168 Meter), die hier in das Landschaftsschutzgebiet Unstrutaue eintritt und einige Kilometer lang den

Tabelle 3: Naturschutzgebiete des Landkreises Gotha im Gebiet der Saalfeld-Arnstadt-Gotha-Eichenberger Störungszone

Name	Kurzcharakteristik	Größe
Siebleber Teich	*1717 anstelle von älteren Restgewässern angelegt (seit 11. 09. 1967 NSG), Refugium für Brut- und Zugvögel*	*27 ha*
Steppenheide am Großen Seeberg	*eines der ältesten NSG in Thüringen (1936), in jüngster Zeit erweitert, greift in die Nachbarfluren Günthersleben und Seebergen über*	*25 ha, jetzt 335 ha*
Röhnberg	*als NSG am 11. 03. 1992 sichergestellt*	*140 ha*
Schloßleite bei Mühlberg	*als NSG am 11. 03. 1961 sichergestellt*	*130 ha*
Wachsenburg	*seit 30. 03. 1961 NSG*	*15 ha*
Erlebach	*als NSG am 11. 03. 1992 sichergestellt*	*40 ha*
Hirschgrund	*seit 30. 03. 1961 NSG, westlich von Gierstädt*	*63 ha*
Im Haken	*seit 30. 03. 1961 NSG, Lage bei Kleinfahner, mit dem „Hirschgrund" charakteristisch für Flora und Fauna der Fahnerschen Höhe*	*18 ha*
Hainaer Holz und Nesseaue	*seit 30. 01. 1993 als NSG sichergestellt*	*175 ha*

Foto gegenüberliegende Seite: Luftbild über Teile der Gothaer Innenstadt mit dem Schloß Friedenstein

nördlichsten Abschnitt der Kreisgrenze bildet. Das Keuperbecken Mittelthüringens ist eine weite und wellige Landschaft mit fruchtbaren Schwarzerdeböden. Nicht zuletzt deshalb gibt es hier eine intensive Landwirtschaft, z.T. von Gemüse- bzw. Spezialkulturenanbau geprägt. Nur auf den Muschelkalkhöhen der das Thüringer Becken durchziehenden Störungszonen kommt Laubmischwald (Kalkbuchenwälder) vor. Die Nordostabhänge der **Fahnerschen Höhe** (Abtsberg, 413 m) sind seit dem ausgehenden 18. Jahrhundert ein intensiv bewirtschaftetes Obstbaugebiet (Äpfel, Kirschen). Westlich von Gierstädt liegt das Naturschutzgebiet „Hirschgrund" (65 ha) mit Resten von ursprünglichen Laubmischwald. Daneben gibt es noch die kleineren Flächennaturdenkmale Zentrales und Westliches Abtsbergplateau sowie den Blütengrund im Ballstädter Holz.

Entsprechend den großen Höhenunterschieden im Gothaer Land sind auch die **Temperaturen** und **Niederschlagsmengen** differenziert. In den Kammlagen des Thüringer Waldes (800-900 m) werden die niedrigsten Temperaturen (Jahresmittel 4° C) und die höchsten Niederschläge (1130 mm) verzeichnet. Im bergigen Vorland (300-400 m) liegen die Temperaturen bei 7 - 7,5° C, die Niederschlagsmengen zwischen 650 und 900 mm bei den Waltershäuser Vorbergen, dagegen auf der Ohrdrufer Platte nur bei 550-600 mm (z.T. auch bis 700 mm). Im Thüringer Becken (Höhenlagen um 150-300 m) liegen die Temperaturwerte bei 7/7,5 bis 8,5° C und 500 mm Niederschlag (Unsttrutal). Damit ist diese Beckenlandschaft die regenärmste in Thüringen!

Das Gothaer Land ist heute mit 160 Einwohnern je Quadratkilometer, die in den fünf Städten und 69 Gemeinden des Landkreises wohnen, dichtbesiedelt. Der größte Teil des 940 km² umfassenden Landkreises gehört zum Altsiedelgebiet des Thüringer Beckens. Das gegenwärtige **Siedlungsnetz** geht im wesentlichen auf das 4. Jahrhundert zurück. Die Altersbestimmung der Orte nach Ortsnamenendungen, wie es früher gern versucht wurde, wird heute von der Forschung als problematisch angesehen. Ortslage, Siedlungsformen bzw. Flurformen sowie frühgeschichtliche Bodenfunde sind deshalb für die ortsgeschichtliche Forschung wichtige Gesichtspunkte. So sind große geschlossene Dörfer (Haufendörfer) mit unregelmäßigem Grundriß und mehrgliedrige Wege- und Straßendörfer als variantenreiche Siedlungstypen nördlich

Blick von den Badlands an der Wandersleber Gleiche zur Wachsenburg

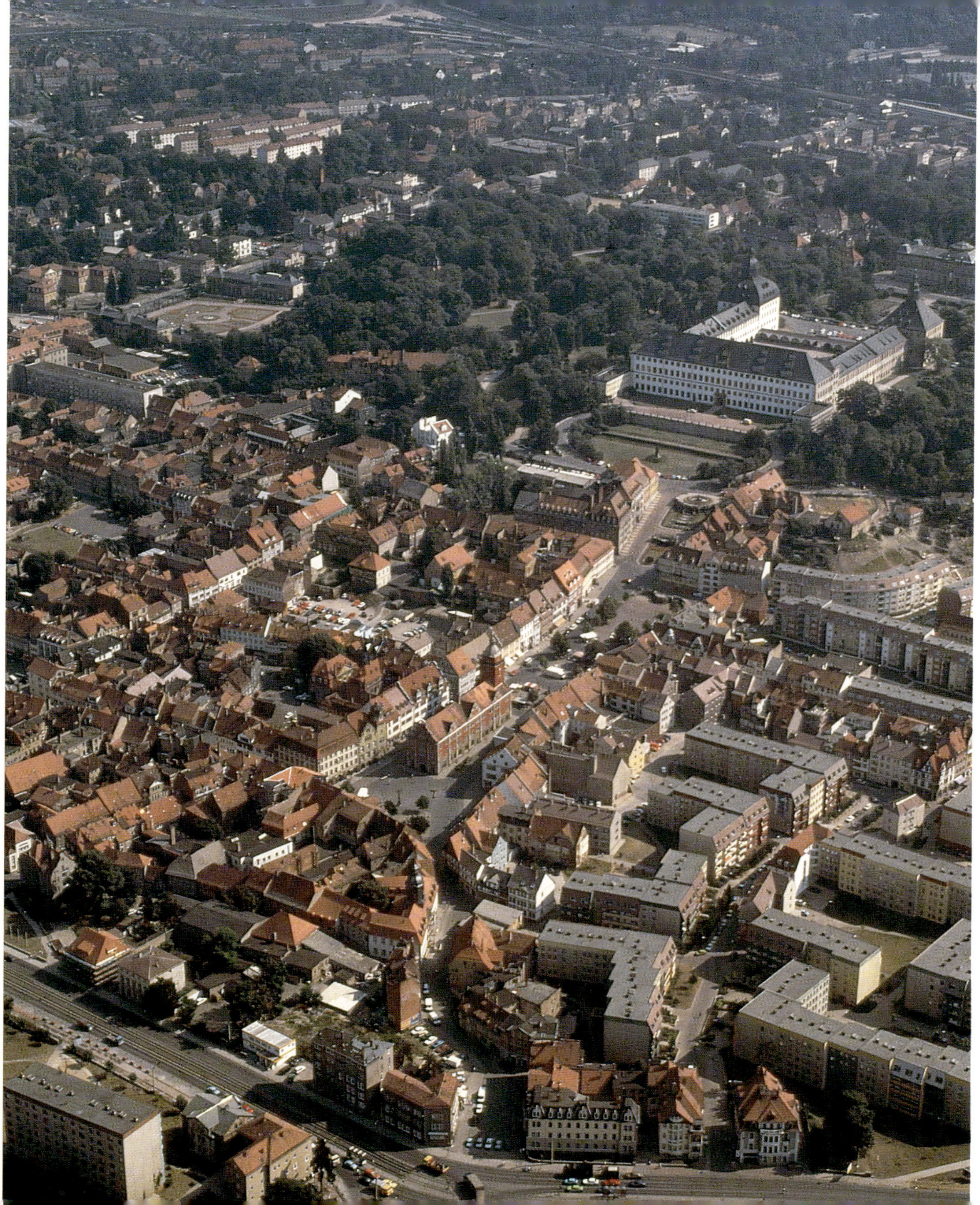

Tabelle 4: Wüstungen im Kreis Gotha

des Thüringer Waldes weit verbreitet. Meist planmäßig angelegte Reihendörfer sind in den z.T. engen Tälern des Gebirges anzutreffen. Sie sind zumeist in der mittelalterlichen Rodungsperiode entstanden, wie auch Ortsnamenendungen auf -roda (-rod, -roth) noch erkennen lassen. In den Jahren 900-1100 und 1150 bis 1300 begünstigte ein Klimaoptimum nicht nur Waldrodungen, sondern auch den Obst- und Weinbau, dessen Grenzen sich nach Norddeutschland verschoben und 200 m höher lagen als früher. Dabei führten sommerliche Dürrezeiten bei ungünstigen hydrogeologischen Bedingungen zu Wassermangel (zum Beispiel durch Versiegen von Quellen) und damit zu schlechten Ernten. Ab 1320 trat mit einem Kältevorstoß eine empfindliche Klimaverschlechterung ein, die in der mitteleuropäischen Klimageschichte als kleine Eiszeiten (1325-1460, 1580-1690/1700) be-

Erstmals urkundlich überliefert:
3 im 9. Jahrhundert,
4 im 11. Jh.,   20 im 12. Jh.,
6 im 13. Jh.,   8 im 14. Jh.,

letztmalig als Ort erwähnt:
10 im 14. Jh.,   10 im 15. Jh.,
5 im 16. Jh.,   3 im 17. Jh.,

erstmals als Wüstung erwähnt:
5 im 14. Jh.,   9 im 15. Jh.,
1 im 16. Jh.,   3 im 17. Jh.

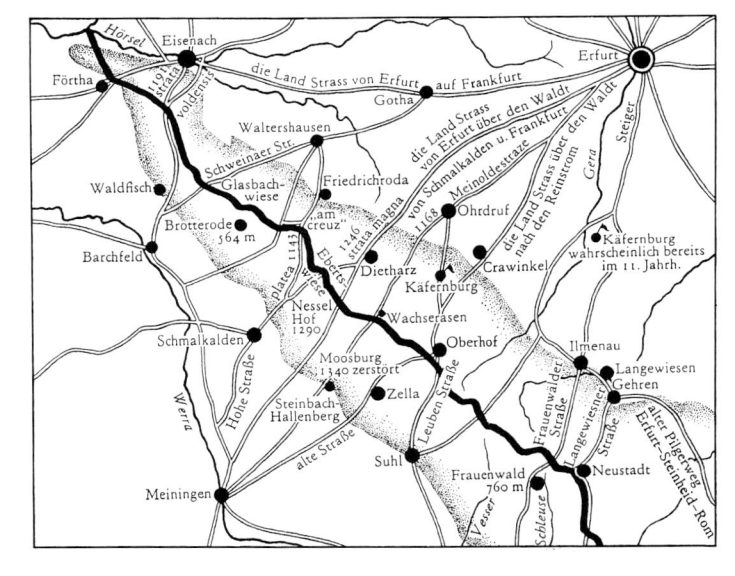

Historische Handelsstraßen über den Thüringer Wald (nach Fiege in Ludwig 1974)

zeichnet werden. Sie brachten Verkürzungen der Vegetationsperiode um 4 bis 6 Wochen, eine Verschlechterung der Getreideernten (u.a. Mißernten von 1316 und 1430) und entsprechend hohe Getreidepreise. Hier liegt wohl auch die Hauptursache des Wüstwerdens vieler ländlicher Siedlungen im Spätmittelalter. Oben gezeigte tabellarische Übersicht zu 50 wüst gewordenen, d. h. verlassenen Siedlungen im Gothaer Land, ist das Ergebnis einer Studie aus dem Jahre 1978/79.

Auch die Kriege und Fehden im Spätmittelalter mit ihren Verwüstungen und Plünderungen waren weitere Ursachen für das Verlassen mancher meist kleineren Siedlung. Unter anderem spielt aber auch die Anziehungskraft der Städte wie Gotha und Ohrdruf dabei eine Rolle.

Die *Städte* im Gothaer Land sind wichtige Wirtschafts-, Verwaltungs- und Kulturzentren. Die älteste unter ihnen ist Gotha, das seit dem Jahre 775 urkundlich überliefert ist und seit der Landgrafenzeit immer eine bedeutende Stadt in Thüringen war.

Auch war die Stadt bis Mitte des 19. Jahrhunderts die zweitgrößte des Landes. Ihre Verkehrslage und reiche Kultur machen sie auch in unserer heutigen Zeit noch attraktiv.

Auch Waltershausen ist eine alte Landgrafenstadt unter Schloß Tenneberg (seit 1176) an der alten Waldstraße nach Breitungen sowie der Waldsaumstraße (heute B 88), lange Zeit Verwaltungszentrum und heute vor allem von der Industrie geprägt.

Der älteste Ort im Gothaer Land ist Ohrdruf, wo Bonifatius im Jahre 724 mit dem Michaeliskloster auch ein Ohra-Dorf begründet hat, weil die Verkehrslage am Ausgang des Ohratals über den Oberhofer Paß zum Werratal sowie auf der Meinoldesstraße über den alten Steiger (Ohrdorfsteiger) nach Tambach und weiter die *strata magna* über den Rennsteig ins Fränkische günstig war. In nördlicher Richtung führte eine Straße nach Gotha, eine andere über Mühlberg nach Erfurt. Mit der Übernahme der Vogtei* über Ohrdruf durch die Grafen von Gleichen begann auch die Entwicklung Ohrdrufs im 14. Jahrhundert zur Stadt. In den Jahren 1550 bis 1570 bauten sich die Grafen hier ein Residenzschloß. Seit dem 17. Jahrhundert war die Stadt Amtssitz; im 19. Jahrhundert wurde sie zunehmend durch die Industrie geprägt.

Friedrichroda gehörte seit 1085 als Rodungsort zur Grundausstattung des Klosters Reinhardsbrunn (bis 1525) und erhielt 1597 Stadtrecht. Der Eisenerzbergbau im 17. und 18. Jahrhundert führte zur Bezeichnung „Bergstadt". Seit dem Jahre 1837 entwickelte sich der Fremdenverkehr und mit ihm die Stadt zu einem angesehenen Kurort.

Tambach-Dietharz liegt an der alten Paßstraße (strata magna), die von Erfurt kommt und über den Rennsteig nach Schmalkalden führt. Schon Bonifatius soll auf dieser Straße gekommen sein. Tambach wird 1214, Dietharz 1246 erstmals urkundlich erwähnt. Im Jahre 1293 hat dann das Kloster Georgenthal beide Orte erworben. 1543 kamen sie zum neuen Amt Georgenthal, nach dessen Auflösung im Jahre 1830 zum Amt Tenneberg (bis 1922). Im Jahre 1919 wurden beide Gemeinden zur Stadt Tambach-Dietharz vereinigt.

Außer den fünf Städten gibt es im Landkreis Gotha noch vier größere **Gemeinden** mit über 2000 Einwohnern: Georgenthal ist wie das etwas größere Tabarz seit dem späten 19. Jahrhundert ein beliebter Erholungsort am Rande des Thüringer Waldes. Neudietendorf ist Bahnknotenpunkt zwischen Gotha, Erfurt und Arnstadt sowie ein moderner Gewerbeort. Im Norden des Landkreises liegt der Doppelort Tonna, zu dem sich der einst Gleichensche Amtssitz Gräfentonna und die Nachbargemeinde Burgtonna bei der Gebietsreform am 1. Juli 1994 zusammengeschlossen haben. Seine Umgebung ist durch die Landwirtschaft geprägt.

21 weitere Dörfer des Landkreises zwischen Rennsteig und Unstrut haben zwischen 1000 und 2000 Einwohner, davon haben sich 13 Gemeinden ihre Gewerbegebiete für die Ansiedlung mittelständischer Wirtschaftsbetriebe angelegt.

Das **Verkehrsnetz** ist seit altersher engmaschig. Schon im frühen 19. Jahrhundert wurden die wichtigen Land- bzw. Staatsstraßen als feste Chausseen (Kunststraßen) ausgebaut. Die heutige Bundesstraße B 7 war seit dem Mittelalter als Hohe Straße oder via regia** hier die wichtigste West-Ost-Verbindung für den Fernhandel, aber auch eine wichtige Heerstraße. Im Knotenpunkt Gotha, dem „Tor zum Thüringer Wald", wird sie von der Bun-

Richteramt

**Königsstraße*

desstraße 247 (B 247) gekreuzt, die von Südthüringen her als wichtigste Nord-Süd-Verbindung über den Thüringer Wald bei Oberhof den Rennsteig überquert und von Gotha nach Nordwesten über Langensalza/Mühlhausen nach Niedersachsen führt. An der Wegscheide bei Oberhof zweigt eine weitere Handelsstraße nach Crawinkel und über Arnstadt/Ichtershausen nach Erfurt ab. Außerdem verbinden mehrere „Nebenstraßen", heute als Kreisstraßen von großer regionaler Bedeutung, Gotha nach allen Richtungen mit den übrigen Städten und Gemeinden im Gothaer Land. Die alte „Waldsaumstraße" B 88 ist eine wichtige Querverbindung von Wutha bei Eisenach über Tabarz und Ohrdruf nach Ilmenau und weiter bis ins Saaletal. Die wichtigste Fernstraße ist heute die Autobahn A 4 (seit 1938) mit ihren Zubringern Gotha (bei Schwabhausen), Wandersleben (Drei Gleichen) und Waltershausen, zu denen in nächster Zeit ein weiterer bei Leina kommen soll. Dagegen hat das Schienennetz der Eisenbahn bzw. der Deutschen Bahn-AG. bei den Nebenstrecken an Bedeutung verloren. Die alte Hauptstrecke Berlin - Frankfurt/Main ist in den Jahren 1994/95 für den ICE-Verkehr elektrifiziert und modernisiert worden. Daneben bleibt die alte Nord-Süd-Achse Leinefelde - Gotha - Ohrdruf - Gräfenroda für den regionalen Bahnverkehr unentbehrlich, wenn auch hier Güter- und Personenverkehr überwiegend auf der Straße stattfinden. Seit 1929 verbindet die elektrische Thüringerwaldbahn die Erholungsorte Friedrichroda und Tabarz sowie die Stadt Waltershausen mit Gotha (22 km Schienennetz) und gilt heute auch als eine Touristenattraktion.

Die *Wirtschaftsstruktur* hat nach der Wende im Herbst 1989 ein anderes Profil bekommen, wobei sich alteingesessene Betriebe etwa vom VEB zur GmbH neu organisierten und modernisierten, so in der Kunststoff- und Kautschukindustrie, im Maschinenbau sowie bei den Zulieferbetrieben für den Straßenfahrzeugbau. Diese jüngste Entwicklung wird in über 30 Orten des Kreises durch neue Gewerbegebiete auf über 900 ha Fläche gefördert. Einige davon befinden sich noch im Planungsstadium, andere sind schon ausgelastet. Die Größe dieser Gewerbegebiete reicht von wenigen Hektar in kleineren Gemeinden bis über 40 ha (u.a. Gotha und Ohrdruf).

Das *Handwerk* hat sich vor allem in der Bauwirtschaft zügig entwickelt, daneben sind alte Betriebe der Kraftfahrzeugtechnik in Verbindung mit dem Fahrzeughandel gewachsen, neue sind hinzugekommen. Insbesondere das Tankstellennetz hat sich wesentlich erweitert.

Im *Handel* haben bekannte Supermarktketten sehr schnell vorhandene Häuser übernommen oder später neue Filialen errichtet; ihnen folgten die Warenhäuser, Bau- und Möbelmärkte sowie die Banken. Das alles hat auch das Gesicht der Städte und Gemeinden mehr oder weniger neu geprägt.

Auch in der *Landwirtschaft* hat sich ein Wandel vollzogen. Aus den einst rd. 100 landwirtschaftlichen Genossenschaftsbetrieben (LPG) hat sich nach der Wende die in Tabelle 5 auf Seite 17 dargestellte Wirtschaftsstruktur entwickelt.

Die landwirtschaftliche Fläche umfaßt im Kreisgebiet 45 738 ha, davon rd. 37 000 ha Ackerland (1995), von dem 60 % mit Getreide, aber nur 2 % mit Kartoffeln bestellt wurden. Auf den anderen Flächen wurden Futterpflanzen, Öl- und Hülsenfrüchte sowie Zuckerrüben angebaut. Die stillgelegten Flächen (15,5 %) werden aber im Rahmen der EU-Marktordnung in hohem Umfang für den Anbau von Winterraps als nachwachsendem Rohstoff genutzt. Das bekannte Obstbaugebiet mit dem Zentrum in Gierstädt hat den guten Ruf seiner Erzeugnisse auch überregional erfolgreich behaupten können.

Im südlichen Kreisgebiet sind **Fremdenverkehr und Tourismus** traditionell zu Hause und zeigen vor allem in den Gebirgsorten steigende Übernachtungszahlen, mit denen letztlich auch der Bekanntheitsgrad der Region Thüringer Wald/Gothaer Land im In- und Ausland wächst, zumal der Thüringer Wald zu allen Jahreszeiten schön ist. Als „Thüringer Burgenland" hat sich das Drei-Gleichen-Gebiet an der Autobahn A 4 bei Wandersleben bekannt gemacht. Diese attraktive und weiter im Ausbau befindliche Fremdenverkehrslandschaft besitzt interessante Ausflugs- und Wanderziele zu Naturschönheiten und Stätten bzw. Denkmalen der Geschichte. Neben solchen reizvollen Landschaften trägt auch der kulturelle Reichtum des Gothaer Landes mit seiner breiten Vielfalt in großem Umfang zu seiner Attraktivität bei. Allein in Gotha an der „Klassikerstraße Thüringens", das auf zahlreiche Besuche Goethes am Gothaer Hof zurückblicken kann, bietet das weithin sichtbare Schloß Friedenstein mit seinen großen Kunst- und wissenschaftlichen Sammlungen aus nahezu sieben Jahrtausenden einen einmaligen Kunstgenuß und ist nicht zuletzt deshalb ein Besuchermagnet. Auch die anderen Städte des Gothaer Landes zeigen in ihren Museen schöne kulturgeschichtliche Räume und wechselnde Ausstellungen, meist mit Exponaten, die für den Standort charakteristisch sind. Hinzu kommen noch viele denkmalgeschützte Bauwerke wie Schlösser und Kirchen oder Mühlen und andere technische Sehenswürdigkeiten aus vergangenen Zeiten in fast allen Orten des Landkreises. Aber auch lebendiges Kulturleben wie Trachten-, Schützen- und Musikfeste sowie historische Umzüge zu Ortsjubiläen u.a.m. gehören dazu. So ist unser Gothaer Land eine vielgestaltige Landschaft mit einer Jahrtausende alten Geschichte und Kultur und einer vielversprechenden Wirtschaftsentwicklung mit dem Blick auf das Jahr 2000.

---

32 Agrarunternehmen
bewirtschaften
74 % der landwirtschaftlichen Nutzfläche,

13 GbR
(gemeinschaftlich wirtschaftende Bauern)
bewirtschaften 14 % der
landwirtschaftlichen Nutzfläche,

18 Einzelunternehmen im Haupterwerb
bewirtschaften
10 % der landwirtschaftlichen Nutzfläche,

100 Einzelunternehmen im Nebenerwerb
bewirtschaften
2 % der landwirtschaftlichen Nutzfläche.

Tabelle 5: Struktur der Landwirtschaft im Kreis Gotha

Geschichte des Gothaer Landes im Überblick

Erste Siedlungsepochen

Die ur- und frühgeschichtliche Besiedlung des Gothaer Landes reicht bis in die mittlere *Altsteinzeit* (Paläolithikum, bis 8000 v. Chr., entspricht dem geologischen Eiszeitalter - Pleistozän) um ca. 100 000 vor Christi zurück, so z. B. nachgewiesen an den Fundplätzen Burgtonna und bei einer Magdalènienstation bei Wandersleben. Auch die *Mittelsteinzeit* (Mesolithikum, 8000-4500 v. Chr.) ist mit einigen Belegstücken aus den Fluren um Gotha vertreten. Für die *Jungsteinzeit* (Neolithikum, Beginn Mitte 5. Jahrtausend, Ende um 1800 v. Chr.) gibt es zahlreiche Nachweise aus der Kultur der Linienbandkeramiker mit rund 70 Fundplätzen im ganzen Kreisgebiet; Gotha, Haina, Leina, Sonneborn und Wandersleben weisen dabei die meisten Fundstellen auf.

Seit dieser Zeit, etwa seit 5000 vor Christi, ist eine nahezu durchgängige Besiedlung des Gothaer Landes nachweisbar, bei der fast alle mitteleuropäischen Kulturen vertreten sind: Von der Linien- über die Stichbandkeramik, die Rössener, Baalberger und die Bernburger Kultur mit der „Steinkiste von Gotha", die Kugelamphorenkultur bis zur Schnurkeramik, die mit 50 Fundplätzen reich belegt ist. Das bedeutendste schnurkeramische Hügelgräberfeld befindet sich im Berlach, wo schon im Jahre 1872 die ersten wissenschaftlichen Grabungen erfolgt sind. Am Ende der Glocken-becherkultur (um 2000 v. Chr.) kommen die ersten Kupferbeile als Importe aus südlichen Gegenden vor.

Die *Bronzezeit* (1800-700 v. Chr.) setzt mit Funden der Aunjetitzer Kultur mit wechselnder Siedlungsintensität ein und ist mit zahlreichen Gräber- und Siedlungsfundplätzen belegt. Ihr folgt die Hügelgräber- und Urnenfelderkultur, deren zahlreiche Fundplätze meistens bei den bisher schon bekannten Orten liegen. Dabei vollzieht sich ein fließender Übergang von der Bronzezeit zur *frühen Eisenzeit* (700-450 v. Chr.), wobei auch Einflüsse der Hallstattzeit festgestellt wurden. Mit Bildung einer Thüringischen Kultur sind stärkere eigenständige Tendenzen zu verzeichnen. Dabei rückt das Gothaer Land in eine keltisch-germanische Übergangszone, wie neuere Forschungen der 80er Jahre unseres Jahrhunderts gezeigt haben. Das Gräberfeld „Heilige Lehne" bei Seebergen legt von der Thüringischen Kultur (5. Jh. v. Chr.) in reichem Maße Zeugnis ab, wie die dort gefundenen Trachtenbestandteile, Kämme und Pinzetten, Armringe, Schildbeschlagteile und irdenen Gefäßscherben zeigen. Einer der bedeutendsten Funde aus der **Latènezeit** (vorrömische Eisenzeit, 450 bis Chr. Geb.) stammt aus dem 1. Jahrhundert vor Christi: Die Handwerkersiedlung von Gotha (Fischhaus), deren Funde aus Scheibentöpferei und Feinschmiedearbeiten eine besondere Gothaer Gruppe innerhalb dieser Kultur darstellen.

Das Brandgrab von Fröttstädt aus dem elbgermanischen Großromstädter Horizont (ein kurzer Abschnitt zwischen Latènezeit und Römischer Kaiserzeit) bezeugt den Gebrauch von eiserner Lanzenspitze und Messer. Dabei war das Kreisgebiet ein Sammelbecken verschiedener Einflüsse aus den Nachbarregionen und wohl auch von germanischen Bevölkerungseinschüben begleitet.

Für die **Römische Kaiserzeit** (Chr. Geb.-375 n. Chr.), die mit rund 100 Fundplätzen im Gothaer Land reichlich vertreten ist, haben Siedlungsfunde naturgemäß die meisten Materialien erbracht, so konnten u.a. reich verzierte Keramik (Gefäße), Ge-räte und Schmucksachen (Fibeln) aus Geweih, Ei- sen und Bronze, selten aus Silber, sichergestellt werden. Dabei wird hierzulande zwischen der frühen Kaiserzeit mit rhein-wesergermanischen Elementen und der späteren Kaiserzeit mit elb- germanischer Prägung unterschieden. Bei den zahlreichen römischen Importen spielen Münzen und Keramik eine aufschlußreiche Rolle, wobei letztere hier auch nachgeahmt worden ist. Aufgrund von Forschungen und archäologischen Untersuchungen sind 280 ausgegrabene Bestattungen im Altfeld bei Wechmar (3. Jh.) sowie Brandgräber bei Seebergen und Wandersleben bekannt geworden. In letzter Zeit wurden auch spätkaiserzeitliche Funde (um 300) an germanischen Adels sitzen bei Haina und Wangenheim (Tiefenborn) gemacht.

Dagegen gibt es aus der bewegten **Völkerwanderungsszeit** (375 n. Chr.-500 n. Chr.) nur wenig mehr als ein Dutzend Fundplätze in den Fluren der schon bekannten Orte mit Keramik sowie Geräten aus Metall und Waffen (Streitäxte). Geographisch lagen die Fundplätze gewöhnlich in hochwasserfreien Lagen, an ergiebigen Quellen oder Bächen, so bei Gotha am Seeberg und am Heutal, an der Apfelstädt, im Nessetal zwischen Friemar und Haina sowie im oberen Hörseltal.

Die archäologische Erforschung des Gothaer Landes geht bis in das 17. Jahrhundert zurück, als im Jahre 1695 bei Burgtonna ein altsteinzeitliches Elefantenskelett ausgegraben wurde. Dieser Fund erregte großes Aufsehen und wurde noch im 18. Jahrhundert wie andere derartige Funde international diskutiert. In einer „Circular-Verordnung" aus dem Jahre 1827 wurden dann u.a. auch solche „Merkwürdigkeiten der Natur", die sich *„in dem hiesigen Herzoglichen Lande vorfinden"*, einer Fundanzeigepflicht unterstellt. Seit nunmehr über 100 Jahren wird die archäologische Forschung intensiv betrieben. Dabei haben sich besonders der Versicherungsarzt Prof. Dr. Georg Florschütz (1859-1940), der von Gräfentonna kam, und der Sonneborner und spätere Gothaer Lehrer Hermann Kaufmann (geb.1901) verdient gemacht.

Keramikfund bei Gotha aus der Römischen Kaiserzeit (Chr. Geb.-375)

Auf ihrer erfolgreichen Arbeit konnten gut junge, fachwissenschaftlich ausgebildete Nachfolger aufbauen und diese kontinuierlich fortsetzen. Dabei werden sie auch von einer Reihe von Freizeitforschern aktiv unterstützt. Das *Gothaer Museum für Regionalgeschichte und Volkskunde* wirkte hier seit seinem Bestehen anleitend und sammelnd mit.

Bei dem Zug der Hunnen unter König Attila nach Westeuropa, wo sie in der Schlacht auf den Katalaunischen Feldern bei Troyes (Mittelfrankreich) entscheidend zurückgeschlagen wurden, hatten auch Thüringer Reiter auf der Seite des Hunnenkönigs gekämpft. Die Thüringer waren wegen ihrer Pferdezucht bekannt und mit ihren kleinen, wendigen Pferden bei den Reitervölkern angesehen. Schon Julius Cäsar hat über die germanischen Reiter im 4. Buch „Vom Gallischen Krieg" berichtet. Um das Jahr 400 hatte auch der römische Tierarzt Flavius Vegetius Renatus in seinem Lehrbuch der Tiermedizin die anspruchslosen, aber widerstandsfähigen Reitpferde der Thüringer gelobt.

* Elbgermanen

Die Thüringer sind in den ersten Jahrhunderten nach Christi aus den suebischen Hermunduren* hervorgegangen und hatten nach der Völkerwanderungszeit ein selbständiges *Thüringer Königreich* entwickelt. Es tritt nach der Mitte des 5. Jahrhunderts mit König Bisinus (auch Basinus bzw. Bessinus) in die schriftlich überlieferte Geschichte ein. Er war Herr über ein germanisches Großreich vom Harz bis zur Donau bei Regensburg, mit einer Frau aus dem langobardischen Adel verheiratet und starb um das Jahr 510. Auch archäologische Funde bezeugen eine Thüringer Kultur in jener Zeit, die besonders an den charakteristischen Fibeln (Mantelschließen und Schmucknadeln) nachweisbar ist. Den ersten Angriff der Franken im Jahre 529 konnten die drei Söhne des Königs Bisinus in einer verlustreichen Schlacht noch abwehren, wobei Berthachar fiel. Herminafrid, der sich gegen seinen Bruder Baderich durchgesetzt hatte und übrigens mit einer Nichte des Königs der Ostgoten in Ravenna, Theoderich des Großen, verheiratet war, wurde bei einem weiteren Vorstoß der Franken unter Chlodwigs Söhnen Chlotar und Theuderich sowie der mit ihnen verbündeten Sachsen im Jahre 531 in Mittelthüringen (wahrscheinlich bei Burgscheidungen an der Unstrut) vernichtend geschlagen. Dieser Kampfort konnte bisher nicht genau geklärt werden. Die späteren Klagelieder der Tochter Berthachars, Radegunde, berichten von einem großen Palast und Hof als ihre „sichere Stätte des Glücks", die vom Sieger in Schutt und Asche gelegt worden war. Sie war damals kaum 14 Jahre alt, als sie mit ihrem Bruder an den Hof des fränkischen Königs Chlothar (Chlotachar) gebracht und dort fränkisch erzogen wurde. Der Frankenkönig hatte sie 540 gezwungen, seine Frau zu werden, letztlich um seinen Anspruch auf Thüringen zu unterstreichen. Sie war aber bald nach dem Königsmord an ihrem Bruder geflohen und ging ins Kloster nach Noyon, später nach Poitiers, wo sie Kranke und Arme pflegte - ähnlich wie später die Heilige Elisabeth von Thüringen. Am 13. August des Jahres 587 starb sie (Grabstelle im Kloster St. Radegonde in Poitiers) und wurde später heilig gesprochen. Die Grundmauern der Radegundiskapelle bei der Mühl-

20

burg (wahrscheinlich aus fränkischer Zeit) erinnern heute noch an diese Thüringer Königstochter.

Mit dem salischen Merowingerkönig Chlodwig und seiner zielbewußten Eroberungspolitik begann die **Merowingerzeit** (500-750 n. Chr.) in Europa. Nach der Schlacht von 531 gehörte Thüringen dem Frankenreich an. Es war kein Stammesherzogtum mehr, sondern eine unter fränkischer Oberhoheit stehende Grafschaft. Unter dem Franken Radulf, der im Jahre 650 von König Dagobert den Herzogstitel wieder erhalten hatte, war Thüringen faktisch selbständig bzw. nach dem mißlungenen Feldzug der Franken im Jahre 639 fast unabhängig geworden.

Mit Beginn des 8. Jahrhunderts setzt erst wieder die schriftliche Überlieferung ein. Die Herrschaft in Thüringen üben die in Würzburg sitzenden fränkischen Herzöge Theotbald und Heden aus. Am 1. Mai 704 hat Herzog Heden II. in Würzburg eine Urkunde ausgestellt, mit der er außer einem Hof in Arnstadt drei Höfe in Mühlberg mit einem „castellum"* und einer Meierei in Monra (bei Ohrdruf ?) an den fränkischen Bischof und Missionar Willibrord schenkt. Der angelsächsische Missionar und spätere Erzbischof Willibrord, der 697/98 im Luxemburgischen das Kloster Echternach als geistliches Zentrum und Ausgangspunkt für seine weitere Missionstätigkeit gründete, hat die erste christliche Mission nach Thüringen getragen. Danach war es der angelsächsische Mönch Wynfreth, der unter dem vom Papst am 15. Mai 719 verliehenen Namen Bonifatius** zum Missionar für die heidnischen Germanen bestellt worden war und der im Jahre 719 das erste Mal und 723/25 als Missionsbischof in Thüringen tätig wurde. Er errichtete im Jahre 725 auf dem Johannisberg oberhalb von Altenbergen (Catterfeld) die erste Kirche in Thüringen, predigte in Tambach und stiftete in Ohrdruf das Kloster St. Michael mit einer Klosterschule. Dabei haben verschiedene Edelfreie, die in einem päpstlichen Schreiben an Bonifatius erwähnt werden, eine fördernde Rolle gespielt. Sie dürften ihren Namen Gunter (Gundhar) und Asolf (Asulf) nach die ersten bekannt gewordenen Käfernburger gewesen sein.

Auch zu Beginn der **Karolingerzeit** (750-900 n. Chr.) ist Thüringen ein reiches Fiskalgut der fränkischen Könige, dessen Organisation zum Teil an die Reichsklöster Fulda und Hersfeld übertragen wurde. Seit Mitte des 8. Jahrhundert wurde Mainz nach den beiden fränkischen Reichssynoden Metropolitansitz. Die Erfurter Diozöse fiel an das Bistum Mainz. So waren die Geschicke Thüringens nun auf Jahrhunderte mit dieser rheinischen Metropole verbunden. Im Jahre 777 wurde durch den Mainzer Erzbischof Lullus in Ohrdruf eine Peterskirche geweiht. In dem nach ihm benannten Zehntverzeichnis „Breviarium Lulli" (um 800) werden 28 Dörfer im Gothaer Land genannt, aus denen Abgaben für das Kloster Hersfeld, eine Gründung von Lullus, zu entrichten waren. Auch das Kloster Fulda besaß in rund 20 Dörfern umfangreichen Streubesitz oder Abgaberechte aus Schenkungen von edelfreien Familien.

Burg

**Wohltäter*

Das Gothaer Land unter den Ludowinger Landgrafen

Unter der Herrschaft des Liudolfinger Heinrich, des Herzogs von Sachsen und späteren deutschen Königs Heinrich I. (um 875/919-936) kam Thüringen unter sächsische Oberhoheit und wurde unter den sächsischen Königen zu einem Binnenland im deutschen Reich.

Im 11. Jahrhundert gelang es Graf Ludwig dem Bärtigen (gest. um 1080), aus einer Seitenlinie der Grafen von Rieneck (am Main ?) der Burggrafen von Mainz entstammend, im Thüringer Wald südlich von Gotha Fuß zu fassen. Von der von ihm erbauten Schauenburg bei Friedrichroda oberhalb der Straße nach Schmalkalden baute er sich eine eigene Herrschaft mit zunächst sieben Rodungsdörfern auf. Damit begann im Gothaer Land eine neue Epoche: Die Zeit der nach seinem Namen benannten Ludowinger, der **Landgrafen von Thüringen.**

Der Sohn Ludwig des Bärtigen, Graf Ludwig der Springer (um 1042/1076-1123), erwarb neue Besitzungen hinzu und gründete im Jahr 1085 das Benediktinerkloster Reinhardsbrunn. Dessen Stiftung ist mit der Sage von der Ermordung des Pfalzgrafen Friedrich III. von Sachsen verbunden, in die der Springer verwickelt war. Danach erfolgte die Klostergründung als Sühne für dieses Verbrechen. Das Kloster wurde von zwölf Mönchen aus dem Reformkloster Hirsau bei Calw im Schwarzwald besetzt und war das Hauskloster der Ludowinger. In der Kirche war die Grablege des Geschlechtes der Ludowinger.

Noch vor der Gründung des Klosters hatte Ludwig der Springer seinen Herrschersitz von der abgelegenen Schauenburg auf die Wartburg bei Eisenach verlegt (1067/70). Von hier aus konnte die „via regia"* als wichtige Verkehrsader zwischen dem Rheinland über Erfurt nach Leipzig und Magdeburg gut überwacht werden.

Im Jahre 1131 erhielt der Sohn Ludwigs des Springers auf dem Reichstag zu Goslar von Kaiser Lothar III. die Landgrafenwürde und wurde damit in den Rang eines Reichsfürsten nach den Herzögen erhoben.

Landgraf Ludwig I. (gest. 1140) heiratete die Erbtochter des Grafen Giso in Hessen und erwarb damit deren Besitzungen, die nach 1140 als Grafschaft Hessen zusammengefaßt wurden. Sein Sohn Ludwig II. (gest. 1172) betrieb energisch den Ausbau seiner Herrschaft durch den Bau von Burgen (Tenneberg bei Waltershausen, Runneburg bei Weißensee, Creuzburg an der Werra, Neuenburg bei Freyburg an der Unstrut) und die Anlage von Städten.

Durch seine Heirat mit Jutta von Schwaben (1148), einer Halbschwester des Stauferkaisers Friedrich I. Barbarossa, war er mit dessen Reichspolitik verbunden und hatte auch dessen Rückendeckung für seine Machtpolitik. An ihn knüpfen sich manche Sagen, die ihn als Landgraf Ludwig den Eisernen überliefert haben.

Auch Ludwig III., der Fromme (1156-1190), war ein Parteigänger Friedrich Barbarossas. In einer Urkunde aus den Jahren 1180-1189 nennt er erstmals neben Eisenach auch Gotha „civitas"**. Infolge seiner Lage an der Hohen Straße war Gotha neben der Wartburgstadt Eisenach die bedeutend-

Hohe Straße

**Stadt*

ste Landgrafenstadt Hier urkundeten die Ludowinger und ließen auch seit 1160 ihre Brakteaten* prägen. Ludwig III. nahm auch am Kreuzzug Barbarossas teil, wählte aber nicht den Landweg, wie der Kaiser, sondern den Seeweg zum Heiligen Land. Bei der aufreibenden Belagerung der türkischen Festung Akkon erkrankte er, trat im Oktober 1190 die Rückfahrt an und starb am 16. Oktober auf hoher See. Von Zypern aus wurde er dann nach Reinhardsbrunn überführt.

Sein Bruder Herrmann I. (um 1155-1217) mußte sein Erbe gegen Kaiser Heinrich VI. durchsetzen, der die Landgrafschaft Thüringen als Reichslehen einziehen wollte. Seitdem hat er im staufisch-welfischen Thronstreit mehrfach seine Parteinahme zwischen dem Stauferkönig Philipp von Schwaben und dem Welfen Otto IV., einem Sohn Heinrichs des Löwen, gewechselt, ohne davon bleibende Vorteile zu erlangen. Vielmehr wurde sein Land wiederholt durch die verheerenden Kriegszüge der beiden Könige schwer geschädigt. Im Jahre 1211 trat er auf die Seite des künftigen Stau-ferkaisers Friedrich II. und ist in den Jahren 1212 bis 1216 als häufiger Teilnehmer an den Hoftagen des jungen Kaisers bezeugt. Später kränkelte er und starb am 25. April 1218 auf dem Grimmen- stein in Gotha.

Unter Landgraf Herrmann I. wurde die Wartburg zum Schauplatz eines legendären Sängerwettbewerbs (um 1206/07), den Richard Wagner der Oper „Tannhäuser" zugrunde gelegt hat. Vorher - um 1190 - war trotz der kriegerischen Zeiten der prächtige Palas der Burg als spätromanisches Bauwerk entstanden; das Obergeschoß ist erst nach 1220 aufgesetzt worden. Hier trugen die Minnesänger Walther von der Vogelweide, der sich über das ungeschliffene Benehmen mancher Höflinge be-klagte, und Wolfram von Eschenbach ihre Dichtungen und Lieder vor. Landgraf Herrmann ließ sich aus anderen zeitgenössischen Werken vorlesen und regte die Dichter Herbort von Fritzlar und Albrecht von Halberstadt zu Übersetzungen aus der französischen und lateinischen Dichtung an.

Herrmanns Sohn, Landgraf Ludwig IV., der Heilige (1200/1217-1227), war schon in frühester Jugend mit der ungarischen Königstochter Elisabeth verlobt worden und hat sie 1221 in Eisenach geheiratet. Auch Ludwig IV. hatte sich zur Teilnahme an einem Kreuzzug seines Kaisers verpflichtet. Vom (Malaria-) Fieber befallen, ging der Landgraf am 9. September 1127 mit dem Kaiser in Brindisi an Bord und starb zwei Tage später in Otranto (Süditalien). Erst nach der Rückkehr vom Kreuzzug überführten seine Gefolgsleute die Gebeine Ludwigs IV. nach Reinhardsbrunn. Von Bamberg an hatte Elisabeth den Leichenzug begleitet. Ihr Schwager, Heinrich Raspe, einer der rücksichtslosesten Machtpolitiker unter den Ludowingern, hat sie bald von der Wartburg verstoßen. Im Jahre 1128 zog sie nach Marburg, wo sie als Franziskanernonne in aufopferungsvoller Krankenpflege am 5.10.1231 starb. Im Jahre 1235 wurde sie von Papst Gregor IX. heiliggesprochen.

Mit Landgraf Heinrich Raspe (um 1202/1227 bis 1247) erlosch das thüringische Fürstengeschlecht der Ludowinger, nachdem sich dieser im Mai 1246 noch zum Gegenkönig Friedrichs II. wählen ließ und damit nach der Krone des Reiches gegriffen hatte. Die Aera der Ludowinger Landgrafen, deren Herrschaft eng mit der Reichsgeschichte verflochten war, zählt zu den glänzendsten der thüringischen Geschichte.

kleine silberne Hohlpfennige

Das Gothaer Land unter den Wettinern

Als im Jahre 1247 die Ludowinger Landgrafen ausgestorben waren, trat Markgraf Heinrich der Erlauchte (um 1216/1237-1288) von Meißen als Wettiner Fürst die Nachfolge an. Er mußte sich aber im hessisch-thüringischen Erbfolgekrieg (1248-1264) gegen Sophie von Hessen, einer Tochter der Heiligen Elisabeth von Thüringen, durchsetzen. Dabei fand er bei den meisten Grafen des Thüringer Landes Unterstützung. Von ihnen waren die Grafen von Käfernburg-Schwarzburg mit ihren Besitzungen im Gothaer Land (Ohra-Apfelstädttal) die mächtigsten. Auch die Grafen von Tonna-Gleichen (seit 1088/90 bekannt) hatten von altersher zwischen Nesse und Unstrut ihre Besitzungen. Seit dem Jahre 1110 traten sie als Grafen „von Tonna", seit 1162 als Grafen „von Gleichen" in die Geschichte Thüringens ein. Wie andere Grafen auch wechselten sie im Laufe der Zeit die politischen Fronten. So waren sie Mainzer Vögte von Erfurt und erwarben beispielsweise auch im Eichsfeld Besitz. Diesen teilten sie, so daß im Jahre 1346 die Linie Tonna entstand, die 1456 wieder an die Gleichensche Linie zurückfiel. Als im Jahre 1385 der letzte Käfernburger Graf auf einer Pilgerfahrt im Heiligen Land Palästina gestorben war, belehnte Landgraf Balthasar von Thüringen die Grafen von Gleichen mit Ohrdruf, die hier und in Wechmar schon früher das Schultheißenamt innehatten. Im Jahre 1631 war auch dieses Grafengeschlecht ausgestorben; dessen Besitz fiel dann an die Grafen von Hohenlohe, deren Obergrafschaft (um Ohrdruf und Wechmar) im Jahre 1657 unter die Lehnsherrschaft Herzog Ernst des Frommen kam.

Von den Wettinern residierte die Witwe des Landgrafen Friedrich des Freidigen (des Gebissenen, 1257/1307-1323), Elisabeth, als „Domina von Gotha" von 1324-1359 in der Stadt. Ihr in Gotha geborener Sohn Friedrich II. der Ernsthafte (1310/1324-1349), Markgraf von Meißen und Landgraf von Thüringen, festigte die Wettiner Herrschaft insbesondere durch seinen Erfolg im Thüringer Grafenkrieg (1342-1345). Seit Mitte des 14. Jahrhunderts regierte Friedrich der Strenge (1332/49-1381) gemeinsam mit seinen Brüdern Balthasar und Wilhelm I., dem Einäugigen, die wettinischen und damit auch die thüringischen Lande, bis Landgraf Balthasar (1336-1406) bei der **Chemnitzer Teilung** im Jahre 1382 die Landgrafschaft Thüringen zugesprochen bekam. Landgraf Balthasar hielt sich oft und gern in Gotha auf. Er ließ u.a. den Grimmenstein ausbauen und den Leinakanal zur besseren Wasserversorgung der Stadt im Jahre 1369 anlegen. An diese für die damalige Zeit hervorragende ingenieurtechnische Glanzleistung erinnert heute die Gothaer Wasserkunst am oberen Hauptmarkt.

Auch die Landgrafenstadt Waltershausen unter dem fürstlichen Schloß Tenneberg, das er ausbauen ließ und wiederholt verpfändete, förderte er durch seinen Schiedsspruch aus dem Jahre 1399, mit dem er Ansprüche des Klosters Reinhardsbrunn auf ein Marktprivileg für Friedrichroda und auf ein Wasserrecht zurückwies.

Die Landgrafenstädte waren schriftsässig, d.h. sie unterstanden wie später auch Ohrdruf als Immediatstädte der landesherrlichen Regierung und bildeten unter den drei Landständen (Grafen, Ritter Städte) eine eigene Bank. Ihre Bedeutung wird auch im Abgabenregister der Markgrafen von Meißen und Landgrafen von Thüringen aus dem Jahre 1378 deutlich, wo sie als civitas* ausgewiesen werden. Im späten 13. bzw. im 14. Jahrhundert entstanden auch die Ämter als Verwaltungsstellen, so das Amt Tenneberg mit 10 Dörfern und das Amt Gotha mit 16 Dörfern, das Amt Wachsenburg mit 12 Dörfern und das Amt Schwarzwald mit dem gleichnamigen Ort (heute Ortsteil von Luisenthal) und den umliegenden Wäldern. Die Abgaben an das Land waren teils in barem Geld, nämlich das Jahrgeld, die Zölle, Abgaben für das Braurecht und in Gotha für das Münzrecht, teils in Naturalien (Getreide, Vieh) alljährlich zu leisten. Die Räte der Städte und die Amtsschösser durften die niedere Gerichtsbarkeit ausüben, wie sie in den von den Landesherren wiederholt bestätigten Stadtrechten kodifiziert waren (für Gotha seit dem 13. Jh.). Die Ober- und Halsgerichtsbarkeit übten von den Fürsten eingesetzte und juristisch ausgebildete Richter aus.

Mit den späteren Landesordnungen der Wettiner (seit 1446), die 1423 Kurfürsten von Sachsen geworden waren, sind die Landfriedensordnungen der früheren Jahrhunderte abgelöst und darüber hinaus auch die Lebensverhältnisse mehr oder weniger geregelt worden. Die geistliche Gerichtshoheit von Kirchen und Klöstern wurde dabei auf kirchliche Angelegenheiten beschränkt und die Aufsicht der Landesherren darüber festgeschrieben und auch ausgeübt.

Nach den Klostergründungen der Ludowinger in Reinhardsbrunn (1085, Benediktiner der Hirsauer Kongregation) und der Käfernburger in Georgenthal (1140, Zisterzienser aus Morimond) wurde im Jahre 1147 in Ichtershausen von der Witwe Frideruna von Grumbach durch Umwandlung ih-

* Stadt

Blick über die rekonstruierte Wasserkunst am oberen Hauptmarkt von Gotha zum Schloß

rer Eigenkirche ein Zisterzienser-Nonnenkloster gegründet. Dieses Kloster erwarb dann durch zahlreiche Schenkungen umfangreichen Besitz nördlich von Erfurt. Im Jahre 1392 war es mit 85 Nonnen besetzt. Die Vogtei lag erst in den Händen der Stifterfamilie, später bei den Grafen von Käfernburg und ging 1385 an die Wettiner Landgrafen von Thüringen über.

Von den beiden großen Bettelorden aus Italien - Dominikaner und Franziskaner - scheiterte im Jahre 1225 in Gotha ein Niederlassungsversuch der Franziskaner, deren Konvent später in Arnstadt auftritt. Im Jahre 1258 übernahmen in Gotha Augustiner-Eremiten das Kloster der Zisterzienserinnen (seit 1251) an der Jüdengasse, die ihr Heilig-Kreuz-Kloster vom Sundhäuser vor das Brühler Tor verlegten. Dieses Kloster war von Abgaben befreit und besaß Patronatsrechte an den Kirchen in einigen Dörfern der Umgebung. Die Besitzungen der Augustiner waren auf die nächste Umgebung der Stadt beschränkt.

Gotischer Kreuzgang im Innenhof der Augustinerkirche in Gotha

Vermutlich um die Jahre 1289/90 ist in Döllstädt ein Zisterzienser-Nonnenkloster gegründet worden, dessen Anfänge noch unbekannt sind. Im Jahre 1291 wird erstmals ein Propst genannt, und im Jahre 1295 erwarb das Döllstädter Kloster Grundbesitz vom Kloster Reinhardsbrunn. Noch im Jahre 1377 tauschte es mit dem Reinhardsbrunner Kloster verschiedene Grundstücke aus. Damals waren die Herren von Salza Schutzvögte (vielleicht auch die Gründer?) des Klosters. An ihre Stelle traten später die Grafen von Gleichen in Tonna, die im Jahre 1525 das Kloster einzogen. Das Klostergut in Döllstädt wurde Kammergut.

Schon wenige Jahre nach der Gründung des Gothaer Hospitals (1223) hatten Lazariten die Pflege der Alten und Kranken übernommen und waren 1489/90 dem größeren Johanniterorden beigetreten. In Ohrdruf gab es seit dem Jahre 1156 das Stift St. Peter mit seinen Augustiner-Chorherren, die 1344 an die Marienkirche am Berg in Gotha gingen. Seit dem Jahre 1463 bestand in Ohrdruf auch ein Karmeliterkonvent.

Im 15. Jahrhundert waren die Klöster zum Teil recht wohlhabend. So besaß das Benediktinerkloster Reinhardsbrunn aus Schenkungen und Erwerbungen Besitz und Einkünfte in 140 Dörfern weit über das Gothaer Land hinaus. Das Kloster Georgenthal mit seinen bis zu 40 und mehr Mönchen hatte einen Grundbesitz von etwa 10 940 Hektar, überwiegend Waldgebiete um Tambach-Dietharz bis zum Rennsteig hinauf. Das Leben der Mönche allgemein neigte trotz aller Reformversuche im Mittelalter immer wieder einem mehr oder weniger weltlichen Leben zu. Dies war auch von den Augustiner-Chorherren in Gotha bekannt, als aufgebrachte Gothaer Bürger beim Pfaffensturm im Jahre 1524 deren Zellen* stürmten und die Dirnen der Chorherren ins Ratsgefängnis steckten. Ähnliche Vorfälle und Unruhen gegen Klöster sind in jenen Jahren auch in Eisenach, Erfurt, Jena und Altenburg vorgekommen. Deshalb wurde der ehemalige Weimarer Franziskanermönch Friedrich Mecum (Myconius, 1490-1546), der aus der Klosterhaft im katholischen Annaberg geflohen war, weil er die alte Kirche angezweifelt hatte, auf Luthers Empfehlung als neuer evangelischer Prediger eingesetzt. Hier in Gotha reformierte er nicht nur die Kirche, sondern auch die Schule.

Im **Bauernkrieg** des Jahres 1525 konnte Myconius den Ichtershäuser Bauernhaufen am Fuß der Drei Gleichen mit seiner Rede vom Sturm auf das Ichtershäuser Zisterzienser-Nonnenkloster abhalten. Dagegen wurde im Mai desselben Jahres das Kloster Georgenthal ausgeplündert, aber nicht zerstört. Das Kloster Reinhardsbrunn wurde von einem Bauernhaufen mit dem „langen Hans" Bader an der Spitze gestürmt, geplündert und in Brand gesteckt. Ein kleiner Trupp bewaffneter Bürger, die den kurfürstlichen Befehl hatten, das zu verhindern, war dagegen machtlos. Auch im Nessetal hatten sich aufständische Bauern gesammelt und sind nach Langensalza marschiert. Von hier zogen sie unter dem Eindruck der Vorgänge in Mühlhausen, wo Thomas Müntzer die aufständische Bewegung leitete, mit anderen bewaffneten Bauern aus der Umgebung nach Gräfentonna, besetzten das Schloß und verbrauchten alle Lebensmittelvorräte. Graf Philipp von Gleichen wurde gezwungen, die Beschwerdeartikel der Bauern anzuerkennen, wie er später in seiner Klageschrift an den Herzog Georg den Bärtigen von Sachsen (1471/1500-1539) berichtet hat. Kurz nach dem Tod Graf Sigmunds II. von Gleichen kam es auch in Ohrdruf am Ostersonntag des Jahres 1525 zu einem „ufrohr". Eine Bürgerversammlung, die Bildung eines Ausschusses mit 30 Mann und zwei Beschwerdebriefe nach Gräfentonna und Gotha waren hier die Aktionen. Es gab noch einige lokale Übergriffe, aber alle ohne Blutvergießen. Dagegen war das folgende Strafgericht des Kurfürsten Johann des Beständigen (1468/1525-1532), dem Bruder und Nachfolger Friedrich des Weisen (1463/86-1525) sehr hart. Auf einem Hoftag Anfang Juli 1525 im Schloß von Großenbehringen verhängte er nach kurzer Anhörung der Amtleute empfindliche Geldstrafen über Städte und Dörfer im Gothaer und Eisenacher Land. Waltershausen beispielsweise hatte 5000 Gulden, Mechterstädt 800 Gulden und das kleine Dorf Illeben (Reinhardsbrunner Klosterbesitz bei Langensalza) sogar 1000 Gulden aufzubringen. Auf dem Hoftag in Ichtershausen wurde das Amt Wachsenburg mit seinen zwölf Dörfern zur Zahlung von 7 000 Gulden und die zehn Dörfer des Klosters Georgenthal zu 6000 Gulden verurteilt. Todesstrafen gab es im Gothaer Land nicht. Die Zahlungen der Strafgelder waren auf drei Termine bis Herbst 1526 verteilt. Jedoch klagten noch im Jahre 1528 manche Amtleute darüber, daß immer noch ausstehende Beträge nicht aufzubringen seien. Manche verarmte Bauern haben damals ihre Heimat als Bettler verlassen, so daß wohl die rund 32 000 Gulden Strafgelder, die der Kurfürst verhängt hatte, nie restlos in die Kasse seiner (Finanz-) Kammer geflossen sind. Aus den Klösterdörfern und anderem klösterlichem Grundbesitz, der bald darauf durch die kurfürstliche Verwaltung sequestriert** worden war, wurden im Jahre 1543 die Ämter Georgenthal (10 Dörfer), Reinhards-

Unterkünfte

** beschlagnahmt

brunn (12 Dörfer) und Ichtershausen (2 Dörfer), das später zum Amt Wachsenburg kam, gebildet.

In der mittelalterlichen Landwirtschaft des Gothaer Landes gab es zwei Kulturen, die man heute vergeblich sucht: Den Weinbau und den Anbau der Waidpflanze. Von einem wärmeren Klima im Hochmittelalter begünstigt, gelang hier fast überall auf warmen Kalkböden der Weinbau. Am besten wuchs er auf nach Süden gerichteten Hängen. Der Flurname (Am) Weinberg hat sich bei vielen Dörfern bis in unsere Zeit erhalten. Erst mit der Klimaverschlechterung im 14. Jahrhundert ist dann der Weinbau zurückgegangen. Dagegen hat sich im Spätmittelalter der Waidanbau und mit ihm der Waidhandel zu einem blühenden Wirtschaftszweig entwickelt. Aus der zweijährigen Waidpflanze (Isatis tinctoria L.), deren Anbau sehr arbeitsintensiv war, wurde durch Quetschen der geernteten Pflanzen in der Waidmühle und „Verkübeln" ein damals begehrter blauer Farbstoff in den Thüringer Waidstädten, zu denen auch Gotha gehörte, gewonnen. Dieses Waidblau wurde als beliebter Textilfarbstoff von den „Waidjunkern" in alle Himmelsrichtungen verkauft. Einmal gingen die Lieferungen in die Lausitz zum Stapelplatz Görlitz, der für den Export nach Polen entscheidend war, zum anderen wurde auch nach Nürnberg, in die alte Reichs- und Messestadt Frankfurt am Main als Stapelplatz für das Rheinland sowie in die Hansestädte an Ost- und Nordsee geliefert. Im Gothaer Land, wo der Waidanbau sehr verbreitet war, haben sich bis heute die Waidmühlen in Pferdingsleben (Original) und Tüttleben (Rekonstruktion), die Waiddarre in Molschleben und ein Dutzend alter Waidsteine von Boilstädt bis Burgtonna erhalten. Immerhin gibt es in alten Lexika über 70 Fachausdrücke mit „waid" (nicht mit dem jagdmännischen Wort Weid zu verwechseln). Gegen Ende des 16. Jahrhunderts begann der indische Farbstoff Indigo, der später auch aus Mittelamerika importiert wurde, den Waid zu verdrängen. Dagegen blieben auch dirigistische Mittel wie einige Reichstagsabschieden und Landesverordnungen, wirkungslos, und die Verwüstungen des Dreißigjährigen Krieges beschleunigten den Niedergang dieses Wirtschaftszweiges bis zum Zusammenbruch. Mitte des 18. Jahrhunderts gab es den Waidanbau im Gothaer Land nur noch in einem Dutzend Dörfern; im Jahre 1802 wurde er noch in sieben Dörfern betrieben. In Pferdingsleben hielt er sich bis zum Jahre 1912. Die natürliche Herstellung des blauen Farbstoffes ging deshalb ganz ein, weil seit 1880 Indigofarben auch synthetisch hergestellt werden konnten, was viel billiger war.

Erst seit einigen Jahren wird in Neudietendorf wieder naturreine Farbe aus Waidpflanzen gewonnen und mit ersten Erfolgen u.a. auch bei Denkmalpflegearbeiten eingesetzt.

Das Gothaer Land unter den Ernestinern

Die *Leipziger Teilung* der Wettiner am 26. August 1485 hatte das Thüringer Land in zwei Hälften zerrissen, wobei Kurfürst Ernst I. (1441/64-1486) den nördlichen „ernestinischen" Teil, sein jüngerer Bruder Albrecht der Beherzte (1443/ 1485-1500) den südlichen „albertinischen" Teil erhielt. Kurfürst Friedrich der Weise (1463/1486 bis 1525), der schon 1486 die Nachfolge seines Vaters antrat, begründete als Schutzherr Luthers die re-formatorische Tradition der Ernestiner. Martin Luther war wiederholt in Gotha gewesen, so in den Jahren 1515 und 1516 als Distriktkommissar der sächsischen Augustiner-Kongregation. Auf seiner Reise zum Reichstag nach Worms predigte er am 8. April 1521 in der Gothaer Augustinerkirche. Auch im Herbst des Jahres 1529 war er auf seiner Reise zum Marburger Religionsgespräch zweimal Gast seines Freundes Friedrich Myconius, den er in seinen Briefen als „Bischof von Gotha" anschrieb. Anfang März des Jahres 1537 kam Luther als kranker Mann vom Schmalkalder Konvent über Tambach in das Haus des Gothaer Amtsschössers Hans Löwe am unteren Hauptmarkt. Philipp Melanchthon bereiste mit Myconius in den Jahren 1527/28 das Gothaer Land, um den Zustand der Kirchen und die Bildung der Pfarrer zu kontrollieren, später war er im ehemaligen Kloster Reinhardsbrunn beim Verhör von Angehörigen der Täuferbewegung.

Die unglückliche Politik der ernestinischen Fürsten führte im 16. Jahrhundert in zwei Katastrophen. Als einer der Führer des protestantischen Schmalkaldischen Bundes (Gründung des *Schmalkaldischen Bundes* im Jahre 1531) wurde Johann Friedrich I. der Großmütige (1503/32-1554) in der Schlacht bei Mühlberg am 19. Mai 1547 von den kaiserlichen Truppen gefangen genommen, und er verlor auf Grund der Wittenberger Kapitulation vom 19. Mai 1547 die Kurwürde und die Kurlande mit der Universität Wittenberg an seinen Vetter Moritz von Sachsen, der mit Karl V. verbündet war. Deshalb gründete er nach seiner Rückkehr aus kaiserlicher Gefangenschaft in Jena eine neue Landesuniversität. Die Feste Grimmenstein in Gotha, die mit vier Mauerabrüchen mehr symbolisch geschleift worden war, ließ er in kurzer Zeit wieder verteidigungsfähig machen. Die Feste war schon 1530/31 - einer Zeichnung von Albrecht Dürer ähnlich - als moderne Befestigungsanlage ausgebaut worden.

Weit schlimmer war der Ausgang der *Grumbachschen Händel* in den Jahren 1566/67, in die sich Herzog Johann Friedrich II. der Mittlere (1529/54-1595) eingelassen hatte. Er wollte mit Hilfe des Reichsritters Wilhelm von Grumbach, der mit dem Bischof von Würzburg in Fehde lag, die Kurwürde wieder erlangen, machte Grumbach zu seinem Rat, verweigerte die Auslieferung des geächteten Ritters und kam deshalb 1566 selbst in die Reichsacht. Die monatelange Belagerung Gothas und der Feste Grimmenstein, wo der Herzog seit 1564 residierte, brachte durch die Reichsexekutionsarmee unter dem albertinischen Kurfürsten August von Sachsen (1526/53-1586), dem erbitterten Gegner des Herzogs, große Not über Stadt und Land. Dabei wurde u.a. auch die Stadt Walters-

29

hausen mit Söldnern belegt, die hier erpresserisch plündernd auftraten. Am 4. April 1567 kam es dann zur ersten Meuterei der herzoglichen Soldtruppen in der Festung, und am 13. April ergaben sich Stadt und Feste bedingungslos dem Belagerer. Dieser hielt über Grumbach und seine ebenfalls geächteten Helfer auf dem Hauptmarkt ein blutiges Strafgericht ab, während der Herzog in kaiserliche Gefangenschaft nach Wiener Neustadt und später auf das Schloß in Steyr gebracht wurde, wo er 1595 starb. Im August 1567 wurde der Grimmenstein mit überzogenen Sprengungen dem Erdboden gleichgemacht. Die Schäden der Bürger durch die Belagerung und die Sprengungen betrugen über 110 000 Gulden. Zerstörte Häuser und Mühlen, verwüstete Gärten und abgeholzte Bäume im Umland waren die schlimmsten Schäden der Belagerung.

Mit den Landesteilungen der Ernestiner im 16. und 17. Jahrhundert änderte sich immer auch der Umfang bzw. die Größe des Gothaer Landes. Die *Erfurter Teilung* von 1572 zwischen Herzog Johann Wilhelm von Sachsen-Weimar (1530/72 bis 1573) und seinen zwei Neffen Johann Casimir (Herzog von Sachsen-Coburg, 1564/86-1633) und Johann Ernst (Herzog von Sachsen-Eisenach, 1566/96-1638) war eine Folge der Grumbachschen Händel gewesen und erfolgte auf der Grundlage der damals bestehenden Ämterstruktur. Herzog Casimir, der noch 1564 auf der Feste Grimmenstein geboren worden war, erhielt das Gothaer und das Coburger Land mit 19 Ämtern, sein Bruder Johann Ernst die Eisenacher Ämter.

Nach weiteren Teilungen brachte der *Altenburger Erbteilungsvertrag* aus dem Jahre 1640 eine Umverteilung, durch die der Weimarer Prinz Ernst das neue Herzogtum Sachsen-Gotha erhielt. Im Jahre 1645 erhielt der neue Herzog noch die „Heldburger Portion" aus dem Eisenacher Land seines kinderlos verstorbenen Bruders Albrecht, 1657 die Ober- und Untergrafschaft Gleichen und 1660 drei Ämter an der Werra aus dem Erbe der „gefürsteten" Grafen von Henneberg dazu.

Der *Dreißigjährige Krieg* (1618-1648) hat dem Gothaer Land und seinen Bewohnern großen Schaden gebracht. Schon im 16. Jahrhundert, stärker noch nach 1600 hatte sich das Münzwesen verschlechtert und war das Geld zunehmend entwertet worden. In den Jahren 1620 bis 1623 erreichte diese Entwicklung mit den Kippern und Wippern ihren Tiefpunkt. Damals trug jedermann alles, was aus Kupfer war, zu den Münzern und ließ es zu billigen

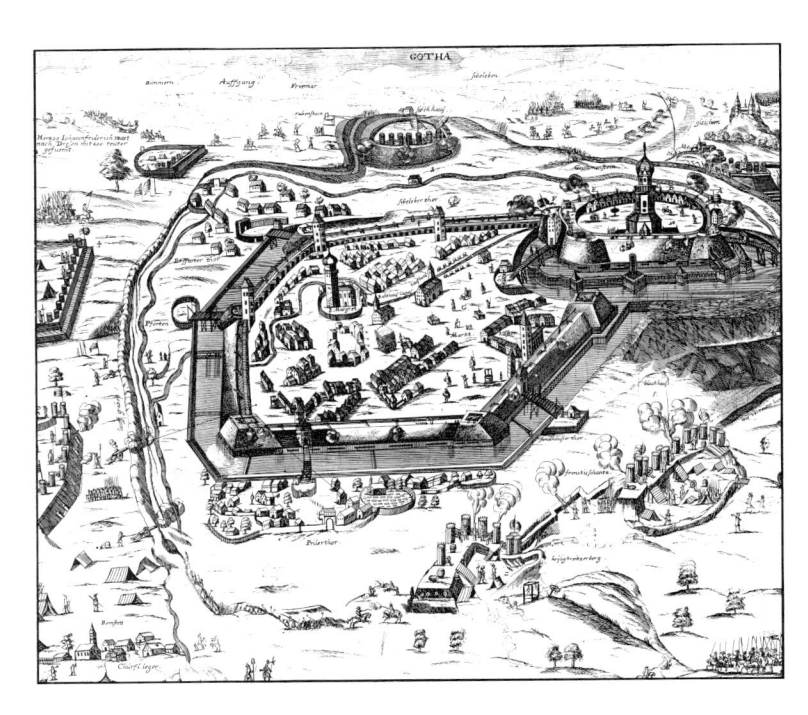

Die Belagerung Gothas während der Grumbachschen Händel 1566/67

Geld prägen, das „weißgesotten" oft wie Silber aussah und entsprechend gehandelt wurde. Dabei verschwanden die echten Silbermünzen fast ganz aus dem Zahlungsverkehr. Auch in Reinhardsbrunn und Gotha ließen damals die Weimarer Fürsten neue Münzstätten einrichten, die aber aus Mangel an echtem Silber nur wenig arbeiteten. Da solche Münzpraktiken allenthalben bis zum Kriegsende üblich waren, verarmten Stadt und Land.

Durchzüge von Truppen beider Kriegsparteien, ob von der protestantischen Union oder der katholischen Liga, richteten großen Schaden an. Die Kommandeure erpreßten rücksichtslos Naturalien zur Versorgung ihrer Söldner, die nicht selten auch auf eigene Faust handelten bzw. plünderten. Sie waren so gefürchtet, daß sich die ländliche Bevölkerung in nahen Wäldern verbarg oder die Städte aufsuchte. Krankheiten, darunter die Pest in den Jahren 1625/26 und 1635/36, verbreiteten sich infolge der schlechten Ernährung, die wiederum die Folge geringer Ernten durch Verwüstungen und nasse Sommer war, und dezimierten die Bevölkerung (siehe Tab. 6).

Zweimal wurde Gotha in diesen Kriegsjahren von verheerenden Brandkatastrophen (1632 und 1646) heimgesucht, denen nach dem Krieg im Jahre 1665 die schlimmste, aber auch die letzte in der Geschichte der Residenzstadt folgte. Auch Waltershausen ist von solchen Bränden nicht verschont

Amt	1618	1638
Gotha (16 Dörfer)	8 942 Einw.	3 124 Einw.
Tenneberg (8 Dörfer)	673 Einw.	355 Einw.

Herzog Ernst I., der Fromme von Sachsen-Gotha und Altenburg (1601/41-1675)

geblieben (1640, 1641). Das Jahr 1640 war für das Gothaer Land auch deshalb ein äußerst schlechtes Jahr, weil hier der schwedische General Banèr fast alle Städte und die meisten Dörfer mit seinen gefürchteten Truppen besetzt und brutal ausgeplündert hatte.

Herzog Ernst I. der Fromme von Sachsen-Gotha-Altenburg (1601/1641-1675) war der **bedeutendste der Gothaer Ernestiner** und regierte mit starker Hand. Durch Sparsamkeit und ein strenges Regime versuchte er die allgemeine Not während bzw. nach dem Dreißigjährigen Krieg zu lindern und die Schäden, die der lange Krieg dem Land gebracht hat, nach und nach zu beseitigen. Mit zahlreichen Verordnungen, die in der gedruckten

Tabelle 6: Rückgang der Anzahl der Einwohner der Ämter Gotha und Tenneberg in den ersten zwanzig Jahren des Dreißigjährigen Krieges

Landesordnung von 1665 zusammengefaßt wurden, hat er fast alle Bereiche des öffentlichen und teilweise auch privaten Lebens zu regeln versucht. Dabei kontrollierte er auf seinen Ritten und Fahrten persönlich die Ausführung bzw. Einhaltung seiner Anordnungen. Er versuchte stets, das Land mustergültig zu regieren.

Vor allem das ernestinische Schulwesen unter dem Pädagogen Magister Andreas Reyher (1601 bis 1673) war lange Zeit vorbildlich für andere Länder. So wurde die deutsche Pflicht-Volksschule mit Realienunterricht eingeführt, wobei der „Gothaische Schulmethodus" von Reyher (1642) die Ausbildungsgrundlage darstellte. Pädagogische Vorbilder waren hier Ratke und Comenius.

Weit verbreitet war noch der Aberglauben besonders an Hexen und Zauberei (man denke nur an Dr. Faust), der auch im Gothaer Land zahlreiche Opfer gefordert hat, die nach dem damals geltenden Rechtsbuch „Malleus maleficarum" * von 1487/88 verfolgt und verurteilt wurden. Berüchtigt war der Amtsschösser Joh.B. Leo in Georgenthal, der zwölf Frauen als vermeintliche Hexen wegen Zauberei auf dem Scheiterhaufen am Hirzberg gebracht hat. Erst als seine Frau wegen ihrer geröteten Augen der Hexerei verdächtigt wurde, hat er seinen Verfolgungswahn aufgegeben. Der Hexenturm hinter dem Georgenthaler Schloß erinnert noch daran. Auch aus Waltershausen und Ohrdruf sind eine Reihe von Hexenprozessen aus dem 17. Jahrhundert aktenkundig überliefert. In der Residenzstadt Gotha scheint der Herzog diesen Hexenwahn nicht geteilt zu haben, denn die Angeklagten wurden z.T. noch vor der Anwendung der Folter freigelassen.

Nachdem Herzog Ernst der Fromme - so wegen seines strengen Glaubenslebens, von bösen Zungen auch „Bet-Ernst" genannt - im Jahre 1672 drei Viertel des ostthüringischen Fürstentums Altenburg geerbt hatte, war das Herzogtum Sachsen-Gotha-Altenburg mit über 6 000 km² der größte der thüringischen Staaten. Er reichte von Coburg im Süden bis nach Herbsleben an der Unstrut im Norden und von Ruhla im Westen bis Altenburg im Osten.

Aber schon 1680/81 haben seine sieben Söhne gegen den letzten Willen des Vaters das Herzogtum in sieben Kleinstaaten ohne politische und wirtschaftliche Bedeutung aufgeteilt. Der älteste Sohn Ernst des Frommen, Friedrich I. von Sachsen-Gotha und Altenburg (1648/75-1691), hat sich mit dem Gothaer und Altenburger Land den Löwenanteil gesichert. Mit der Einführung der Primogenitur** im Jahre 1685 hat er jede weitere Teilung des Herzogtums verhindert. Nachdem er im Jahre 1677 den alten Rittersitz Erffa mit Metebach und Neufrankenroda gekauft hatte (seitdem Amt Friedrichswerth), ließ er sich das Lustschloß Friedrichswerth mit einer weitläufigen Gartenanlage bauen (1679 bis 1689), wie er solche Anlagen auf seiner Kavalierstour*** in Frankreich kennengelernt hatte. Zwei Jahre später ist er gestorben (1691).

Sein Sohn Friedrich II. (1676/91-1732) hatte mit seinem Bruder Johann Wilhelm eine Kavalierstour nach Holland und England gemacht, bevor er die Regierung antrat. Als lebensfroher Barockfürst, Kunst und Musik liebend und den Wissenschaften zugeneigt, wurde er der bedeutendste Thüringer Herrscher seiner Zeit. Er nutzte die guten Grundlagen Ernst des Frommen, verbesserte die Behördenorganisation (Kriegskollegium) und förderte auch die wirtschaftliche Entwicklung im Lande (Bergbau, Metallindustrie, Forstwirtschaft, Woll-

*** Erbfolge des Erstgeborenen

* Hexenhammer

*** Bildungsreise

manufaktur). Zunächst widmete er sich auch dem stehenden Heer mit seinen sechs Regimentern, die er erst nach Holland vermietete und dann als Reichskontingent im Spanischen Erbfolgekrieg (1701-1714) einsetzte, wobei er sich in hohem Maße verschuldete. Nach Aufgabe seiner militärischen Ambitionen hat er sich stärker um die Entwicklung seines Gothaer Landes gekümmert. In seiner Residenzstadt Gotha ließ er mit seinem Lustschloß Friedrichsthal (1711) und Sozialgebäuden wie das Zucht- und Waisen- haus (nach 1703) und dem Neubau des Hospitals im Brühl (1719) neue bauliche und soziale Akzente setzen. Neben der Förderung des Schulwesens - auch in Altenburg, wo er sich oft aufhielt - hat Friedrich II. die Kunstsammlungen im Schloß Friedenstein durch Ankäufe bedeutend vermehrt und das Gothaer Münzkabinett mit dem Erwerb der wertvollen Schwarzburg-Arnstädter Sammlung (1712) zu einem der reichsten in Deutschland gemacht. Die Gothaer Bibliothek hat unter ihrem Leiter E.S. Cyprian, der vor allem Handschriften und Drucke der Reformationszeit ankaufen konnte und selbst ein namhafter Reformationshistoriker war, ihre Bestände bedeutend vermehren können. Das heutige Ekhoftheater als eines der ältesten, noch gut erhaltenen barocken Hoftheater wurde schon im Jahre 1682 aus dem alten Ballhaus im Westturm des Schlosses Friedenstein zum „Comedienhauß" umgebaut und am 22. April 1682 mit einem „kurtzen Schäfer-Spiel" eröffnet. Ein Jahr später wurde hier auch die erste Oper „Die geraubte Proserpina" aufgeführt, der weitere Opern, Singspiele und Ballette folgten. Dann haben Streitereien über musikalische Fragen zu einer längeren Aufführungspause (1696-1720) geführt. Aber die Hofkapelle (seit 1648) führte ihre Tafelmusiken und Kirchenkonzerte auch weiterhin auf. Seit dem Jahre 1719 war hier G.H. Stölzel (1690-1749) Hofkapellmeister, dessen reiches kompositorisches Schaffen von J. Seb. Bach sehr geschätzt und in den letzten Jahrzehnten wiederentdeckt wurde.

Im 18. Jahrhundert war die Residenzstadt mit rd. 11 500 Einwohner die größte Residenz und zugleich die zweitgrößte Stadt in Thüringen.

Der Gothaer Hof war unter Friedrich III. (1699/ 1732-1772) ein Mittelpunkt der Aufklärung. Seine Gattin, die gebildete Herzogin Luise Dorothee, die mit den französischen Aufklärern und ihren Pariser Vertretern bekannt war, korrespondierte u.a. mit Voltaire und Friedrich dem Großen.

Der **Siebenjährige Krieg** (1756-1763) hat das Gothaer Land wiederholt heimgesucht. Vor allem die Dörfer an der großen Heerstraße*, wo fremde Truppen die Lebens- und Futtermittel requirierten, litten. Der preußische König Friedrich der Große war am 15. September 1757 mit seinem Stab Überraschungsgast am Gothaer Hof und besuchte auch am 3. Dezember 1762 die Gothaer Herzogin, deren philosophische Neigungen er sehr schätzte.

* *via regia*

Schon im Jahre 1765 erschien in Gotha erstmals der Gothaische Genealogische Hofkalender (bis 1943), auch als französische Ausgabe „Almanac de Gotha" bekannt. Seit 1785 wurden diese Kalendarien beim Verlag Justus Perthes herausgegeben, der damit ebenso wie mit seinen späteren kartographischen Erzeugnissen die Thüringer Residenzstadt europaweit bekannt machte.

Unter Friedrichs (III.) Sohn Ernst II. (1745/ 1772 -1804), dem Astronom auf Gothas Thron, hat sich ein reges wissenschaftliches und kulturelles Leben am Hof entwickelt wie in keiner anderen

33

thüringischen Residenzstadt. Der „Vater der deutschen Schauspielkunst", Conrad Ekhof, trat in Gotha mit seinem ständigen Ensemble während der letzten Jahre seines Lebens (1775-1778) als beliebter Schauspieler auf, und der Hofkapellmeister Georg Benda führte seine bekannten Singspiele als einer der Vorläufer Mozarts in den Jahren 1750 bis 1778 auf dem Friedenstein auf. H.A.O. Reichards „Theater-Kalender" erschien hier von 1775 bis 1800, heute eine gesuchte Quelle für das Theaterleben seiner Zeit. Von 1775 bis nach 1800 war Joh.W. Goethe „*oft und gern in Gotha*", wie er sich noch am 26. September 1827 in einem Gespräch mit J.P. Eckermann erinnert hat. Meist war er Gast des regierenden Herzogs Ernst II. oder bei dessen Bruder Prinz August, mit dem ihn eine echte Freundschaft verband.

Ernst II. ließ in den Jahren 1788 bis 1791 auf dem Kleinen Seeberg eine Sternwarte erbauen, die zum Vorbild für andere moderne Observatorien wurde und die unter ihren ersten Direktoren Franz Xaver von Zach und Staatsminister Berhard von Lindenau sehr bald in der Fachwelt einen großen Ruf erlangte. Im August des Jahres 1798 war Gotha Treffpunkt des ersten internationalen Astronomenkongresses, an den sich 20 Forscher beteiligten. Der Kleine Seeberg war später auch der Ausgangspunkt der ersten geodätischen Vermessung in Deutschland. Bedeutende Wissenschaftler waren auch hohe Gothaer Staatsbeamte wie der Kammerpräsident Baron von Schlotheim als Begründer der Paläontologie* und der Präsident von Hoff als namhafter Geologe. Am Gymnasium waren ebenso hochgebildete Mathematiker und Historiker tätig. Die Wissenschaftliche Bibliothek auf dem Schloß Friedenstein leitete damals der Pädagoge J.G. Geißler, nach ihm der Sprachwissenschaftler Friedrich Jacobs, der auch Mitglied der Preußischen Akademie der Wissenschaften war.

Nach der Schlacht von Jena und Auerstedt am 14. Oktober 1806, wo das preußisch-sächsische Heer vernichtend geschlagen wurde, führten die siegreichen Franzosen zahlreiche preußische Kriegsgefangene durch das Gothaer Land. Als Folge von Herzog Augusts (1773/1804-1822) Beitritt zum Rheinbund, einem politisch-militärischen Bündnis Napoleons mit 16 deutschen Fürsten, mußte hier das Regiment „Herzöge von Sachsen" aufgestellt werden. Für die geforderte Kampfstärke von 2 800 Mann hatte das Herzogtum Sachsen-Gotha-Altenburg allein 1100 Mann zu stellen, Sachsen-Weimar nur 800 Mann; die restlichen 900 Mann hatten Meiningen, Saalfeld und Hildburghausen zu bringen. In den Jahren von 1807 bis 1812 mußte dieses Regiment an der

* *Versteinerungskunde*

Thronsaal im Schloß Friedenstein (1697)

Belagerung von Kolberg (Hinterpommern) sowie an den äußerst verlustreichen Kämpfen in Tirol (1809), Spanien (1810/11) und im Winter 1812 bei Wilna (Litauen) teilnehmen.

Nach der **Völkerschlacht bei Leipzig** im Jahre 1813 war das Ende der Herrschaft Napoleons abzusehen. Im Jahre 1807 war dieser Gast des Gothaer Herzogs. Auch auf der Reise zum Erfurter Fürstenkongreß im Oktober 1808 fuhr Napoleon durch Gotha und zuletzt übernachtete er am 25./26. Oktober 1813 auf seinem Rückzug im Gothaer Gasthaus zum Mohren. Noch vor 1945 erinnerte das Napoleon-Zimmer im „Mohren" daran. Im Jahre 1815 zogen zum letzten Mal in diesen Kriegsjahren ausländische Truppen durch das Gothaer Land, nachdem schon im Februar des Jahres 1814 Thüringer Freiwilligen-Kontingente gegen Napoleon nach Frankreich gezogen waren. Im Gegensatz zum Herzog, der Napoleon als militärisches Genie verehrte, war das Gothaer Bürgertum patriotisch gesinnt. Der Verleger und Publizist R.Z. Becker wurde im Jahre 1812 nach Magdeburg in französische Festungshaft verbracht, weil er verdächtigt worden war, mit einem Artikel seine feindliche Haltung gegen Napoleon propagiert zu haben. Erst im Frühjahr 1813 wurde er wieder freigelassen.

Neben diesem bedeutenden Vertreter der deutschen Spätaufklärung war der Gothaer Kaufmann Ernst Wilhelm Arnoldi (1778-1841) die herausragende Persönlichkeit im Gothaer Land. Seit dem Jahre 1816 war er für die wirtschaftliche Einigung der deutschen Bundesländer eingetreten, die dann am 1. Januar des Jahres 1834 Wirklichkeit wurde, als die kleinstaatlichen Zollschranken mit Gründung des **Deutschen Zollvereins** wegfielen. Seine vielfältigen Initiativen für die wirtschaftliche und kulturelle Entwicklung seiner Heimatstadt führten ihn u.a. auch mit dem weitgereisten Nationalökonom Friedrich List (1789-1846) zusammen, dem als Eisenbahnpionier der Bau der Thüringer Eisenbahn von Halle über Erfurt nach Kassel bzw. Frankfurt/Main zu verdanken ist. Arnoldi hat ihm den Weg an den Gothaer Hof geebnet, und Becker stellte ihm seinen „Allgemeinen Anzeiger" für eine Aufsatzreihe über die Notwendigkeit der Streckenführung der Eisenbahn durch die mittelthüringischen Städte zur Verfügung. Insbesondere die von Arnoldi gegründeten Feuer- und Lebensversicherungsbanken in den Jahren 1821 und 1827 haben als vorbildliche und erfolgreiche Unternehmen dieser Branche den Namen Gothas weit über die Landesgrenzen hinausgetragen.

Inzwischen war mit Herzog Friedrich IV. (1774/ 1822-1825) am 11. Februar 1825 die Gothaer Linie

Ernst Wilhelm Arnoldi (1778 - 1841)

der Ernestiner ausgestorben. Nach längeren Verhandlungen einigten sich die zerstrittenen Ernestiner auf eine Neuverteilung, wonach am 12. November 1826 der Coburger Herzog Ernst (1784/1806-1844) das Fürstentum Saalfeld dem Meininger Herzog überließ und dafür das Herzogtum Gotha erhielt, während Herzog Friedrich (1763/1780 bis 1834) von Sachsen-Hildburghausen sein kleines Land gegen Altenburg (Sachsen-Altenburg) eintauschte und der Meininger Herzog Bernhard II. (1800/03-1866) auch noch Hildburghausen erhielt. Hinzu kam noch die Umverteilung einiger Ämter bzw. Anteile von Ämtern für kleinere Grenzberichtigungen.

Für die beiden Herzogtümer Gotha und Coburg diesseits und jenseits des Thüringer Waldes ließ Herzog Ernst I. (1784/1806-1844) von Sachsen-Coburg und Gotha die oberen Landesverwaltungsbehörden seines Staatsministeriums neu einrichten. Zu einer echten Vereinigung beider Landesteile ist es jedoch auch später nie gekommen. Im Jahre 1830 erhielt dann das Gothaer Land auch eine neue Verwaltungsorganisation nach Justizamtsbezirken (s. Tab. 7). Außer den acht Justizamtsbezirken gab es noch den Kanzleibezirk Ohrdruf mit 9 Gemeinden. Das Amt Reinhardsbrunn wurde aufgelöst.

Dazu kamen auch noch die Justizämter Friedrichswerth, Thal und Nazza für die Dörfer, in denen adlige Rittergutsbesitzer von altersher die Patrimonialgerichtsbarkeit* ausübten.

gutsherrliche Gerichtsbarkeit

Im Jahre 1832 ist nach fast zweijährigen Verhandlungen zwischen Bürgerschaft und Landesregierung für die Residenzstadt Gotha eine neue städtische Verfassung eingeführt worden. Sie schrieb u.a. auch ein indirektes Wahlrecht durch Wahlmänner für die Wahl des Stadtrats vor. Ein Jahr später sind auch die Ratsverfassungen der Städte Waltershausen, Ohrdruf und Friedrichroda reformiert worden. Im Jahre 1834 folgte dann eine Verordnung über die grundlegende Reform der Landgemeinden, wonach auch hier die Besetzung der Ämter durch Wahlen erfolgte und Verwaltung und Justiz voneinander unabhängig wurden.

Handel und Wandel wirkten sich nach dem Wegfall der innerdeutschen Zollgrenzen (1834) und mit der zunehmenden Industrialisierung auch auf das Verkehrswesen aus. Deshalb wurden unter Herzog Ernst I. eine Reihe von Straßen als Chausseen (mit befestigter Straßendecke) teils erneuert, teils ausgebaut, so z.B. die heutige Bundesstraße 7 (B7) und die Bundesstraße 247 (B 247). Letztere war besonders wichtig, führte sie doch über den Thüringer Wald nach Coburg aber auch nach Friedrichroda und Waltershausen, nach Tonna und nach Arnstadt wurden die sog. Kunststraßen gebaut. Mit dem im Jahre 1841 abgeschlossenen Staatsvertrag mit Preußen, Sachsen-Weimar und Kurhessen-Kassel sowie mit Folgeverträgen kam es schließlich zum Bau der thüringischen Eisenbahn 1846/47, die für die weitere wirtschaftliche Entwicklung des Gothaer Landes von großer Bedeutung wurde. In dieser Zeit ließ der Coburger

Tabelle 7: Verwaltungsorganisation des Gothaer Landes im Jahre 1830 nach Justizamtsbezirken

Gotha	26 Gemeinden
Tenneberg	20 Gemeinden
Ichtershausen	16 Gemeinden
Liebenstein	15 Gemeinden
Georgenthal	12 Gemeinden
Tonna	12 Gemeinden
Volkenroda	6 Gemeinden
Zella	4 Gemeinden

Herzog von dem späteren Hofbaumeister Gustav Eberhard das Schloß Reinhardsbrunn (1827 bis 1839) und die Kaserne an der Bürgeraue in Gotha bauen. Auch der Bau des Gothaer Hoftheaters im Jahre 1839 war das Werk seines Hofarchitekten, der dabei einen Entwurf von Karl Friedrich Schinkel zugrunde legen konnte. In jenen Jahren wurde das coburg-gothaische Herzogshaus durch Heiraten seiner Prinzen und Prizessinnen in das belgische, portugiesische und englische Königshaus sowie in die russische Zarenfamilie mit dem herrschenden europäischen Hochadel verwandt.

Nach dem plötzlichen Tod seines Vaters trat Anfang des Jahres 1844 Herzog Ernst II. von Sachsen-Coburg und Gotha (1818/1844-1893) die Regierung im Gothaer Land an. Noch nicht 30jährig stand er vor der revolutionären Situation von 1848 (**48er Märzrevolution**). Anfang März hatte auch das Gothaer Bürgertum dem Staatsministerium seine Forderungen eingereicht, von denen der Herzog das allgemeine Versammlungs- und Petitionsrecht sowie die Aufhebung jeglicher Zensur für alle Druckschriften als erstes bewilligte und weitere Verbesserungen versprach.

Im 48er Jahr ging es im Gothaer Land in Finsterbergen wenig friedlich zu. Hier fanden sich die Einwohner zusammen und bedrohten den dortigen Kreiser* tätlich. Dieser war gegen die Holzdiebstähle im Wald entgegen dem Holzleserecht scharf vorgegangen. Erst mit dem Einzug einer Kompanie Gothaer Soldaten konnte den Aufstand unterdrückt werden. Die am Aufruhr Beteiligten wurden festgenommen und gerichtlich bestraft.

Nach einer Reihe weiterer herzoglicher Maßnahmen wie Aufhebung der Grundlasten und der Verbesserung verschiedener Gesetze konnte am 2. Oktober 1848 der erste gewählte Gothaer Landtag zusammentreten, der am 26. März 1849 das erste Gothaer Staatsgrundgesetz verabschiedete. Auch in der revidierten Fassung vom 3. Mai 1852 blieb der liberale Versammlungsparagraph 44 erhalten, der die Residenzstadt Gotha, noch dazu günstig an der Eisenbahnhauptstrecke Berlin - Frankfurt/Main gelegen, zu einem beliebten Tagungs- und Kongreßort gemacht hat. In der zweiten Hälfte des 19. Jahrhunderts haben hier über 30 Vereine und Gesellschaften und andere Institutionen Deutschlands aus Wirtschaft, Politik, Kultur und Wissenschaft ihre Jahres- oder Generalversammlungen abgehalten. Dabei wurden auch Gesamtvereine wie 1861 der Deutsche Schützenbund, 1863 der Fröbelverein und 1875 der Deutsche Fleischerverband gegründet. Im Jahre 1875 fand auch der Vereinigungskongreß der beiden deutschen Arbeiterparteien (Eisenacher und Lassalleaner) im „Tivoli" in Gotha statt, mit dem die Sozialdemokratische Partei auf der Grundlage des „Gothaer Programms" gegründet wurde.

Mit der Einführung der Gewerbefreiheit (1863) kam es Anfang der 60er Jahre zu einer raschen wirtschaftlichen bzw. industriellen Entwicklung in den Städten. So entwickelte sich in Gotha besonders der Maschinenbau, in Ohrdruf die Porzellan- und Spiel-

Blick vom Seeberg auf Gotha mit dem Viadukt Mitte des 19. Jahrhunderts

* *Forstbeamter*

37

Tabelle 8: Ausbau des Eisenbahnnetzes in der zweiten Hälfte des 19. Jahrhunderts im Gothaer Land

Jahr	Strecke
1876	Dampfbahn anstelle der Pferdebahn (seit 1848) von Fröttstädt über Waltershausen bis Friedrichroda (10 km)
1876	Gotha - Georgenthal - Ohrdruf (17 km)
1867	Neudietendorf - Arnstadt (10 km)
1870	Gotha - Langensalza - Mühlhausen (40 km)
1880	Wutha - Ruhla (7 km)
1889	Ballstädt - Gräfentonna - Döllstädt - Herbsleben (17 km)
1890 (-1947/95)	Nessetalbahn Bufleben - Großenbehringen (17 km)
1892	Ohrdruf - Gräfenroda (18 km)
1892 (-1969)	Georgenthal - Tambach (6 km)
1896 (-1947)	Georgenthal - Schönau v. d. W. - Friedrichroda (9 km)

warenfabrikation sowie eine Matratzenherstellung, in Waltershausen die Schlauchweberei und die Puppenindustrie sowie die fabrikmäßige Wurstwarenherstellung durch das Fleischerhandwerk. In Tambach waren Ölmühlen (Leinöl) von Bedeutung. Die Gothaer Wurst, die Waltershäuser Puppen und die Perthesschen Karten und Atlanten waren überall bekannte Marken- und Exportartikel, die sogar auf Weltausstellungen prämiiert wurden. Auch der Ausbau des Eisenbahnnetzes im Gothaer Land hielt mit der wirtschaftlichen Entwicklung mit (siehe Tab. 8). Es war am Ende des 19. Jh. von der Residenzstadt nach allen Richtungen ausgebaut und trug auch der Entwicklung des Fremdenverkehrs in den Thüringer Wald Rechnung.

Nach der **Reichseinigung**, die mit der Krönung König Wilhelm I. von Preußen am 18. Januar 1871 im Schloß zu Versailles zum Deutschen Kaiser ihren Höhepunkt erreichte, entwickelte sich im neuen Kaiserreich, nicht zuletzt auf Grund der 5-Milliarden-Francs-Zahlung von Kriegsentschädigungen durch Frankreich nach der Niederlage im **Deutsch-Französischen Krieg**, eine starke Wirtschaft. Damit wuchs auch die Bevölkerung rasch

Tabelle 9: Wachstum der Bevölkerung im Herzogtum Gotha und seinen Städten in der Zeit des Deutschen Kaiserreiches

Land/Stadt	1871	1910
Herzogtum Gotha (157 Gemeinden)	122 630 Einw.	182 359 Einw.
Gotha	20 591 Einw.	39 553 Einw.
Ohrdruf	5 562 Einw.	6 504 Einw.
Waltershausen	4 248 Einw.	7 563 Einw.
Friedrichroda	2 667 Einw.	4 711 Einw.

an, wie ein Vergleich der beiden großen amtlichen Zählungen von 1871 und 1910 aus dem Herzogtum Gotha zeigt (s. Tab. 9).

Die Landwirtschaft zeigte sich so differenziert wie das Gothaer Land und war durch unterschiedliche Ertragssteigerungen gekennzeichnet, die durch eine verbesserte Fruchtfolge und Bodenbearbeitung sowie erste Anwendung von „Kunstdünger" erzielt worden waren. Moderne Anbaumethoden vermittelten die Landwirtschaftsvereine durch Vorträge und Vorführungen. Schon im Jahre 1853 war für den Amtsbezirk Tenneberg ein landwirtschaftlicher Verein gegründet worden. Etwa seit 1890 wurde in den Waldgemeinden das braune Frankenrind als Zug- und Milchvieh eingeführt und weitergezüchtet, sonst war weithin das schwarzbunte Milchvieh heimisch. Auch die Bienen- und die Geflügelzucht entwickelte sich gut. Seit dem 17. Jahrhundert waren die Gemeinden verpflichtet, Obstbäume zu pflanzen, wie aus den Landesordnungen und ihren Ergänzungen hervorgeht. Der moderne Obstbau rund um die Fahnersche Höhe geht auf die erfolgreichen Bestrebungen des Pfarrers Johann Volkmar Sickler (1741-1836) zurück, der mit Unterstützung des Rittergutsbesitzers und Naumburger Dompropstes von Seebach Pflanzung, Veredlung und Schnitt der Obstbäume sowie Ernte und Verwertung des Obstes (besonders der Kirschen) bei den Bauern und in seinen Büchern propagierte, u.a. in den 22 Jahrgängen seiner Zeitschrift „Der teutsche Obstgärtner". Später hat der aus Gotha stammende Pomologe Eduard (v.) Regel (1815 bis 1892) mit der von ihm gegründeten Zeitschrift „Garten-Flora" den heimischen Obstbau gefördert. Im Jahre 1882 wurde in Gotha eine Landesobstbaumschule und 1894 ein Landesverein für den Garten- und Obstbau im Herzogtum Gotha gegründet. Übrigens wurde hier schon 1830 der Thüringer Gartenbauverein gegründet, der mit seinen Ausstellungen viel zur Förderung des Gemüse-, Obst- und Blumenbaus getan hat.

Der Fremdenverkehr hat sich im Thüringer Wald schon früh entwickelt. Bereits seit dem Jahre

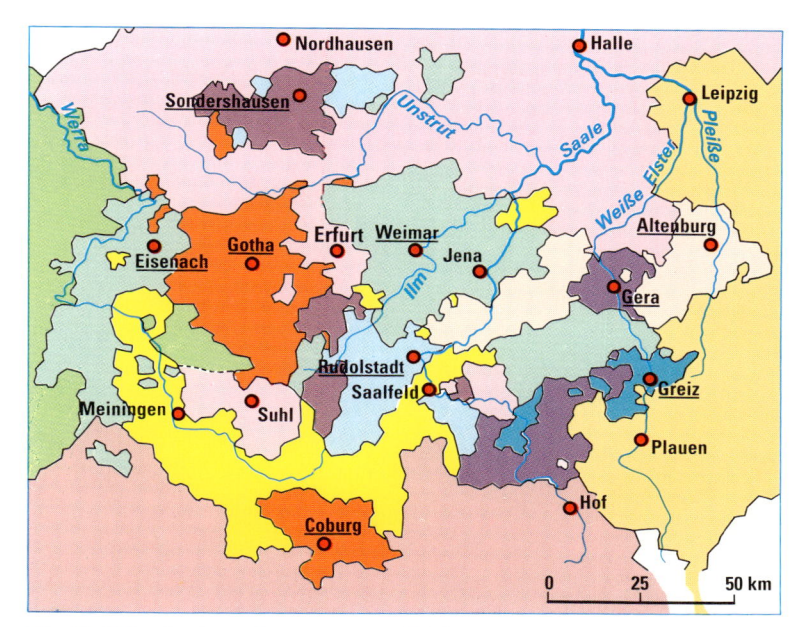

Die Thüringischen Staaten um 1910

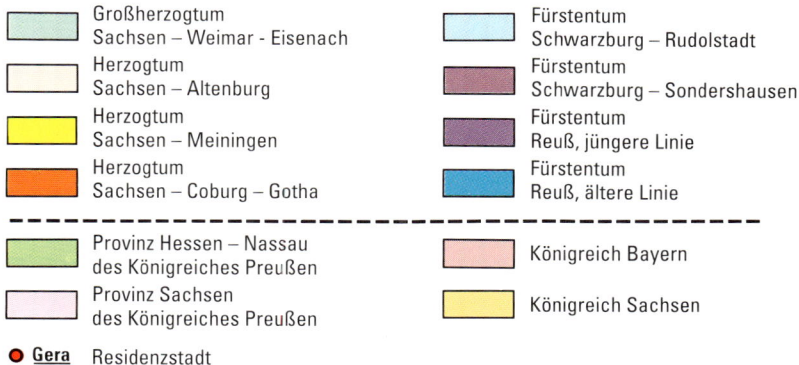

- Großherzogtum Sachsen – Weimar - Eisenach
- Herzogtum Sachsen – Altenburg
- Herzogtum Sachsen – Meiningen
- Herzogtum Sachsen – Coburg – Gotha
- Fürstentum Schwarzburg – Rudolstadt
- Fürstentum Schwarzburg – Sondershausen
- Fürstentum Reuß, jüngere Linie
- Fürstentum Reuß, ältere Linie
- Provinz Hessen – Nassau des Königreiches Preußen
- Provinz Sachsen des Königreiches Preußen
- Königreich Bayern
- Königreich Sachsen
- ● **Gera** Residenzstadt

Das Herzogtum Sachsen-Coburg und Gotha inmitten der thüringischen Staaten um 1910

1839 hielt sich der Gothaer Verleger Friedrich A. Perthes zur Erholung in Friedrichroda auf, das später als *„der besuchteste und komfortabelste Luftkurort in Thüringen"* galt (1897: 10 086 Kurgäste). Im Jahre 1873 weilte auch der bekannte Dichter Theodor Fontane hier und längere Zeit im benachbarten Tabarz, das ebenfalls ein beliebter Erholungsort war. Finsterbergen galt einst als das einsamste Dorf im Gebirge, gehörte aber gegen Ende des vorigen Jahrhunderts wie Georgenthal oder Tambach mit seinen schönen Tälern zu den bekannten und beliebten Erholungsorten im Gothaer Land. Nach 1890 kam in diesen Waldgebieten der Skilauf auf, dem bald das Rodeln folgte. Im Jahre 1907 gab es in Friedrichroda die erste Bobbahn in Thüringen, später auch eine in Finsterbergen. Das damals zum Herzogtum Gotha gehörige Oberhof entwickelte sich seit der Jahrhundertwende zum führenden Wintersportort im Thüringer Wald.

Oft gab es aber auch in den Waldorten bei den Heimarbeitern bittere Armut, weil sie kaum das zum Leben Notwendigste verdienten. Bei ihren Familien war außer Brot oft die Kartoffel das einzige Nahrungsmittel.

Nach dem Ende des Bismarckschen Verbots der Sozialdemokratischen Arbeiterpartei (1890) wurden von den Arbeitern der Waldgemeinden die ersten sozialdemokratischen Abgeordneten in den Gothaer Landtag gewählt, die hier die Beseitigung der sozialen Ungerechtigkeiten forderten. Dagegen wählte das Bürgertum der Residenzstadt Gotha weitgehend liberal. Die Bauernschaft auf dem Lande war meist konservativ eingestellt.

Nach der Jahrhundertwende wurde in Gotha das erste ständige Kino „Weiße Wand"(1908) und in der „Steinmühle" im Jahre 1912 das zweite Kino eröffnet. Seit dem Jahre 1910 entwickelte sich am südlichen Stadtrand auf dem Gelände des heutigen Gewerbegebietes „Am Luftschiffhafen" ein Luftverkehr mit Luftschiffen. Die „Gothaer Flugwoche" der Jahre 1911 und 1912 zeigte auch militärische Vorführungen mit Flugzeugen. Im Jahre 1912 wurde hier auch eine Fliegerschule für die Ausbildung von Piloten und 1913 ein Luftfahrt-Verein zur Förderung von Flugsportveranstaltungen gegründet. Der **Erste Weltkrieg** (1914-1918) hatte aber alle Hoffnungen der Stadtväter, die Residenzstadt Gotha zu einem Luftverkehrsstandort zu machen, vereitelt.

Während der Kriegsjahre verschlechterte sich die allgemeine Wirtschaftslage immer mehr. Das letzte Kriegsjahr begann mit dem Januarstreik in den acht größten Betrieben Gothas, wo 2560 Metallarbeiter Ende Januar bis Anfang Februar 1918 die Arbeit niederlegten. Am 8. November 1918 wurde in der Residenzstadt ein Arbeiter- und Soldatenrat gebildet, der am 9. November die Macht übernahm. Nach einer Kundgebung auf dem Gothaer Hauptmarkt und einer Demonstration zum Staatsministerium im Schloß Friedenstein wurde der Gothaer Herzog Carl Eduard (1884/1900 bis 1918/1954) für abgesetzt erklärt.

„Bauschule" am Trützschlerplatz

Das Gothaer Land während der Zeit der Weimarer Republik und des Nationalsozialismus

Die Ausrufung der **Deutschen Republik** durch Philipp Scheidemann vom Balkon des Berliner Reichstages am 9. November 1918 leitete das Übergangsjahr 1919 ein, wo nach den demokratischen Wahlen am 19. Januar zu einer Nationalversammlung am 11. August an deren Sitzungsort Weimar die Weimarer Verfassung in Kraft trat. Mit der Gründung der **Weimarer Republik** unter Reichspräsident Friedrich Ebert begann auch in der Geschichte des Gothaer Landes ein neuer Abschnitt. Mit der Wahl einer Landesversammlung für den Freistaat Sachsen-Gotha am 23. Februar traten hier die neuen Machtverhältnisse ein, bei denen zunächst die beiden Arbeiterparteien USPD und die „alte" SPD die Mehrheit erreichten (vgl. Tab. 10). Für die Wahl einer neuen Stadtverordnetenversammlung in Gotha am 23. März 1919 hatte die Deutsch-Nationale Volkspartei (DNVP) mit einigen Splittergruppen den Bürgerbund gebildet, der 18 % der Stimmen erhielt, die Deutsche Demokratische Partei sogar 25 %. Die meisten Stimmen hatte aber die Unabhängige Sozialdemokratische Partei (USPD) mit 48 % erhalten, während die alte SPD nur noch 9 % der Stimmen erhielt. Ende des Jahres schied der langjährige, verdienstvolle Gothaer Oberbürgermeister Otto Liebetrau aus dem Amt. Sein Nachfolger wurde Dr. Fritz Scheffler, der in den Jahren 1921 bis 1931 mit seiner Herausgabe des „Thüringer Jahrbuches" auch für das Gothaer Land geworben hat.

Das Jahr 1920 war von zwei Ereignissen bestimmt: Vom Kapp-Putsch im März des Jahres und von der Bildung des Landes Thüringen am 1. Mai. Als der Berliner Politiker Wolfgang Kapp am 13. März 1920 versuchte, mit konservativen Politikern und zwei Marinebrigaden in Berlin die Reichsregierung zu stürzen, wurde auch hierzulande der allgemeine Generalstreik ausgerufen, an dem Kapp schnell scheiterte. Bewaffnete Arbeiter aus Gotha und Umgebung versammelten sich zum Vorgehen gegen die Reichswehr, die am 14. März 1920 wegen des Generalstreiks und befürchteter Unruhen kampflos in Gotha eingerückt waren und als Putschisten verdächtigt wurden. Aus Suhl und Zella-Mehlis waren ebenfalls bewaffnete Arbeiter nach Ohrdruf gekommen und hatten den Truppenübungsplatz besetzt. In der Nacht vom 16. zum 17. März fuhren sie nach Gotha, um die Gothaer Arbeiter zu unterstützen. Hier wurde zwei Tage lang an der Post und den Kasernen erbittert gekämpft und von beiden Seiten grausame Ausschreitungen z.T. gegen Unbeteiligte verübt. Dabei hat es über 100 Tote gegeben, bis sich die Reichswehrsoldaten

USPD	45 %	SPD	13,4 %
DDP	26,9 %	DNVP	14,4 %

USPD	Unabhängige Sozialdemokratische Partei
SPD	Sozialdemokratische Partei
DDP	Deutsche Demokratische Partei
DNVP	Deutsch-Nationale Volkspartei

Tabelle 10: Ergebnisse zur Wahl der Landesversammlung des Freistaates Sachsen-Gotha am 23. Februar 1919

z.T. gegen Unbeteiligte verübt. Dabei hat es über 100 Tote gegeben, bis sich die Reichswehrsoldaten vor der Übermacht der Arbeiterwehren zurückzogen. Inzwischen war am 17. März der Berliner Putsch mit der Flucht Kapps nach Schweden zusammengebrochen. Noch am 25. März 1920 haben Marburger Studenten als Reichswehr-Freiwillige in Ruhla und Thal festgenommene Arbeiter auf dem Weg nach Gotha an der Straße bei Mechterstädt angeblich auf der Flucht erschossen. Die Mordschützen wurden dann in allen Instanzen freigesprochen. Am 15. April hatte der von der Reichsregierung eingesetzte Reichskommissar Dr. Holle, der die Ruhe in Gotha wieder herstellen sollte, die Kontrolle über die Verwaltung übernommen und am 23. April die Landesversammlung aufgelöst. Die am 30. Mai 1920 gewählte Gebietsvertretung ergab eine nur knappe bürgerliche Mehrheit.

Mit der Bildung des Landes Thüringen am 1. Mai 1920 hatten sich nach langen Verhandlungen die sieben ehemaligen Herzog- und Fürstentümer zum Land Thüringen vereinigt (11 763 km²). Die beiden ehemals reußischen Länder hatten sich schon am 1. April 1919 zum Volksstaat Reuß zusammengeschlossen. Die preußische Regierung hatte aber den vom Land erwünschten Anschluß des Regierungsbezirks Erfurt an Thüringen verweigert. Bei den ersten Thüringer Landtagswahlen am 20. Juni 1920 wurde im Landkreis Gotha die USPD mit über 35 000 Stimmen die stärkste Partei, gefolgt vom Landbund mit 20 000 Stimmen und der Deutschen Volkspartei (DVP) mit 13 700 Stimmen. Die übrigen Parteien lagen mit ihrer Stimmenzahl weit darunter. Im Stadtkreis Gotha stand die USPD ebenfalls an erster Stelle, die DVP an zweiter Stelle.

Das Thüringer Kreiseinteilungsgesetz vom 16. Juni 1922 legte zum 1. Oktober neun Stadtkreise und 15 Landkreise für Thüringen fest. Danach gliederte sich nun das Gothaer Land in den Stadtkreis und den Landkreis Gotha, der 103 Städte und Gemeinden umfaßte. Die Stadt- und Kreistagswahlen am 10. September 1922 erbrachten im Stadtkreis für den Bürgerbund der rechten Parteien die absolute Mehrheit; für den Kreistag erhielt der Bauernbund 13 487 Stimmen und die KPD 13 162 Stimmen. Es folgten hier die DVP mit 7049 Stimmen und die SPD mit 5185 Stimmen vor der DNVP und Demokratischen Partei. Von Interesse war auch die erste amtliche Thüringer Volkszählung, die für den Stadtkreis Gotha 45 780 Einwohner und für den Landkreis 109 428 Einwohner ergab. Die Städte im Gothaer Land hatten damals folgende Einwohnerzahlen: Friedrichroda 7394 Einw., Ohrdruf 7944 Einw., Tambach-Dietharz (ab 1919) 4613 Einw. und Waltershausen 8869 Einw.

Die wirtschaftliche Situation jener Nachkriegsjahre war für die Industrie schlechter geworden, da die Exportgeschäfte abgebrochen waren. Auch die ungenügende Versorgungslage sollte noch lange anhalten. Dazu kam eine Geldentwertung, die mit der **Inflation** im November 1923 ihren Höhepunkt erreichte. Notgeld war in Gotha schon früher, nämlich Ende Januar 1917, dann im November 1921 in Keramikstücken ausgegeben worden. Im November 1922 kamen die Millionen-Scheine und seit Februar 1923 sogar Milliarden- und zuletzt 5- bis 100-Billionen-Scheine von den Banken zur Ausgabe, die oft von einem Tag auf den anderen wieder an Wert verloren. Am 15. November 1923 wurde diese galoppierende Geldentwertung mit der Ausgabe der neuen Rentenmark (1 Billion Papiermark

= 1 Rentenmark) gestoppt. Seit 1924 erholte sich dann die Wirtschaft wieder und es kamen die sog. ***„Goldenen Zwanziger Jahre"***. Dabei entstanden in den Städten vor allem neue Betriebe sowie neue Geschäfts- und Wohnhäuser. Am 17. Juli 1929 wurde die schon seit 1897 geplante und nun elektrische „Thüringerwaldbahn" von Gotha nach Friedrichroda und Tabarz (22 km) mit einer Abzweigung nach Waltershausen (2,5 km) eröffnet. Trotz wechselnder Finanzprobleme konnte das Landestheater Gotha erhalten werden. In der Landwirtschaft waren die Staats- und Rittergüter bei der Anwendung neuer Methoden oft führend, so die beiden Staatsgüter Friedrichswerth in der Edelschweinzucht sowie in der Saatgutzüchtung (Wintergerste, Futterrüben) und Sundhausen (Markenmilch, Sommerweizen und Sommergerste). In den Raiffeisen- und bäuerlichen Dreschgenossenschaften kamen Maschinen und in größeren Betrieben seit den 20er Jahren auch Traktoren zum Einsatz.

Die politische Entwicklung in den 20er und ersten 30er Jahren wird an den Ergebnissen der sechs thüringischen Landtagswahlen von 1924 bis 1932 deutlich. So erhielten 1924 der Thüringische Ordnungsbund (Stadt: 40,4 % der Stimmen, Landkreis: 49,9 %) und die KPD (30 bzw. 26,5%) die weitaus meisten Stimmen; aber auch die vereinigte Völkische Liste als Vorläufer der Nationalsozialisten (21,6 bzw.14 Prozent) hatte hier schon beachtlichen Zulauf. Bei der vierten Landtagswahl 1927 hatte sich diese Zusammensetzung wenig verändert, aber die nun anstatt der Völkischen Liste angetretene NSDAP hatte nur ein Drittel der Stimmen von 1924 erhalten. Sie wurde jedoch bei den nächsten Landtagswahlen 1929 in Gotha zweitstärkste Partei (5193 Stimmen) nach der KPD

*Eröffnungszug der Thüringerwaldbahn
1929 in Friedrichroda*

(5279 Stimmen). Damit zeichnete sich hier eine Polarisierung ab, der die fünf anderen Parteien, die getrennt angetreten waren, wenig entgegenzusetzen hatten. Im Landkreis unterlag der Bauernbund (11 473 Stimmen) ganz knapp der KPD (11 999 Stimmen). Die anderen Parteien lagen weit unter diesen Zahlen. Aus den Landtagswahlen am 31. Juli 1932, die mit den Reichstagswahlen zusammen-fielen, ging die NSDAP im Gothaer Land als stärk- ste Partei hervor, der gegenüber die bürgerlichen Parteien erhebliche Stimmenverluste hinnehmen mußten. Nur die KPD hatte einen kräftigen Stimmenzuwachs erhalten und war als zweitstärkste Partei ein scharfer Gegner der Nationalsozialisten, die Anfang 1930 zwei Minister für die Landesregierung stellten. Als das nächste (Minderheits-)

Kabinett wegen umstrittener Sparmaßnahmen im Juli 1932 zurücktrat, war nach den Wahlen vom 31. Juli 1932 eine Landesregierung in Weimar tätig, deren sämtliche Minister der NSDAP mit Ausnahme eines Staatsrats angehörten, der vom Landbund kam.

Die wirtschaftliche Situation jener 30er Jahre wurde von der **Weltwirtschaftskrise**, die eine wachsende Arbeitslosigkeit zur Folge hatte, und immer noch von den Reparationslasten, die der Friedenvertrag von Versailles im Jahre 1919 dem Land aufgebürdet hatte, geprägt. Dazu kam eine brutale Radikalisierung in der politischen Auseinandersetzung zwischen den extremen Rechten (NSDAP) und Linken (KPD), wie sie bei der berüchtigten „Saalschlacht" am 22. März 1930 in Remstädt sowie bei Straßendemonstrationen auftrat. Deshalb protestierte am 3. Dezember 1931 der Gothaer Stadtrat gegen die „marxistischen Überfälle", ohne freilich damit etwas zu ändern. Bereits am 1. April 1930 hatte der Nationalsozialist Dr. Fritz Schmidt den bisherigen Oberbürgermeister Dr. Scheffler abgelöst. Seit der Stadtratswahl am 12. Mai 1930 stellte hier die NSDAP mit elf Mitgliedern die stärkste Fraktion. Inzwischen war die Zahl der Erwerbslosen auf 13 390 angestiegen (Stand: 1. Januar 1932). Am 20. Mai 1932 gab es deshalb in Waltershausen eine große Demonstration gegen die Kürzung der Unterstützungshilfen. Doch die Demonstranten, die nach zwei erfolglosen Nachmittagsversammlungen zum Rathaus gezogen waren, bekamen dort zunächst die Gummiknüppel der Polizei zu spüren, die dann sogar in die Menge schoß, wobei es einen Toten und 13 teilweise Schwerverletzte gab, nicht zu vergessen die durch Schläge verletzten Personen.

Mit der „Machtergreifung" Adolf Hitlers am 30. Januar 1933, die an vielen Orten von den nationalsozialistischen Verbänden mit Fackelzügen und Kundgebungen gefeiert wurden, begann die Epo- che der Diktatur des **Nationalsozialismus**, die als „tausendjähriges Reich" über 12 Jahre dauerte. Vie- le Kritiker und Gegner der NSDAP glaubten und hofften damals, daß „Hitler bald abgewirtschaftet haben werde" - sie wurden aber bitter enttäuscht. Mit Gleichschaltungsmaßnahmen in den Verwaltungen, Auflösung von demokratischen Vereinen und von Verbänden aller Art und mit Verhaftungen von politischen Gegnern, darunter besonders von KPD-Mitgliedern, festigte die NSDAP schnell ihre Macht. Demokratische Wahlen gab es nun nicht mehr, Stadt- und Gemeinderäte wurden nur noch nach der deutschen Gemeindeordnung von 1935 unter Aufsicht des Reichsstatthalters und Gauleiters von Thüringen, Fritz Sauckel, ernannt. Das mit großen Propagandaaufwand angekündigte Arbeitsbeschaffungsprogramm zeigte erst allmählich Wirkung, vor allem mit der Wiederaufrüstung seit dem Jahre 1935. So war die Erwerbslosenzahl in Gotha von 2611 im Jahre 1933 bis 1937 auf 151 zurückgegangen. Die berüchtigten „Nürnberger (Rasse-) Gesetze", die am 15. September 1935 auf dem NS-Parteitag verkündet worden waren, führten auch hierzulande zu einer plumpen und massiven Hetze - vor allem in der Tageszeitung „Gothaer Beobachter" - gegen die ansässigen jüdischen Geschäftsleute, Ärzte und Rechtsanwälte, so daß damals viele von ihnen ins Ausland flohen. Die Brandstiftung an der Gothaer Synagoge (1904 erbaut), die am Abend des 9. November 1938 vor allem SA-Männer (Sturm-Abteilungen) verübten, war einer der letzten Höhepunkte die-

„...ser Judenverfolgung. Die dabei in ‚Schutzhaft' genommenen Personen wurden z.T. in Konzen-..."

trationslager verschleppt. Seit September 1941 mußten die noch verbliebenen Juden den gelben Davidstern sichtbar auf Jacke oder Mantel tragen. Von den einst rund 370 Mitgliedern der jüdischen Gemeinde verzeichnet das Gothaer Adreßbuch 1941/42 in einer besonderen Liste vom 31. Oktober 1941 nur noch 32 deutsche und vier staatenlose Juden, die bald darauf in verschiedene KZ-Lager verschleppt und fast alle ermordet worden sind.

Im Oktober 1935 wurde Gotha wieder Militärstandort, als hier eine Flak-Abteilung in die neuen Kasernen an der Ohrdrufer Straße einzog. 1936/37 folgten je eine Nachrichten- und Aufklärungs-Abteilung, die in weitere neue Kasernen am Ende der Waltershäuser Straße einzogen. Der Bau der „Reichsautobahn" (A 4) in den Jahren 1937/38, die den Landkreis südlich von Gotha zwischen den Drei Gleichen, über den Boxberg und an Walterhausen vorbei zu den Hörselbergen durchquerte, brachte für das Gothaer Land eine wichtige Verkehrsanbindung, deren ursprüngliche Planung freilich für den Pkw-Verkehr gedacht war, während der Güterverkehr noch überwiegend auf der Schiene abgewickelt wurde. In der Stadt Gotha waren 1936 1039 Pkw, 297 Lkw und 717 Motorräder zugelassen, im Landkreis waren es 769 Pkw, 148 Lkw, 34 Zugmaschinen und 1498 Motorräder. Damals stellten sich die Straßenunterhaltungskosten nur wenig höher dar, als das früher beim Verkehr mit Pferdefuhrwerken üblich war.

Nach einer Zählung am 10. September 1936 hatte Gotha 50 000 Einwohner. Die Einwohnerzahlen der großen amtlichen Volkszählung aus dem Jahre 1939 zeigt die Tabelle 11 auf.

Schon am 24. November 1933 war ein Reichsluftschutzbund gegründet und am 2. Oktober 1934 die erste größere „Luftschutzübung" in Gotha durchgeführt worden. In den Kriegsjahren wurde der Luftschutz mit einberufenen Männern z. B. der Feuerwehr organisiert und dem örtlichen Wehrmachtskommando unterstellt.

Mit dem militärischen Überfall auf Polen begann am 1. September 1939 der **Zweite Weltkrieg**. Bezugsscheinpflicht für Lebensmittel und Kohlen, später auch für Bekleidungsstücke, sowie die strenge Verdunklung gegen nächtliche Luftangriffe wurden damals eingeführt. Am 26. Juli 1940 gab es den ersten Fliegeralarm um 1.30 Uhr nachts, nachdem Leuchtbomben über Gotha gesetzt wurden. Die Sprengbomben gingen aber außerhalb der Stadt nieder. Am 20. September 1940 wurden Bomben auf die Leinaer Flur und auf den Scheinflugplatz am Boxberg geworfen. Den ersten beträchtlichen Schaden richtete am 9. Juli 1941 ein Nachtangriff an der Stadthalle und der benachbarten Gärtnerei an. Im Jahre 1944 wurde die Gothaer Waggonfabrik, wo Jagdflugzeuge montiert wurden, zweimal angegriffen (24. Februar, 20. Juli), wo bei bei der Zerstörung von Werkshallen und dem Kesselhaus viele Arbeiter getötet wurden. Im November wurden durch einzelne Luftminen Teile der Innenstadt, u.a. am Neumarkt mit Margarethenkirche, schwer beschädigt bzw. zerstört. Ein massiver Luftangriff richtete sich am 6. Februar

Landkreis Gotha	113 530 Einw.
Stadtkreis Gotha	54 633 Einw.
Friedrichroda	5 742 Einw.
Ohrdruf	8 723 Einw.
Tambach-Dietharz	4 863 Einw.
Waltershausen	9 486 Einw.

Tabelle 11: Ergebnisse der großen amtlichen Volkszählung im Gothaer Land vom 17. Mai 1939 (letzter Vorkriegsstand)

~~thenkirche, schwer beschädigt bzw. zerstört. Ein massiver Luftangriff richtete sich am 6. Februar~~ 1945 mittags gegen den Bahnhof und das Reichsbahnausbesserungswerk Gotha sowie gegen Ohrdruf, Friedrichroda und Waltershausen, wobei es in diesen Städten im Gothaer Land schwere Zerstörungen und Hunderte von Toten und Verletzten unter der Bevölkerung gab.

Noch am 30. März und im April 1945 wurden Bomben abgeworfen. Bis zuletzt fan den bei Tieffliegerangriffen auf die Straßen im Gothaer Land harmlose Menschen den Tod.

Am Vormittag des 4. April 1945 kapitulierte die Stadt Gotha in letzter Minute vor den anrükken-den Truppen der 4. US-Panzerdivision. Schon am Vortag hatte der Standortälteste Oberstleutnant Josef von Gadolla (1897-1945) zweimal vergeblich versucht, die Stadt kampflos zu übergeben, um die Bevölkerung zu schonen. Beim zweiten Versuch wurde er abends in Boilstädt von einem jungen Offizier festgenommen, in Weimar von einem Kriegsgericht zum Tode verurteilt und am Morgen darauf erschossen. Mit der Kapitulation war ein vernichtendes Flächenbombardement des bereits im Anflug befindlichen Geschwaders gerade noch abgewendet worden. Das 318. Infanterie-Regiment der 80. US-Division rückte dann nach Ohrdruf vor, um das Außenlager S III des Konzentrationslagers Buchenwald (bei Weimar) zu befreien, wo sich den Soldaten ein grausiger Anblick der toten und lebenden, ausgehungerten Gefangenen bot.

Das Gothaer Land nach dem Zweiten Weltkrieg

Am 8. Mai 1945 trat die bedingungslose Kapitulation der deutschen Wehrmacht in Kraft. Mit der **amerikanischen Besatzung** begann nur zögernd das Leben nach dem Krieg. Am 19. Mai 1945 erschien die erste Nummer der „Bekanntmachung(en) für den Stadt- und Landkreis Gotha". Darin wurde unter anderem die Ausgabe der nächsten Wochenrationen an Lebensmitteln - für Normalverbraucher 1 kg Brot, 250 g Fleisch bzw. Wurst, 125 g Fett -, die Ausgabe neuer Lebensmittelkarten, die Sperrzeiten für die Wasserentnahme und die Änderung von 14 nazistischen Straßennamen bekanntgegeben. Bis zum Besatzungswech-sel am 3. Juli 1945 erschienen elf Ausgaben dieser Bekanntmachungen mit solchen amtlichen Mit-teilungen. Von den US-Militärbehörden waren der bisherige Rechtsanwalt Dr. Günter Gottschalk als Oberbürgermeister in Gotha und der bisherige Rechtsanwalt Dr. Hans Echarti als Landrat eingesetzt worden.

Am 3. Juli 1945 löste die Rote Armee der Sowjetunion auf Grund des Abkommens der Alliierten von Jalta (Krim-Konferenz im Februar 1945) die amerikanische Besatzung in Thüringen ab. Nun regierte die **Sowjetische Militäradministration** (SMA) und setzte mit ihren Befehlen nach und nach die Wirtschaft, Schulen und kulturelles Leben wieder in Betrieb. Der politische Neuanfang begann mit der Zulassung der vier Parteien SPD, KPD, CDU und LDP, die Mitte August einen „antifaschistischen-demokratischen Block" bildeten. In diesem Block beanspruchte die KPD die politi-sche Führung, wobei sie die Unterstützung der Besatzungsmacht hatte.

Nach der mehr oder weniger zwangsweisen Vereinigung der SPD mit der KPD zur SED (Sozialistische Einheitspartei Deutschlands), die für die Thüringer Landesverbände am 6./7. April 1946 in Gotha vollzogen wurde, besetzte die SED immer mehr leitende Stellen in Verwaltung, Wirtschaft und Kultur mit ihren Funktionären, die meist nach kurzer Zeit ausgewechselt wurden. Am 8. September 1946 fanden die ersten, noch demokratischen Gemeindewahlen seit 1932 und am 20. Oktober auch die Kreis- und Landtagswahlen statt. Dabei traten die drei Parteien sowie die von der SED dominierte Vereinigung der gegenseitigen Bauernhilfe (VdgB) mit getrennten Listen an. Bei den Gemeindewahlen errang in Gotha die LDP die meisten Stimmen und konnte bis zum Jahre 1959 den (bis 1950 Ober-)Bürgermeister stellen. Damals war es Dr. Hans Loch (1898-1960), der Ende Juni 1948 als Minister für Justiz in die thüringische Landesregierung eintrat. Im Kreistag erreichte die SED (47,5 %) zusammen mit der VdgB (6,6 %) die absolute Mehrheit, die sie bis zur Wende im Jahre 1989 uneingeschränkt behauptet hat. Ar-thur Luck (1895-1962), der am 5. Juli 1945 Land- rat Dr. Echarti ablöste, kam von der SPD, wurde nach den Wahlen in seinem Amt bestätigt, aber 1949 wegen „Sozialdemokratismus" abgelöst undausderSEDausgeschlossen.Danachwechselten die Landräte oft. Nach dem Thüringer Gesetz zur Durchführung der Bodenreform vom 10. Septem-

6 829 ha Ackerland
735 ha Grünland
19 985 ha Wald
947 ha sonstige Flächen

Tabelle 12: Durch die Bodenreform enteignetes Land im Kreis Gotha

1946
1046 km²
200 371 Einwohner

1964
769 km²
154 409 Einwohner

1994
940 km²
150 000 Einwohner

Tabelle 13: Entwicklung des Gothaer Landes nach dem Zweiten Weltkrieg nach Fläche und Bevölkerung

ber 1945 wurden im Kreis Gotha nach dem amtlichen Bericht des stellvertretenden Landrats Hugo Herber vom 18. Februar 1946 große Flächen entschädigungslos enteignet und an 11 500 Klein- und landlose Bauern sowie an 200 vertriebene Bauern verteilt (vgl. Tabelle 12).

Von dem enteigneten Wald erhielten Bauern 6000 ha, 2500 ha die Gemeinden des Kreises Gotha und 11 485 ha gingen an das Land Thüringen. Mit dem Aufbauprogramm 209 (SMAD-Befehl 209) sind bis zum Frühjahr 1948 im Kreisgebiet 162 Neubauernhöfe gebaut worden. Im Rahmen der „Bereinigung" wurden aber nicht nur alte Gutsgebäude wie in Döllstädt, Wandersleben und Wechmar abgerissen, sondern auch kulturgeschichtlich wertvoller Baubestand wie das Wasserschloß in Günthersleben, das Schieferschloß und das Obergut in Sonneborn, das Neue Schloß in Gräfentonna, das Schieferschloß in Großfahner und das Schloß in Kleinfahner als alte „Zwingburgen". Damit wurde diesen Dörfern ein unersetzlicher Verlust an Kulturdenkmälern zugefügt.

Nach der *Gründung der DDR* am 7. Oktober 1949 beschloß die SED mit ihrem Unfehlbarkeitsanspruch den „Aufbau der Grundlagen des Sozialismus". Dafür waren schon seit dem Jahre 1946 viele Betriebe in „Volkseigentum überführt" worden, z. T. nach Gerichtsprozessen gegen die Eigentümer, weil diese als „Wirtschaftsverbrecher" ihre Warenbestände oder Materialvorräte nicht vollständig angemeldet hätten. Seit Ende des Jahres 1948 waren laufend Einzelhandelsgeschäfte und Gaststätten in die „volkseigene" Handelsorganisation (HO) überführt worden. Am 1. April 1950 wurde mit der ersten territorialen Verwaltungsreform der Stadtkreis Gotha aufgehoben und in den Landkreis eingegliedert. Zwölf Gemeinden mußten an sechs Nachbarkreise abgegeben werden; dagegen kam Tröchtelborn vom ehemaligen Kreis Weißensee neu hinzu. Elf Gemeinden wurden von Nachbargemeinden eingemeindet. Die drei bisher selbständigen „Behringsdörfer" wurden zur Verwaltungsgemeinde Behringen vereinigt, die 1952 an den Kreis Langensalza kam.

Im Rahmen der neuen Verwaltungseinteilung wurde im Juli 1952 das Land Thüringen in die drei Bezirke Erfurt, Gera und Suhl aufgeteilt und der Kreis Gotha vor allem im Norden erheblich verkleinert: 13 Gemeinden, von denen aber vier wieder zum Gothaer Land zurückgingen, wurden dem Landkreis Bad Langensalza zugeschlagen, fünf Gemeinden östlich der Fahnerschen Höhe gingen an den Landkreis Erfurt und Crawinkel im Südosten an den Nachbarkreis Arnstadt. Damit hatte der Landkreis rund ein Viertel seines Kreisgebietes eingebüßt. Tabelle 13 zeigt einmal den interessanten Vergleich der territorialen und bevölkerungsmäßigen Entwicklung in den annähernd letzten 50 Jahren.

Die Neuwahlen zu allen Volksvertretungen der DDR erfolgten seit dem 15. Oktober 1950 nach einer Einheitsliste mit den „Kandidaten der Nationalen Front", wobei die Verteilung der Mandate der Parteien und der von der SED beherrschten „Massenorganisationen" (Gewerkschaft FDGB, Bauernhilfe VdgB, Kulturbund) vorher von der SED nach Absprache mit den „Blockparteien", die zunehmend zu Erfüllungsgehilfen der SED geworden waren, festgelegt wurde.

Seitdem sind diese Abstimmungen fast immer mit 99,9 %-Ergebnissen verlaufen. Dabei war der Unterdrückungs- und Spitzelapparat der SED mit dem Staatssicherheitsdienst (Stasi) in nahezu allen Betrieben und Wohnvierteln ausgebaut worden: Aus der *„Diktatur des Proletariats"* (K. Marx) war hier die Diktatur des Politbüros der Einheitspartei und damit hierzulande eine zweite, nunmehr rote Diktatur geworden.

Neben der volkseigenen Industrie und der Handelsorganisation (HO) wurde seit dem Sommer 1952 der genossenschaftliche, später sozialistische Sektor der Landwirtschaft vom Parteiapparat der SED organisiert. Nachdem schon seit 1949 (Gräfentonna, Wandersleben, Sonneborn) staatliche Maschinenausleihstationen (MAS, bis 1952, 1952 bis 1959 Maschinen-(und) Traktoren-Stationen -MTS -, ab 1959 Reparatur-Technische-Stationen - RTS - und ab 1963 Kreisbetriebe für Landtechnik - KfL) auf dem Lande existierten, wurden im Sommer 1952 (Günthersleben) die ersten Landwirtschaftlichen Produktionsgenossenschaften (LPG) im Gothaer Land gegründet. Am 1. Juli 1958 wurde die seit 1939 bestehende Lebensmittelrationierung bei Fleisch- und Wurstwaren sowie Fetten abgeschafft. Im April 1960 kam die „sozialistische Umgestaltung der Landwirtschaft" zum Abschluß; bis 1970 erfolgte eine Spezialisierung in landwirtschaftlichen Großbetrieben der Tier- und Pflanzenproduktion mit über 1000 ha.

Auch beim Handwerk wurden Produktionsgenossenschaften (PGH) gegründet, so 1956 in Wandersleben die erste PGH (Bau- und Tischlerhandwerk). Das Bauwesen war bis in die 50er Jahre vor allem auf reparaturmäßige Beseitigung der Kriegsschäden, später auf die Schließung von Bombenlücken wie am Neumarkt in Gotha orientiert. Seit Mitte der 60er Jahre entstanden allmählich auch neue Straßenzüge und Neubauviertel in Gotha, wo als größtes Projekt „Gotha-West" von der Humboldt- bis zur Eisenacher Straße entstanden ist. Auch in den anderen Städten wurden in kleinerem Umfang neue Straßenzüge mit den dringend benötigten Wohnungen gebaut. Das 1983 von der SED großangekündigte Wohnungsbauprogramm, bis zum Jahre 1990 für alle Familien Wohnungen bereitzustellen, blieb eine Utopie.

Seit den 80er Jahren nahm eine allgemeine Unzufriedenheit immer breiterer Kreise, vor allem in der jüngeren Bevölkerung, die vom Sozialismus enttäuscht war, ständig zu. Die politischen Strukturen waren verkrustet, die wirtschaftliche Entwicklung weitgehend unbefriedigend. Die Zahl der Ausreiseanträge und auch der versuchten „Republikfluchten", deren Zahl geheim blieb, wuchs ständig, auch wenn diese Versuche rigoros mit 18 bis 24 Monaten Freiheitsentzug bestraft wurden.

Mit Protestdemonstrationen und Kundgebungen wurde im Oktober und November des Jahres 1989 von breiten Bevölkerungskreisen der Sturz der SED-Herrschaft und damit die **politische Wende** ohne Blutvergießen erzwungen. Schon vorher hatten wöchentliche Friedensgebete in den Kirchen stattgefunden. In Gotha formierten sich die Menschen mit Kerzen in der Hand zu machtvollen Demonstrationen durch die Innenstadt auf dem Hauptmarkt und forderten die Einführung demokratischer Verhältnisse. Nach der Öffnung der Berliner Mauer und der Stacheldrahtgrenzen des „Eisernen Vorhangs" am 9. November 1989 fanden Gespräche am „Runden Tisch" zwischen Vertretern der Stadt- und Kreisverwaltung, der Parteien und Bürgerkomitees statt - in Gotha in der Versöhnungskirche -, wo über eine politische und demokratische Erneuerung gestritten wurde. Während die bisherigen „Blockparteien" sich teils mit alten, teils mit reformfreudigen und neuen Mitgliedern umorganisierten, formierten sich neue demokratische Kräfte im „Neuen Forum", „Bündnis 90", „Demokratie jetzt", in Freien Wählergemeinschaften usw. In Gotha wurde die seit dem Jahre 1946 von der SED verbotene SPD am 3. November 1989 neu gegründet, am 27. Januar 1990 in Anwesenheit von Willy Brandt auch der Landesverband Thüringen der SPD. Damals sprach auf einer eindrucksvollen Kundgebung auf dem Gothaer Hauptmarkt vor Tausenden von Einwohnern der Altbundeskanzler Brandt, daß *„nun zusammenwachsen muß, was zusammengehört"*. Auf Initiative des „Demokratischen Aufbruchs" wurde am 4. Dezember 1989 die Gothaer Kreisstelle des Staatssicherheitsdienstes gewaltlos besetzt und geschlossen.

Nachdem am 24. März 1990 eine neue Volkskammer der DDR gewählt worden war, fanden am 6. Mai die ersten demokratischen Kommunalwahlen seit dem Jahre 1946 statt, deren Ergebnisse in Tabelle 14 wiedergegeben sind.

Der Neuaufbau einer demokratischen Kommunalverwaltung im Gothaer Land wurde von den Partnerstädten aus den Altbundesländern mit Rat und Tat unterstützt und dadurch beschleunigt.

Die weitere Entwicklung in den letzten Jahren kann hier nur angedeutet werden. Letzten Endes ist vieles, was nach der Wende im Herbst 1989 neu entstanden ist, wie der Viadukt am Gothaer Hauptbahnhof (1992/93) und die Elektrifizierung der Bahnstrecke Erfurt - Bebra (1994/95) mit schnellem IC-Betrieb, die Gewerbegebiete und Verwaltungsgemeinschaften, neue Firmen, modernisierte und neue Geschäfts- und Wohnhäuser, einesteils schon Geschichte, aber auch lebendige Gegenwart.

CDU	43,8 %
SPD	26,7 %
PDS	7,8 %
Grüne/NF	4,8 %
DBD	3,7 %
FDP	3,5 %
Liberale	2,8 %

Tabelle 14: Wahlergebnisse der Kommunalwahlen für den Kreistag Gotha vom 6. Mai 1990 (nur stärkste Parteien)

Der Landkreis Gotha

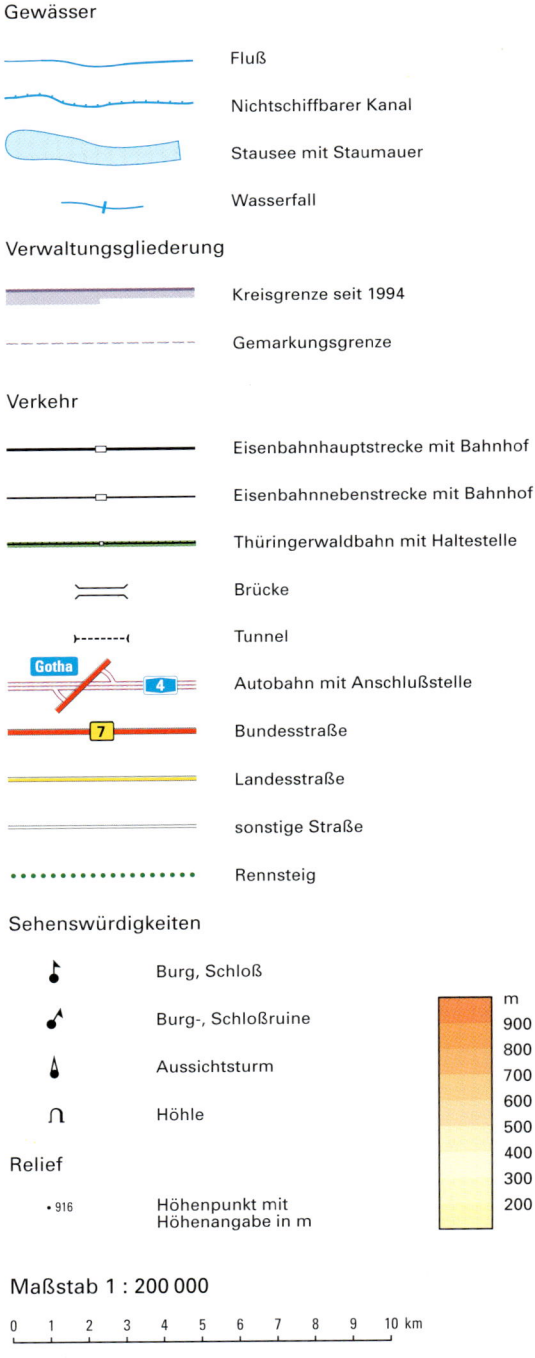

Gewässer
- Fluß
- Nichtschiffbarer Kanal
- Stausee mit Staumauer
- Wasserfall

Verwaltungsgliederung
- Kreisgrenze seit 1994
- Gemarkungsgrenze

Verkehr
- Eisenbahnhauptstrecke mit Bahnhof
- Eisenbahnnebenstrecke mit Bahnhof
- Thüringerwaldbahn mit Haltestelle
- Brücke
- Tunnel
- Autobahn mit Anschlußstelle
- Bundesstraße
- Landesstraße
- sonstige Straße
- Rennsteig

Sehenswürdigkeiten
- Burg, Schloß
- Burg-, Schloßruine
- Aussichtsturm
- Höhle

Relief
- • 916 Höhenpunkt mit Höhenangabe in m

m: 900, 800, 700, 600, 500, 400, 300, 200

Maßstab 1 : 200 000

0 1 2 3 4 5 6 7 8 9 10 km

© Justus Perthes Verlag Gotha GmbH 1996

Unstrut-Hainich-Kreis
HAINICH
Weberstedt
Warthügel
Alterstedt
Waldstedt
Zimmern
Zimmerbach
Heller Bach
Ütterbühl
Craula
Alter Berg
Reichenbach
Große Harth
Tüngeda
Oesterbehringen
Großenbehringen
Hütscheroda
Bolleroda
Behringen
Beuernfeld
Künkelhof
Wolfsbehringen
Bieberbach
Großenlupnitz
Verkehrslandeplatz Eisenach-Kindel
Wenigenlupnitz
Melborn
Nesse
Haina
Ebenheim
Ettenhausen
Hörselberg
Burbach
Gr. Hörselbg.
Wutha-Kahlenberg
Schönau
-Farnroda
Hörsel
Kälberfeld
Sättelstädt
Sondra
Hucherode
Deubach
Seebach
Thal
Schwarzhausen
Langenhain
Waltershausen
Mechterstädt
Laucha
Weingarten
Hainberg
Hastrungsfeld-Burla
Neufrankenroda
Sonneborn
Friedrichswerth
Leichberg
Brüheim
Eberstädt
Wangenheim
Wangenheimer Stausee
Hochheim
Westhausen
Grumbach
Henningsleben
Illeben
Eckardtsleben
BAD LANGENSALZA
Bf. Nägelstedt
Nägelstedt
Salza
Unstrut
Gräfentonna
Tonna
Fasanerie
Burgtonna
Aschara
Wiegleben
Ballstädt
Eschenbergen
Fahnersche Höhe
Abtsberg
Vargulaer Höhe
Döllstädt
Jordan
Dachwig
Speicher Dachwig
Großfahner
Gierstädt
Kleinfahner
Bienstädter Warte
Bienstädt
Molschleben
Hausen
Bufleben
Pfullendorf
Bf. Bufleben
Warza
Tröchtelborn
Zimmernsupra
Kindleben
Friemar
Friemarer Stausee
Remstädt
Goldbach
Wilder Graben
Metebach
Krahnberg
Berggarten
Aspach
Trügleben
Sonderlandeplatz Gotha
GOTHA
Siebleben
Pferdingsleben
Tüttleben
Nottleben
Gleichenhof
Gamstädt
Schloß Friedenstein
Teutleben
Fröttstädt
Barlach
Pfaffenberg
Leinakanal
Sundhausen
Tierpark
Alte Sternwarte
Seeberg
Töpfleben
Gr. Seeberg
Seebergen
Grabsleben
Großrettbach
Kleinrettbach
Cobstädt
Ingersleben
Neudietendorf
Hörselgau
Aquädukt
Boilstädt
Uelleben
Günthersleben
Gotha
Wahlwinkel
Boxberg
Pferderennbahn
Leina
Siebenlindenmühle
Schloß Tenneberg
WALTERSHAUSEN
Gospiteroda
Emleben
Schwabhausen
Wechmar
Wechmarer Stausee
Wandersleben
Kaffberg
Freudenthal
Burg Gleichen
Mühlberg
Wandersleben
Apfelstädt
Arnstadt
Sülzenbrücken
Ichtershausen
Thörey
Rehestädt
Rudisleben
Deysingslust
Schnepfenthal
Rödichen
Finstere Tanne
Klostermühle
Reinhardsbrunn
Deponie
Wannigsroda
Wipperoda
Cumbach
Cumbacher Teich
Ernstroda
Petriroda
Ringhofen
Schloßleite
Wachsenburg
Haarhausen
Holzhausen
Röhrensee
Wachsenburggemeinde
Bittstädt
ARNSTADT
Sperrgebiet
Schmerbach
Winterstein
Emse
Fischbach
Bergbühne
Cabarz
Tabarz
Datenberg
Übelberg
Ruhlaer Skihütte
Großer Inselsberg
Badewasser
Marienglashöhle
FRIEDRICHRODA
Grenzwiese
Tanzbuche
Spießberg
Regenberg
Waldschlößchen
Körnberg
Steigermühle
Engelsbach
Schönau v.d. Walde
Catterfeld
Hirzberg
Kl. Leinakanal
Hohenkirchen
Hopfbach
Herrenhof
Nauendorf
OHRDRUF
Goldberg
Wölfis
Gossel
Dosdorf
Espenfeld
Alteburg
Dorotheenthal
Dannheim
Siegelbach
Wipfra-Reinsfeld
Reinsberge
Reinsburg
Kettmannshausen
Kleinbreitenbach
Schmerfeld
Wipfra
Viehberg
Halskappe
Neusiß
Veronikaberg
Heyda
Talsp. Heyda
Martinroda
Wipferkopf
Bücheloh
Geraberg
Elgersburg
Geschweda
Angelroda
Rippersroda
Liebenstein
PLAUE
Lütsche
Gräfenroda
Läusebuhl
Frankenhain
Friedrichsanfang
Crawinkel
Wilde Weiße
Ohra
THÜRINGER WALD
KURORT BROTTERODE
Trockenberg
Waldschlößchen
Judenkopf
Laudenbach
Seimberg
Hohe Scharte
Mommelstein
Elmenthal
Trusetaler Wasserfall
Auwallenberg
Wallenburg
Trusetal
Hohleborn
Kleinschmalkalden
Seligenthal
Floh-Seligenthal
Ebertswiese
Mittl. Hühnberg
Nesselhof
Heuberghaus
Spießberghaus
Finsterbergen
Am Kreuz
Kleine Leina
Neues Haus
TAMBACH-DIETHARZ
Spitter
Spitterfall
Alte Ausspanne
Neue Ausspanne
Nesselberghaus
Gothaer Talsperre
Apfelstädt
Mittelwasser
Schmalwassertalsperre
Ohratalsperre
Georgenthal
Paulfeldteich
Seeberger Hütte
Rodebachsmühle
Wechmarer Hütte
Gräfenhain
Lohmühle
Steigerhaus
Ziegelberg
Schererhütte
Steinkopf
Thüringer Waldbaude
Stutzhaus
Luisenthal
Schwarzwald
Kienberg
Käferburg
Siegelberg
Gr. Buchenberg
Falkenstein
Kernwasser
Wegscheide
Dörrberg
Windberg
Lütschetalsperre
Wilde Gera
Arlesberg
Silbergraben
Saukopf
Donnershauk
Greifenberg
Schweizerhütte
Obere Schweizerhütte
Wadeberg
Siegritzkopf
OBERHOF
Landkreis Schmalkalden-Meiningen
KURORT SCHMALKALDEN
Heßles
Reichenbach
Waldhaus
Weidebrunner Kuppe
Weidebrunn
Kohlberg
Floh
Schnellbach
Struth-Helmershof
Flohbach
Sperrhügel
Asbach
Dürre Stille
Loibe
Queste
Kurort Asbach
Aue
Schmalkalde
Volkers
Näherstille
Rotterode
Unterschönau
Kurort Oberschönau
Atzerode
Nüßleshof
Gr. Gieselsbg.
Ringleben
Siedl. Gebesee
Landkreis Sömmerda
Gera
Andisleben
Walschberg
Walschleben
Elxleben
Witterda
Kühnhausen
Friedrichsdorf
Tiefthal
Kiliani
Töttelstädt
Weißbach
Schaderode
Salomonsborn
Marbach
Alach
Flughafen Erfurt-Bindersleben
Bindersleben
Ermstedt
Gottstedt
Frienstedt
Schmira
Molsdorf
Kornhochheim
Spring
Ilm-Kreis
Kreisfreie Stadt Erfurt
84
247
88
4
7
87

Die Städte im Gothaer Land

Residenz- und Kreisstadt Gotha

Das Wappen der Stadt Gotha

*** Jahrsteuer**

* Gerichtsbarkeit

Landgrafenstadt, Ernestinerresidenz, Zentrum der Kultur und Wirtschaft - das alles war und ist heute die „Große kreisangehörige Stadt" Gotha. Über 12 Jahrhunderte ist sie alt, wenn es nach der ersten urkundlichen Überlieferung von 775 geht, und Jahrtausende, wenn man die Siedlungsgeschichte bis zu den frühesten Funden aus der Mittelsteinzeit (Mesolithikum) in der nahen Töpfleber Flur zurückverfolgt. Seit den Bandkeramikern (4500-3000 v. Chr.) läßt sich eine nahezu durchgängige Besiedlung an wechselnden Standorten vor allem im Heutal und auch am Kleinen Seeberg über die Bronze- und Eisenzeit bis zur Völkerwanderung und darüber hinaus verfolgen.

Die in einer Schenkungsurkunde Karls des Großen für das Kloster Hersfeld im Jahre 775 erwähnte dörfliche Siedlung lag am Wiegwasser. Der alte Ortsname „Gothaha" bedeutete „gutes Wasser", was schon damals eine lebenswichtige Voraussetzung für jede Ansiedlung war. Dann wird Gotha im Zehntverzeichnis des Hersfelder Abtes Lullus (um 786 n. Chr.), dem **Breviarium Lulli**, erwähnt, in dem auch andere Siedlungen des Gothaer Landes aufgeführt werden. Daß der Abt Godehard (Gotehard, Gotthard; 931-1038) die Stadt gegründet haben soll, ist eine unbewiesene Legende. Um 1188 erhält das Kloster Hersfeld das Vogtrecht* von den Landgrafen von Thüringen zurück, die es einige Jahrzehnte ausgeübt hatten. Damals wurde Gotha erstmals urkundlich als Landgrafenstadt erwähnt, die auf eine Gründung Ludwigs II. (der Eiserne, gest. 1172) zurückgeht, wie der Straßengrundriß der Altstadt erkennen läßt. Im Jahre 1131 ist Godehard, der spätere Bischof von Hildesheim, heiliggesprochen wurden, aber erst nach der Herausbildung des Gothaer Stadtrats im frühen 13. Jahrhundert erscheint St. Godehard im Siegel der Stadt (1250), viel später auch im Stadtwappen als St. Gotthard. Schon seit dem Jahre 1160 (bis um 1290) war Gotha eine der landgräflichen Hauptmünzstätten, in der „Reiterbrakteaten" geprägt wurden. In stadtrechtlichen Angelegenheiten war Gotha Oberhof, d.h. Oberinstanz für die Städte Weißensee, Jena und Waltershausen. Nach dem Aussterben der Ludowinger Landgrafen im Jahre 1147 blieb Gotha auch unter den nachfolgenden Wettinern eine bedeutende Stadt. Das lassen die umfangreichen Geldabgaben erkennen, die im Einkommensverzeichnis dieser Fürsten aus dem Jahre 1378 aufgeführt sind. Dabei wird beim Vergleich der Bede** deutlich, daß nur Eisenach und Altenburg etwas mehr, dagegen alle anderen thüringischen Städte weit weniger zahlen mußten. Auch von 1340 bis 1482 war wieder eine „Münze" tätig, in der u.a. die „Gothaer Pfennige" geprägt wurden. Im Jahre 1426 mußte der Gothaer Bürgermeister

Die Magarethenkirche am Gothaer Neumarkt

Hans Welzing ein bewaffnetes Aufgebot nach Freiberg in Sachsen führen, das am 16. Juni bei Aussig an der Elbe zusammen mit einem sächsischen Heer im Kampf gegen die Hussiten aufgerieben wurde. Später war die Schützenordnung von 1442 die Grundlage für eine lange Tradition geworden, die mit wenigen Unterbrechungen bis zur Gegenwart erhalten geblieben ist.

Vom Waidhandel der Gothaer Bürger zeugen noch zwei Waidhäuser von 1567/77 in der Innenstadt, gehörte doch Gotha zu den Thüringer Waidstädten (vgl. S. 28). Im Jahre 1524 hatte die Stadt mit Friedrich Myconius (1491-1546) den ersten protestantischen Pfarrer und späteren Superintendenten als einen bedeutenden Kirchen- und Schulreformer erhalten. Er hatte sich u.a. noch auf seinem letzten Krankenlager für seine Mitbürger eingesetzt, die beim großen Stadtbrand im Jahre 1545 oft alles verloren hatten. Ihm ist auch eine Schilderung der damaligen Zustände in Gotha zu verdanken, die er in seiner „Geschichte der Reformation" dargestellt hat.

Von den späteren Rückschlägen, welche die Grumbachschen Händel (1566/67) und der Dreißigjährige Krieg (1618-48) mit seinen Brandkatastrophen von 1632 und 1646 sowie danach die Feuersbrunst von 1665 der Stadt immer wieder zugefügt haben, konnten sich die Bürger nur langsam erholen.

Der Bau des Schlosses Friedenstein (1643 bis 1654) als fürstliche Residenz und Regierungssitz war für Herzog Ernst den Frommen erforderlich geworden, weil seit der Schleifung der Feste Grimmenstein im Jahre 1567 kein geeignetes Gebäude mehr vorhanden war. Das Schloß ist bis heute die

Gothaer Hauptmarkt mit dem Nordgiebel des Rathauses

von allen Seiten weithin sichtbare architektonische Dominante der Stadt. Im Gegensatz zu seiner streng christlich orientierten Hof- und Lebenshaltung, mit der sich Ernst der Fromme im Sinne seiner Vorfahren als Beschützer des lutherischen Glaubens verstand, waren seine Söhne und Enkel mehr von einer barocken Lebensfreude geprägt. Die Baulust für Schlösser, die Vermehrung der Kunst- und wissenschaftlichen Sammlungen, die Erneuerung der Kirchen waren dafür ebenso Ausdruck wie die Aufführungen des Hoftheaters und der Hofkapelle unter ihren namhaften Kapellmeistern (s. S. 33). Gotha wurde im 18. Jahrhundert mit seinen über 11 000 Einwohnern die größte fürstliche Residenzstadt Thüringens. Eine großartige Blütezeit erlebte die Stadt unter Herzog Ernst II. von Sachsen-Gotha und Altenburg (1745/72-1804), dem Förderer von Wissenschaft und Kunst, selber ein Astronom auf dem Herzogsthron, bei dem auch Goethe *„oft und gern"* zu Gast war.

Nach dem Tod des Herzogs Anfang des 19. Jahrhunderts änderte sich insbesondere das äußere Bild der Residenzstadt, deren mittelalterliche Mauern, Tore und Wälle abgetragen und dafür breite Alleen um die Altstadt angelegt wurden. Durch die napoleonischen Kriege verzögerte sich der Abschluß dieser Umgestaltung Gothas zu einer offenen Stadt und konnte erst 1823 beendet werden.

Für die weitere Entwicklung der Residenzstadt ist das Wirken des Kaufmanns Ernst Wilhelm Arnoldi (1778-1841) von großer Bedeutung geworden. Seinen Initiativen sind u.a. die Gründung der ersten deutschen Handelsschule (1818) und eines Realgymnasiums (1835), eines Gewerbevereins (1822) und einer Zuckerrübenfabrik sowie der Bau eines neuen Theatergebäudes (1839/40) zu verdanken. Außerdem förderte er mit großem Engagement die thüringischen Eisenbahnpläne Friedrich Lists, wenn auch beide den Bahnbau nicht mehr erlebt haben. Aber weit über Gotha hinaus sind Arnoldis Gründungen der GOTHAER Versicherungen wirksam geworden: Im Jahre 1820 die erste deutsche Feuerversicherungsbank und im Jahre 1827 die erste deutsche Lebensversicherungsbank. Sie haben die Weltkriege und alle Wirtschaftskrisen überstanden, wenn sie auch im Jahre 1945 ihren Sitz nach Köln und Göttingen verlegen mußten.

Auf dem weiten Feld des Verlagswesens hat die Verlegerfamilie des Justus Perthes (1749-1816) den Gothaer Namen seit 1785 mit namhaften Leistungen bekannt gemacht, so mit den genealogischen Taschenbüchern des deutschen Adels („der Gotha") bzw. dem Almanach de Gotha, mit seinen geographisch-kartographischen Werken wie den

Justus Perthes, der Gründer der später weltbekannten Gothaer Geographisch-Kartographischen Verlagsanstalt

um 1835	14 000 Einw.
1910	39 553 Einw.
1871	20 591 Einw.
1939	52 001 Einw.
1895	31 675 Einw.
1956	56 961 Einw.
1988	57 365 Einw.
1995	52 921 Einw.

Tabelle 15: Entwicklung der Einwohnerzahlen der Stadt Gotha im 19. und 20. Jahrhundert

„Stieler-Hand-Atlas" und der Zeitschrift „Petermanns Geographische Mitteilungen".

In der zweiten Hälfte des 19. Jahrhunderts wurde Gotha von der Industrialisierung geprägt, die mit einem rasanten Bevölkerungswachstum verbunden war (vgl. Einwohnerzahlen Gothas in Tab.15). Dazu trug auch die Einführung der Gewerbefreiheit im Jahre 1863 bei. Nach dem Jahre 1871 entwickelte sich besonders der Maschinenbau mit größeren Werken, darunter die Gothaer Waggonfabrik (gegr. 1883) als der größte Betrieb der Stadt. Unter den Oberbürgermeistern K.H. Hünersdorf (seit 1854) und O. Liebetrau (seit 1890) mit ihren für soziale Probleme aufgeschlossenen Senatoren wurden im Wohnungsbau z.T. durch die Gründung von Baugenossenschaften schon früh Lösungen ermöglicht, so daß es nicht zur Entstehung von Elendsvierteln kam, sondern die Stadt eine sehenswerte Residenz- und beliebte Kongreßstadt blieb. Auch der Bau von Schulhäusern trug dazubei (siehe Tab. 16). Das im Jahre 1894 errichtete Elektrizitätswerk war die Grundlage für den Betrieb der elektrischen Straßenbahn ab Gothaer Hauptbahnhof als eine der ersten überhaupt. Dazu kamen ein neues Krankenhaus (1878), das Museum (1864 bis 1879), das neue Postamt (1889), die Neugestaltung des Schloßberges mit der Wasserkunst (1895), das Gerichtsgebäude (1895/96), das Stadtbad (1905/08) sowie Banken, Geschäfts- und Wohnhäuser, die das neue Stadtbild prägten. Häufig waren Professoren und Dozenten der Gothaer Bauschule (gegr. 1805), die im Jahre 1911 ebenfalls ein neues Gebäude erhalten hat, die Architekten dieser Bauten.

Nach der mehr als vier Jahrzehnte dauernden friedlichen Entwicklung im deutschen Kaiserreich machte der Erste Weltkrieg (1914-1918) dieser Epoche ein ungutes Ende. Rationierung von Lebensmitteln seit 1915/16; der schlimme „Steckrübenwinter" von 1916/17, aber auch der Massenstreik von über 2500 Arbeiter/innen in acht großen Gothaer Betrieben kennzeichneten die sich verschlimmernde Lage. Waren im Deutsch-Französischen Krieg 1870/71 320 Gothaer Tote zu beklagen, so waren es 1914-1918 über 3 600 Gefallene. Das Ende des Krieges brachte dann auch das Ende der Fürstenherrschaft: Der seit 1905 regierende Herzog Carl Eduard von Sachsen-Coburg und Gotha (1884/1900-1918/1954), ein „Engländer auf dem Gothaer Thron", wurde am 9. November 1918 nach einer Großkundgebung auf dem Gothaer Hauptmarkt von Vertretern des Arbeiter- und Soldatenrats für abgesetzt erklärt; einige Tage

1865	Myconiusschule (Lyceum)
1876	Lutherschule
1888	Lehrerseminar (Realschule)
1892	Löfflerschule
1881	Gotthardschule
1900	Reyherschule
1911	Arnoldischule

Tabelle 16: Der Bau neuer Schulhäuser in Gotha

später ließ der Herzog bekannt geben, er habe aufgehört zu regieren. Das war auch das Ende Gothas als Residenzstadt, die sich später „Stadt der Banken und Versicherungen" nannte. Der jetzige Beiname „Residenzstadt" ist eine historische Erinnerung an vergangene Zeiten.

Die ersten Nachkriegsjahre waren politisch und wirtschaftlich turbulent gewesen (s. S. 45). Als nach der Inflation im Jahre 1923 eine Beruhigung eintrat, kam es danach zu einer regen Bautätigkeit in der Stadt, so u.a. im „Feldherrnviertel" (wegen der Straßennamen nach preußischen Generälen der Befreiungskriege 1813/14, nach 1945 umbenannt) und bei den genossenschaftlichen Wohnsiedlungen „Am schmalen Rain" und in der Prießnitzstraße sowie bei Geschäftshäusern. Für den zunehmenden Kraftverkehr wurde am 4. Oktober 1930 am Arnoldiplatz der erste öffentliche Parkplatz übergeben. Die sich Anfang der 30er Jahre wieder verschlechternde Wirtschaftslage wirkte sich auch auf die Veränderung der politischen Verhältnisse aus. Das eine zeigte sich in einer zunehmenden Zahl von Erwerbslosen, das andere in der Radikalisierung des politischen Kampfes vor allem bei Aufmärschen und Demonstrationen. Am 2. Dezember 1928 waren die ersten Nationalsozialisten in den Stadtrat gewählt wurden. Nach der nächsten Stadtratswahl am 12. Mai 1930 konnte die NSDAP schon 11 Abgeordnete, Ende 1932 sogar mit 14 von 35 Abgeordneten die stärkste Fraktion stellen. Am Ende dieser Entwicklung stand die „Machtergreifung" Hitlers am 30. Januar 1933, der nun sein Programm energisch und schnell durchsetzte und dabei seine politischen Gegner ausschaltete.

Im Kampf gegen die nazistische Gewaltherrschaft stand bei den Kommunisten der Reichstagsabgeordnete Dr. Theodor Neubauer zeitweilig als Leiter einer Widerstandsgruppe an der Spitze. Er wurde drei Monate vor Kriegsende, am 5. Februar 1945, hingerichtet. Der Pfarrer Werner Sylten, der im Jahre 1936 als Halbjude entlassen worden war, leitete seit diesem Jahr in der Gartenstraße ein Büro der Lutherischen Bekenntnisgemeinde, bis die Gestapo 1938 die Geschäftsstelle schloß. Sylten, der nach Berlin gegangen war, wurde dort im Jahre 1940 verhaftet, weil er Juden bei der Ausreise unterstützt hatte. Am 6. März 1942 wurde er im Konzentrationslager Dachau ermordet. Von den ca. 370 Mitgliedern der Jüdischen Gemeinde in Gotha waren seit der antisemitischen Hetze in den Jahren 1934/35 viele ausgewandert. Andere waren am Abend der Synagogenbrandstiftung am 9. November 1938 in sogenannte Schutzhaft genommen und später in Konzentrationslager gebracht worden. Die letzten im Gothaer Adreßbuch des Jahres 1941 verzeichneten 37 jüdischen Einwohner wurden 1942 in die Vernichtungslager deportiert. An der Eisenacher Straße ist noch der jüdische Friedhof mit rund 150 Grabstätten von 1878 bis 1938 erhalten geblieben.

Die Politik Hitlers zielte mit der Wiederaufrüstung seit 1935 unter Bruch des Versailler Friedensvertrages von 1919 auf die Schaffung eines „tausendjährigen großdeutschen Reiches" mit den Annexionen Österreichs im März 1938, des Sudetenlandes und des „Protektorats Böhmen und Mähren" 1938/39 hin, auf die am 1. September 1939 der Zweite Weltkrieg folgte (S. 45).

Die Hoffnungen auf einen demokratischen Neuanfang im Sommer 1945 wurden im Osten durch die sich entwickelnde Parteiherrschaft der SED, die unter dem Schutz der sowjetischen Besatzungsmacht stand und deren Hilfe erhielt, bald zunichte gemacht. Bei der Verwaltungsreform im Juli 1950 verlor die Stadt Gotha die Kreisfreiheit, und die aus der Kommunalwahl vom Herbst 1946 hervorgegangenen Abgeordneten der bürgerlichen Parteien CDU und LDP wurden durch die „Blockpolitik" auf kaltem Wege entmachtet und durch die Parteidiktatur der SED politisch bedeutungslos.

Seit den 60er Jahren änderte sich das äußere Stadtbild Gothas durch die Schließung der Bombenlücken am Neumarkt, durch Neubauten von Wohnblöcken vor allem im Westen der Stadt sowie seit den 80er Jahren auch in der Innenstadt, nachdem hier ohne Rücksicht auf die Eigentumsverhältnisse alte Häuser abgebrochen worden waren. In den Jahren 1984 bis 1986 wurden die Häuser am Hauptmarkt saniert.

Im Kulturleben der Stadt Gotha spielt seit Herbst 1951 das Landessinfonieorchester eine wichtige Rolle. Nach dem Ausbau des Filmtheaters (Liak 1939) am Ekhofplatz zum Kulturhaus mit moderner Bühnentechnik hat das Orchester mit dem langjährigen, verdienstvollen Dirigenten GMD Fritz Müller (1905-1979) seine Wirkungsstätte hierher verlegt. Das Anfang April 1945 durch Artilleriebeschuß ausgebrannte Gothaer Landestheater wurde im Herbst 1958 auf Anordnung der SED abgerissen. Das Schloßmuseum hat in den Jahren 1958/59 seine alte Bedeutung wieder erhalten, als die im Jahre 1946 in die Sowjetunion verbrachten Kunstschätze mit dem Münzkabinett wieder zurückgekehrt sind. Dies betrifft seit dem Jahre 1956 ebenso die Bestände der jetzigen Forschungs- und Landesbibliothek im Ostflügel des Schlosses Friedenstein. In der Orangerie, die z.T. schwere Luftkriegsschäden erlitten hatte, wurde im Jahre 1950 die neue Stadtbibliothek (gegr. 1898) eröffnet, seit 1953 „Heinrich-Heine-Bibliothek". In den Jahren 1985 bis 1986 wurde auch eine neue Schwimmhalle gebaut, nachdem das Hallenbad an der Bohnstedtstraße von 1905/08 geschlossen werden mußte.

Über die politische Wende im Herbst 1989 und die ersten Jahre der Wiedervereinigung ist bereits geschrieben worden (s. S. 50). Zum demokratischen Neuaufbau hatten seit dem 11. Dezember 1989 die politischen Auseinandersetzungen am „Runden Tisch" unter der Leitung des Superintendenten und späteren Ehrenbürgers von Gotha, Eckart Hoffmann, wesentlich beigetragen. Die Partnerstadt Salzgitter (seit 1988) sowie Coburg haben beim Aufbau der neuen Stadtverwaltung und der kommunalpolitischen Arbeit tatkräftige Hilfe geleistet. Aus den ersten demokratischen Kommunalwahlen seit 1946, die am 6. Mai 1990 durchgeführt werden konnten, gingen die CDU (38 %) und die SPD (27 Prozent), die hier am 3. Dezember 1989 neu gegründet worden war, als stärkste der meist neuen Parteien und Gruppierungen hervor. Seitdem hat sich im Stadtbild von Gotha viel verändert, wenn sich auch das Entwicklungstempo inzwischen verlangsamt hat. Mit der Eingemeindung der beiden Nachbargemeinden Uelleben und Boilstädt im April 1994 hat die Stadt neuen Zuwachs mit neuen Aufgaben erhalten.

Schon im Jahre 1408 kaufte der Gothaer Stadtrat das Dorf **Kindleben** mit allen Rechten für die Stadt auf. Der Gerichtshügel (ca. 5 km nördlich vor der Stadt) erinnert noch heute an die alte Gerichtsstätte. Sieben andere Dörfer in der nächsten Umgebung Gothas sind im 15. Jahrhundert eingegangen (s. S. 14). Ihre Fluren hat die Stadt übernommen,

Karte Seite 59: Innenstadtplan von Gotha 1995

* *Versammlungsort*
** *Gerichtsstätten*

wofür sie Grundabgaben an die fürstliche Kammer entrichten mußte. Vom einstigen **Töpfleben**, das im Jahre 878 bereits als Tupheleiba erwähnt wurde, ist sogar die St. Stephanikirche bekannt geworden, bis der Ort im 14. Jahrhundert zerstört und im 15. Jahrhundert wüst wurde. Nach 1945 entstand hier eine Neubauernsiedlung, die im Oktober 1954 ihre Lutherkapelle einweihen konnte, eine der ersten Kirchenbauten in der damaligen DDR.

Gegen Ende des 19. Jahrhunderts gab es mit der Gemeinde **Siebleben** Verhandlungen über eine Eingemeindung in die Residenzstadt Gotha. Aber erst im Jahre 1922 wurde sie im Rahmen der thüringischen Kreisordnung vollzogen. Die heutige Ortschaft ist sehr alt. Am Peter wurden Gräber von Schnurkeramikern (um 2000 v. Chr.) entdeckt. Urkundlich wird der Ort im Hersfelder Zehntverzeichnis von 775-786 als „Sibilebo" erwähnt. Als **comicia*** war Siebleben einer von vier landgräflichen Dingstühlen**. Unter anderem hielt hier im Jahre 1174 Landgraf Ludwig III. ein Landgericht ab. Später ging das Gericht an die Stadt Gotha über. Siebleben gehörte mit seinem „Siebleber Holz" bei Georgenthal auch zu den sieben Freiwalddörfern (s. S. 78 u. 112). Wegen seiner Lage an der thüringischen Heer- und Handelsstraße hatte der Ort in Kriegszeiten durch Truppendurchzüge und Plünderungen schwer zu leiden. Im Dreißigjährigen Krieg starben auch viele Menschen an der Pest. Seit dem Jahre 1485 betrieb der Gothaer Stadtrat hier eine Ratsschäferei und besaß seit diesem Jahr auch das Triftrecht. Im Jahre 1831 kaufte die Gemeinde beides der Stadt ab. Die Brandkatastrophen von 1809 und 1827 haben dem Dorf großen Schaden zugefügt. Dabei war auch die alte Marienkirche, die seit 1365 überliefert ist, abgebrannt. Die heutige St. Helenakirche konnte im Jahre 1827 erst gebaut werden, nachdem dafür der Gemeinde das Grundstück von einem Fräulein von Wangenheim geschenkt worden war. Der **Mönchshof** mit seinem Park und Fischteichen war eine Anlage des Benediktinerklosters Reinhardsbrunn. Er wurde 1174 Reinhardsburg genannt und ist seit dem Jahre 1348 als „Mönchshof" bekannt. Nach dem Bauernkrieg 1525 ist er ernestinischer Besitz geworden (1543) und im Jahre 1937 als Schenkung an die Stadt Gotha gekommen. Das Schloß stammt aus der zweiten Hälfte des 18. Jahrhunderts; der Park wurde um 1800 von dem Dessauer Landschaftsgärtner J.R. Eyserbeck angelegt. Nach dem Zweiten Weltkrieg wechselten die Nutzer, aber nach der letzten Instandsetzung durch die LPG, die das Haus aufgab, ist nichts mehr für die Erhaltung getan worden. Auf dem alten Friedhof an der Kirche in Siebleben ist der bekannte Dichter Gustav Freytag (1816 bis 1895) bestattet. Er hatte im Jahre 1851

Rennbahntribüne Boxberg bei Gotha

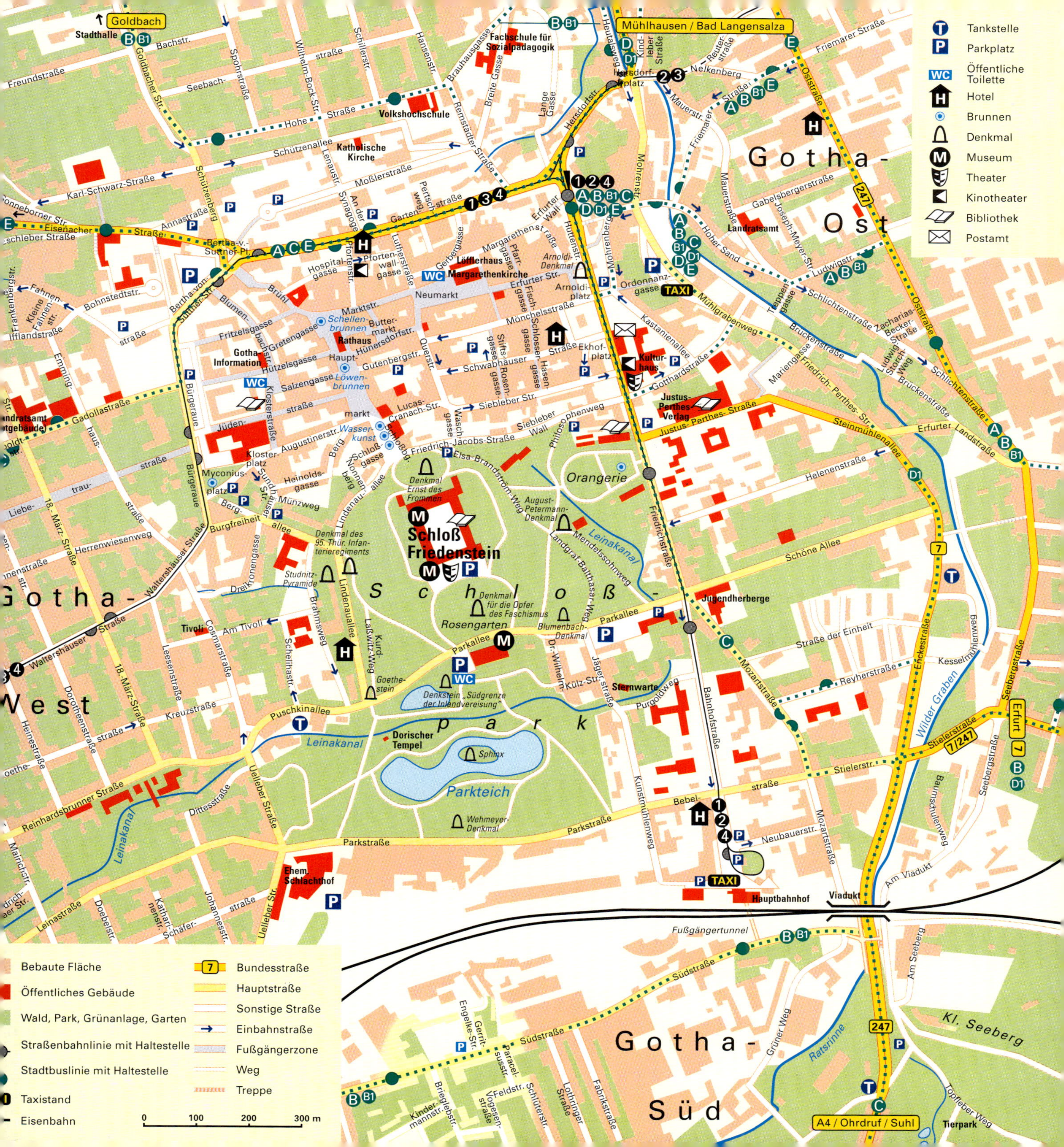

Tankstelle
Parkplatz
Öffentliche Toilette
Hotel
Brunnen
Denkmal
Museum
Theater
Kinotheater
Bibliothek
Postamt
Gotha-Ost
Gotha-West
Gotha-Süd
Schloß Friedenstein
Schloßpark
Orangerie
Rosengarten
Parkteich
Leinakanal
Hauptbahnhof
Viadukt
Goldbach
Mühlhausen / Bad Langensalza
A4 / Ohrdruf / Suhl
Erfurt
Stadthalle
Volkshochschule
Katholische Kirche
Fachschule für Sozialpädagogik
Landratsamt
Margarethenkirche
Löfflerhaus
Rathaus
Gotha Information
Neumarkt
Hauptmarkt
Kulturhaus
Justus-Perthes-Verlag
Jugendherberge
Sternwarte
Dorischer Tempel
Sphinx
Ehem. Schlachthof
Tivoli
Tierpark
Fußgängertunnel
Kl. Seeberg
Wilder Graben
Ratsrinne
Bebauete Fläche
Öffentliches Gebäude
Wald, Park, Grünanlage, Garten
Straßenbahnlinie mit Haltestelle
Stadtbuslinie mit Haltestelle
Taxistand
Eisenbahn
Bundesstraße
Hauptstraße
Sonstige Straße
Einbahnstraße
Fußgängerzone
Weg
Treppe
0 100 200 300 m

1851 das ehemalige Haus „Zur guten Schmiede", in dem einst auch Goethe verkehrte, als Landsitz erwor- ben und hier den größten Teil seiner Werke geschrieben.

Die Ortschaft **Sundhausen** wird ebenfalls im Hersfelder Zehntverzeichnis zuerst als „Sunthusun" erwähnt, wobei es Zweifel gibt, ob es sich hier nicht auch um die gleichnamigen Orte bei Nordhausen bzw. Bad Tennstedt handeln könnte. Seit dem Jahre 1109 werden bis ins 14. Jahrhundert verschiedene Herren von Sundhausen als Zeugen in Klosterurkunden genannt. Das Kloster Georgenthal war hier begütert. Der seit dem Jahre 1360 bekannte Münchhof wurde Kammergut, daneben gab es noch den Siedelhof.

Obwohl Sundhausen so nahe bei Gotha lag, gehörte es doch bis zum Jahre 1830 zum Amt Tenneberg. Die Frage der Eingemeindung ist 1922 entschieden worden, aber am 1. Februar 1925 wurde Sundhausen wieder selbständig. Schließlich wurde es im Jahre 1974 erneut Ortsteil von Gotha. Das schöne Rathaus am Anger stammt aus dem Jahre 1926.

Bei der Belagerung von Gotha im Winter 1566 und 1567 sowie im Dreißigjährigen Krieg hatte die Gemeinde viel erdulden müssen. Im Jahre 1757 waren während des Siebenjährigen Krieges französische Truppen über fünf Monate lang hier einquartiert. In den Jahren 1754 und 1830, mehr noch 1862, verursachten Unwetter große Schäden, wobei die Regenmassen vom Boxberg und Berlach her durch das Dorf flossen und das Vieh teilweise in den Ställen ertrank. Im Jahre 1829 wurde die Straße nach Reinhardsbrunn als feste Chaussee gebaut, und 1846 mußten die Bauern 126 Acker (rd. 35 ha) Land für den Bau der Eisenbahn abgeben. Die Nicolaikirche wurde 1729/30 unter dem Gothaer Oberlandbaumeister J.E. Straßburger auf den Grundmauern der mittelalterlichen Vorgängerin errichtet und der Innenraum mit den Doppelemporen vom Hofmaler J.H. Ritter aus Gotha ausgemalt. In den 80er Jahren unseres Jahrhunderts wurde hier mit Unterstützung der Kirchgemeinde sehr viel restauriert. Das erwähnte Kammergut hat seit dem vorigen Jahrhundert als Staatsgut einen guten Ruf in der thüringischen Landwirtschaft erworben, wo auf rund 1 000 ha erfolgreich Getreidesaatgut gezüchtet und vermehrt wurde. Dabei hat in diesem Jahrhundert der langjährige Domänenrat Walter Kirsche auch als Leiter der Zuchtgenossenschaft für schwarzbuntes Niederungsrind im Kreis Gotha beachtliche Erfolge bei der Erzeugung von Markenmilch erzielt. Nach 1945 wurde der Sundhäuser Betrieb als Staatsgut für die Saatgutvermehrung weitergeführt, jetzt ist er Betriebsteil des Gutes Friedrichswerth (siehe Seite 127).

Der **Boxberg** (359 m), wenige Kilometer südwestlich von Gotha gelegen, ist durch seine schön gelegene Pferderennbahn (Foto Seite 59) mit den jährlichen „Boxberg-Rennen" bekannt geworden. Sie wurde schon im Jahre 1878 mit der „Gründung des Rennvereins für Mitteldeutschland" angelegt. Die im Jahre 1929 am Boxberg entlang geführte Thüringerwaldbahn hat hier eine Haltestelle eingerichtet und legt an Renntagen zusätzlich Sonderzüge ein.

Auch die Ortschaft **Uelleben** südlich von Gotha gehörte früher zum Amt Tenneberg. Als „Uneleiben" wird er im Jahre 874 in einem Fuldaer Schenkungsverzeichnis erwähnt. Im 13. und 14. Jahrhundert traten die Herren von Uelleben als Urkundenzeugen der Klöster auf und waren z.T. auch Burgmänner auf dem Tenneberg. Das Kloster Georgenthal besaß einst den größten Teil der Uelleber Flur. Seit dem Jahre 1290 ist das alte Rittergut bekannt, das später wiederholt seine Besitzer gewechselt hat. Im Jahre 1874 verkaufte es die Familie Schlegel an Christian Troch. Die Trochs erwarben sich als tüchtige Landwirte einen guten Ruf, wurden aber 1945 enteignet. Später übernahm die LPG den Gutshof, während das Herrenhaus mit Gemeindeverwaltung, Kindergarten und Wohnungen belegt wurde. Hier wie auch in anderen Dörfern des Gothaer Landes gab es schon seit dem Jahre 1860 eine Kleinkinderbewahranstalt. Der Dreißigjährige Krieg hat auch in Uelleben viel Not und große Verluste bei Mensch und Vieh gebracht, so daß im Jahre 1643 nur noch 17 Häuser bewohnt waren. Die St. Johanniskirche, die vor der Reformationszeit erbaut worden ist, wurde im Jahre 1640 wiederhergestellt. Im Jahre 1985 ist ein Gemeinderaum angebaut worden.

Die Ortschaft **Boilstädt** war im Jahre 1950 der Gemeinde Uelleben eingegliedert worden. Im Jahre 1143 wird der Ort in einer Urkunde „Bolestete" genannt, mit der das Erfurter St. Peterskloster hier von allen Abgaben befreit wurde. An die Herren von Boilstädt, im 13. bis 15. Jahrhundert als Urkundenzeugen bekannt, erinnert noch der Grabstein des Ritters Kunemund und seiner Frau Mechthild von Boilstädt aus dem 15. Jahrhundert an der Südseite der Kirche in Leina. Seit dem Jahre 1538 wechselte auch das einstige Boilstädter Rittergut seine adligen Besitzer. Schließlich hat es die Gemeinde nach 1860 gekauft; die Bauern haben sich dann in das Land geteilt. Wie die Nachbarorte gehörte auch Boilstädt zu den Dörfern, die hierzulande die Färbepflanze Waid anbauten. Daran erinnert der Waidmühlstein auf dem Friedensplatz des Ortes (s.a. S. 28). Über die mittelalterliche St. Quirinskirche besaß das Kloster Reinhardsbrunn das Patronatsrecht. Noch im 19. Jahrhundert hatten manche Boilstädter den Vornamen Quirin, der im Volksmund „Kehren" ausgesprochen wurde. Im Jahre 1323 wird auch ein Pfarrer erwähnt. 1484 wurde die Kirche als baufällig bezeichnet, aber erst im Jahre 1709 abgebrochen. Nach dem Predigttext zur Einweihung des neuen Gotteshauses am 7. Oktober 1710 wurde es „Zur Himmelspforte" genannt; der hölzerne Turm wurde erst 1750 durch einen Steinbau ersetzt. In den letzten Jahren ist am Nordrand von Boilstädt ein modernes, ansehnliches Wohngebiet mit rd. 1000 Häusern entstanden, in das viele Bewohner aus der Stadt Gotha hinausgezogen sind.

Friedrichroda und der Rennsteig

Das Wappen von Friedrichroda

„Der alte Teil des Ortes, der sich - in der Tiefe des Kessels - um zwei Kirchen gruppiert, hat im Detail das Malerische, das alle kleinen Bergstädte haben... Wer Badeleben, Menschen, Toilette (d.h. elegante Garderobe) sehen will, muß nach Friedrichroda gehen", schrieb der Brandenburger Romancier Theodor Fontane in seinen Thüringer Reisenotizen, als er im Juli 1873 seine zweite Rei-se nach Thüringen unternahm. Der erste Kurgast war hier im Jahre 1837 der Gothaer Verlagsbuchhändler Friedrich Perthes (1772-1843), der auch als Gründer des Leipziger Börsenvereins der deutschen Buchhändler (1827) bekannt wurde. Der Arzt Dr. Ferdinand Keil, der sich im Jahre 1844 hier niedergelassen hat, machte die Stadt so bekannt, daß 1858 schon rund 800 Erholungssuchende registriert werden konnten. War Friedrichroda schon seit dem Jahre 1800 durch eine Pferdepost mit der Umgebung verbunden, zu der seit 1827 eine feste Chausse kam, so förderte der Anschluß an das Eisenbahnnetz seit dem Jahre 1876 den Fremdenverkehr noch mehr. Kurz darauf errichtete der Ölmühlenbesitzer Schreiber eine Anstalt für Wannen- und medizinische Bäder, so daß auch der Bau einer neuen Wasserleitung notwendig wurde, wovon alle profitierten. Damals ist auch das Gewerbe der Lohnwäscherei entstanden. Später stieg dann die Zahl der Kurgäste auf fast 15 000 an, und noch zwischen den beiden Weltkriegen gab es ähnliche Gästezahlen. Auch die im Jahre 1929 eröffnete Thüringerwaldbahn sowie das neue Schwimmbad (im gleichen Jahr erbaut) förderte diese Entwicklung. Der zweite Weltkrieg unterbrach den Erholungsbetrieb, zumal ein Bombardement am 6. Februar 1945 viel Schaden in der Stadt anrichtete. Am 7. und 8. April kam es hier auch zu Kampfhandlungen, durch die u.a. das repräsentative Kurhaus aus dem Jahre 1894 zerstört wurde. An seiner Stelle wurde in den Jahren 1951 bis 1954 ein Erholungsheim des FDGB gebaut, das seit der Wende leer stand (z. Z. Sanierung). In den Jahren 1960/62 wurde das Berg-theater erweitert und im Jahre 1968 das Schau-bergwerk „Marienglashöhle" am Büchig, in dem von 1778 bis 1903 Gips abgebaut wurde, eröffnet. Auch die Parkanlagen an der Perthespromenade und andere Anlagen wurden neu gestaltet.

Friedrichroda - attraktiv zu jeder Jahreszeit

Nach einem vorübergehenden Einbruch in den Jahren 1990/91 hat sich inzwischen der Fremdenverkehr wieder so weit erholt, daß Friedrichroda zu den meistbesuchtesten Städten Thüringens zählt. Daher strebt die Stadtverwaltung an, Friedrichroda wieder zu einem modernen Kur- und Badeort zu entwickeln.

Die Bezeichnung „Berg- und Badestadt" in alten Reiseführern erinnert an die Jahrhunderte alte Geschichte des Eisenerzbergbaus um Friedrichroda, dessen Blütezeit im 15. Jahrhundert war. Auch im 17. und 18. Jahrhundert wurde am Abtsberg, Gottlob und am Schorn privat geschürft, von 1752 bis 1855 war die herzogliche Kammer beteiligt. Noch im Jahre 1848 waren zwei Steiger und 15 Bergleute hier beschäftigt. Verhüttet wurde das Erz im Schmelzwerk Luisenthal bei Ohrdruf (s. Seite 76). Im Mai des Jahres 1782 war Goethe auf der Durchreise nach Meiningen zu Gast beim Bergrat Baum.

Aber die Geschichte Friedrichrodas ist noch weit älter. Der einstige Rodeort gehörte zum Kernbesitz des Grafen Ludwig des Bärtigen (gest. um 1050 oder 1080), dem Stammvater der Landgrafen von Thüringen, der hier um das Jahr 1044 die Schauenburg über der Straße nach Schmalkalden anlegen ließ. Sein Sohn Ludwig der Springer ließ sich 30 Jahre später die Wartburg bei Eisenach bauen; später verfiel die Schauenburg, von der heute nur noch der Standort zu erkennen ist. Durch die Gründung des nahen Benediktinerklosters Reinhardsbrunn (1085) kam Friedrichroda mit einigen anderen Rodungsorten der Umgebung in dessen Besitz. Als der Abt Wichard im Jahre 1209 hier einen Markt einrichten wollte, erhoben die Städte Waltershausen und Gotha bei Landgraf Hermann I. dagegen erfolgreich Einspruch. Mit einer Zahlung von 40 Mark in Silber an den Landgrafen konnte der Abt eine Zerstörung Friedrichrodas verhindern. Nach der Zerstörung des Klosters im Jahre 1525 kam der Ort an das Amt Reinhardsbrunn (1543) und erhielt schließlich im Jahre 1597 von Herzog Johann Casimir doch das Stadt- und Marktrecht. Weberei und Bleicherei wurden mit einem „Zwirnzoll" und „Bleichzins" als Gewerbesteuer belastet. Die Wochenmärkte gingen aber bald wieder ein und entwickelten sich erst mit der Verbesserung der Straßen seit den Jahren 1827 bzw. 1837 wieder. Aus Friedrichroda stammt der Erfinder der Mundharmonika, Chr. Fr. L. Buschmann (1805-1864), der als Instrumentenbauer um 1820 in Hamburg die Mund- und später auch die Handharmonika als erster gebaut hat. Eine Straße, eine Schule und ein Brunnen erinnern in Friedrichroda an ihn. Auch der Bildhauer und Graphiker Ernst Barlach (1870 bis 1939) hat hier gelebt, als er von 1894 bis 1896 in der „Villa Alexandra" bei seiner Mutter wohnte, die aus Dresden hierher gezogen war.

War Friedrichroda früher als „Sommerfrische" bekannt, so seit der Jahrhundertwende auch als Winterkurort. Dazu hat die im Jahre 1906 gebaute Bob- und Rodelbahn, die 1964/65 für internationale Meisterschaften ausgebaut wurde, beigetragen und ist als eine der wenigen Natureisbahnen in den Wintermonaten in Betrieb. Rennrodler, die hier in jungen Jahren angefangen haben, haben es sogar zu Weltmeistern und Olympiasiegern gebracht. Und für das Sommertraining der Skispringer hat das Elaston-Werk Kunststoffmatten als Schanzenauflagen geliefert. Im Sommer ist seit Jahrzehnten das große Wald- und Jägerfest ein beliebter Anziehungspunkt, bei dem die Trachtengruppe der Spenglersborngemeinde, die Schützengesellschaft, Jagdhornbläser, Chöre und andere Vereine auftreten.

Heute ist die Stadt **Friedrichroda** mit ihren rd. 5800 Einwohnern auch Sitz der **Verwaltungsgemeinschaft „Reinhardsbrunn"** mit den Nachbargemeinden Finsterbergen (rd. 1600 Einw.) und Ernstroda (rd. 1000 Einwohner.). Nach der Wende ist das staatliche „Körnberg-Gymnasium" entstanden. Die der Stadt ist auch Sitz einer Superintendentur mit 14 lutherisch-evangelischen Kirchgemeinden. Die St. Blasius-Kirche geht auf das Jahr 1538 zurück, der spätgotische Turm sogar auf 1511. Das heutige Gotteshaus ist im Jahre 1770 errichtet und 1834 teilweise umgebaut worden.

An der Südseite der Kirche ist eine große Sonnenuhr angebracht.

Auf dem Boden, wo heute das **Schloß Reinhardsbrunn** steht, existierte bis zum Jahre 1525 das in Jahre 1085 gegründete Benediktinerkloster, das früher das Hauskloster der Thüringer Landgrafen war. Nach seiner Zerstörung im Bauernkrieg (1525) entstand im Jahre 1601 das Amtshaus, danach das „Hohe Haus", das „Neue Gebäude" und die Schloßkirche. In letzterer wurden auch die acht Grabsteine der frühen Landgrafen von Thüringen aufgestellt (seit 1952 in der Eisenacher Georgenkirche), die das Werk des Erasmus Poster im Kloster (14. Jh.) waren. Der heutige Schloßbau entstand in den Jahren 1827 bis 1835 nach den Plänen des Gothaer Baurats Gustav Eberhard (1805-1880) als Lust-

Reinhards-brunn im 17. Jahrhundert

Kirche. Kirchgallerie. Querhaus. Hohe Haus. Marstall. Scheuer u. Viehhot. Thorhaus.
Back-u. Waschhaus.

Reinhardtsbrunn im 17. Jahrh.

und Jagdschloß Herzog Ernsts I. von Sachsen-Coburg und Gotha. Dazu hat der Landschaftsgärtner Leonhard Eulefeld um 1840 aus dem einstigen Klostergarten einen klassischen Landschaftspark mit 40 seltenen Gehölzen angelegt. Fürst Hermann Pückler-Muskau lobte ihn bei seinem Besuch im Jahre 1845 als *„einen der sehenswertesten Punkte im Thüringer Wald"*. Die neoromanische Schloßkapelle wurde erst im Jahre 1874 fertiggestellt. Nach 1945 wurde das Schloß als Polizeiausbildungsstätte und später als Landesfeuerwehrschule genutzt, bis im Jahre 1961 das Reisebüro der DDR das Gesamtobjekt für den Hotelbetrieb übernahm. Seit dem Jahre 1980 erfolgten Teilsanierungen an Gebäuden und Pflegemaßnahmen am Park. Das ehemalige Park-Hotel gegenüber ist im Jahre 1813 erbaut und 1903 erneuert worden. Unweit davon befinden sich die Reinhardsbrunner Teiche, die im Mittelalter für den Fischbedarf der Mönche angelegt wurden. Unterhalb des nahe am Park-Hotel liegenden heutigen Gondelteiches (Breterteich) befindet sich der Zöglingsteich, in welchem die Zöglinge, wie die Schüler der Schnepfenthaler Erziehungsanstalt hießen, unter der Leitung von Salzmann und GutsMuths seit den 80er Jahren des 18. Jahrhunderts erstmalig an einer Schule in Europa, das Schwimmen erlernten. Die unterhalb davon gelegene Klostermühle war bis 1945 ein Ausflugslokal, danach wurde es ein Kinderheim.

Das Evangelische Stift Reinhardsbrunn mit der Ländlichen Heimvolkshochschule ist am 1. März 1992 von der Evangelisch-Lutherischen Kirche Thüringens als Stätte der Bildung und Begegnung eröffnet worden. Es liegt im Wald hinter dem Park-Hotel, wo sich vor der Wende ein großes Kinderferienlager befand.

Schloß Reinhardsbrunn, Einfahrtsgebäude (mit Ahnensaal)

Noch um die Mitte des 19. Jahrhunderts galt **Finsterbergen** als das einsamste Dorf im Thüringer Wald. Das Leben der Köhler, Pechsieder, Holzhauer und Leineweber war ärmlich, deshalb war hier das Wildern nichts Ungewöhnliches. So wehrten sich die Einwohner im Mai 1848 gegen strengere Strafen für Wilderer und gegen Einschränkungen der Holznutzung mit einem Aufruhr gegen den dortigen Forstbeamten, so daß Gothaer Militär eingesetzt und die aktivsten Beteiligten zu harten Gefängnisstrafen verurteilt wurden. Als mit dem Aufkommen des Eisenbahnverkehrs das Fuhrmannsgewerbe zu Ende ging, zog noch mehr Not ein. Auch die Heimarbeit der Puppenmacherfamilien, wie sie der oftmalige Finsterberger Feriengast, der dänische Dichter Martin Andersen Nexö in seiner Novelle „Die Puppe" eindrucksvoll geschildert hat, brachte nur sehr geringe Verdienstmöglichkeiten. Mit der Entwicklung des Fremdenverkehrs im Thüringer Wald setzte eine Wandlung ein. Im Jahre 1871 gründeten einige Handwerker im damaligen „Gründungsfieber" eine Aktiengesellschaft, um auf dem Finsterberg (519 m) über dem Ort ihre Gaststätte „Zum Felsental" zu bauen. Erst im Jahre 1888 wurde Guido Knauth aus Orlamünde als erster Kurgast in Finsterbergen registriert. Ein Jahrzehnt später wurde das „Kurhaus Felsenstein" errichtet. 800 Feriengäste zählte man damals schon. Andere Pensionen waren inzwischen dazugekommen - aus dem Fuhrmanns- und Heimarbeiterdorf war ein beliebter Erholungsort geworden.

Neben dem Dichter Martin Andersen Nexö, der nach der Jahrhundertwende sich öfter hier erholte, waren früher schon J.V. von Scheffel und Gustav Freytag hierher gekommen und haben den Rennsteig aufgesucht, wo Heuberg- und Spießberghaus sowie das Forsthaus „Tanzbuche" beliebte Wanderziele waren. Die ruhige Lage im Thüringer Wald hat vor allem die Großstädter gereizt, sich hier zu erholen.

Die ältere Geschichte von Finsterbergen ist ebenfalls mit dem Kloster Reinhardsbrunn, dem es gehört hat, eng verbunden. Im Jahre 1138 ist der Ort in einer Grenzbeschreibung als „viculus Disterberc"* erwähnt. Seit dem Jahre 1543 gehört es erst zum Amt Reinhardsbrunn, später zum Amt Tenneberg. Im Jahre 1596 wurde hier die erste Schule eingerichtet und 1742 ein Schulhaus gebaut. Noch im letzten Kriegsjahr 1647 wurde das abgelegene Walddorf von den schwedischen Soldaten des Grafen Löwenhaupt völlig ausgeplündert und die Einwohner brutal mißhandelt. Die erste Kirche wurde in den Jahren 1661/62 gebaut. Vorher mußten die Finsterberger nach Altenbergen gehen und auch ihre Toten über die kleine Totenbrücke im Leinatal dorthin bringen. Die heutige Barockkirche ist in den Jahren 1728 bis 1730 erbaut worden. Sie hat eine reiche Innenausstattung mit Doppelemporen und Kanzelaltar. Die schöne Orgel ist im Jahre 1830 von dem Ohrdrufer Orgelbaumeister Ludwig Ratzmann gebaut worden. Von 1968 bis 1976 ist der Innenraum restauriert, später auch ein Gemeindehaus daneben gebaut worden. Als Anfang April 1945 einige Soldaten versuchten, Finsterbergen gegen anrückende Amerikaner zu verteidigen, starben fünf von ihnen, worauf noch einige Kreuze im Wald hinweisen. In den Nachkriegsjahren entwickelte sich das Erholungswesen durch den FDGB-Feriendienst, so wurden im Jahre 1955 wieder 20 000 Urlauber gezählt. Anstelle des alten Kurhauses ist in den Jahren 1974/75 ein großes FDGB-Heim auf dem Finsterberg gebaut worden, das nach der Wende den Namen „Rennsteigblick" erhielt.

Dörfchen Finsterberg

Die Totenbrücke im Finsterberger Leinatal

Seitdem hat sich der Fremdenverkehr wieder erfolgreich entwickelt. Seit Anfang 1995 wird er von einem Eigenbetrieb gefördert. Schon vor hundert Jahren ist hier von dem Lehrer Gustav Hartung (1872-1960) der erste Trachtenverein in Thüringen gegründet worden. Die im Jahre 1946 neu gegründete Heimatkapelle kann auf eine Musikertradition zurückblicken, die bis ins 18. Jahrhundert zurückreicht. Auch das Heimatmuseum und der Heimatverein pflegen hier altes Brauchtum, wobei das Holzhauer- und Fuhrmannsfest ein Höhepunkt ist.

Trachtengruppe aus Finsterbergen

Ernstroda gehörte wie die Nachbarorte zu den ersten Rodedörfern des Grafen Ludwig des Bärtigen (s. S. 22) und zur Gründungsausstattung des Klosters Reinhardsbrunn. In Urkunden des 12. Jahrhunderts wird es „Erphesrot" genannt. Erph (auch Erff) war hier ein Personenname, der bei Edelfreien im 9. Jahrhundert vorkam. Andererseits findet man Erff oder Erph auch als Bachname, z. B. beim Erffgrund bei Georgenthal. Der Rodebeginn bei „Erphesrot" dürfte demnach schon lange vor dem Auftreten Graf Ludwigs gelegen haben. Durch den Ort fließt das kleine Schilfwasser, das beim Rennsteig entspringt, durch das „Kühle Tal" nach Friedrichroda gelangt und unterhalb von Ernstroda in die Leina mündet. Im Jahre 1259 hat Graf Günther von Käfernburg den Wald Owe* verkauft, und im Jahre 1325 verkaufte hier die Familie Ritter von Molsdorf die Molsdorfer Aue (Auewiesen) für 46 harte Silbermark an das Kloster Georgenthal. Aus dem Mittelalter sind der Steinfirst** oder Hermannstein (wohl mehr ein Wachtposten als eine Burg) und die Vorwerke*** Aue und Espenfeld (einst Schafhöfe des Klosters Reinhardsbrunn) überliefert. Früher waren die Fuhrbetriebe auch hier wichtige Erwerbsmöglichkeiten und deshalb auch die Pferdezucht von Bedeutung. Der Flurname „Kälberrieth" war für die Rindviehzucht kennzeichnend. Aus dem Fuhrmannsverein wurde später (1905) ein Landwirtschaftsverein, denn mit der Eisenbahn und dem Bahnhof „Schönau-Ernstroda" (1886) war für das Fuhrmannsgewerbe das Aus gekommen. Im Jahre 1947 wurde die kurze Bahnverbindung Georgenthal - Friedrichroda für Reparationslieferungen an die Sowjetunion demontiert. Die St. Katharinenkirche von 1547 geht auf eine ältere Kapelle zurück, der Turm ist aus dem Jahre 1403. Das heutige Gotteshaus ist im Jahre 1559 gebaut worden, und der Nachbarort Cumbach (seit 1950 Ortsteil von Ernstroda) war nach hier eingepfarrt. In seinem Buch „Ernstroda, Die Geschichte eines Dorfes am Thüringer Wald" (1933) hat der langjährige Bürgermeister Albert Weidner viele Fakten zur Ortsgeschichte zusammengetragen. Heute ist Ernstroda ein schmuckes Dorf mit einem Gewerbegebiet für die mittelständische Wirtschaftsentwicklung (Fläche: 12 ha). Die Trachtengruppe „Dachsberggemeinde" pflegt hier u.a. mit ihrer „Kreisspinnstube" altes Brauchtum.

* *Aue*

** *-forst*

*** *Güter*

Der Ortsteil **Cumbach** ist durch seine Teiche, die seit alters her für die Fischzucht genutzt werden, bekannt geworden. Der Schilfrand des größten Cumbacher Teiches (ca. 30 ha) bietet heute zahlreichen, z.T. seltenen Wasservögeln ein Refugium. Ein Problem war das Reinigen der Teiche, wobei die Schlammassen auf die umliegenden Felder und Wiesen aufgebracht werden mußten. Die Befürchtung, daß der Teichdamm brechen könnte, falls sich der Abfluß verstopft, war nicht unbegründet. Letzten Endes war schon im Jahre 1808 der Teich infolge eines Unwetters über die Ufer getreten, und im Jahre 1932 konnte ein Dammbruch erst in letzter Stunde verhindert werden. Auch die kleineren Gewässer in der Nähe - Igels-, Straßen- und Rödicher Teich - gehören zum Bereich des Cumbacher Fischhauses. Die Geschichte des Ortes war auch hier vom Kloster Reinhardsbrunn bestimmt worden, dem Cumbach gehörte. Erst nach der Reformation wurde hier eine Kirche gebaut und im Jahre 1697 erweitert. Im Jahre 1725 hat eine Feuersbrunst fast das ganze Dorf in Asche gelegt. Eine sagenhafte Gestalt war das „Cumbachische Kind" Valentin Hornaff mit seiner Riesengestalt, über dessen „unglaubliche Freßgier" manche Anekdote erzählt wurde. Schließlich soll es in das Grenadierregiment der „Langen Kerls" in Potsdam eingetreten sein.

Von dem 168 km langen Kammweg auf dem Thüringer Wald zwischen Werra und Saale, dem **Rennsteig**, gehören 35 km vom Gerberstein (729 Meter) bei Ruhla bis zum Donnershauk (894 m) oberhalb von Tambach-Dietharz meist als südliche Kreisgrenze auch zum Gothaer Land. Vor der Kreiseinteilung von 1922, als Oberhof und die Hälfte von Ruhla noch zum Herzogtum Sachsen-Gotha gehörten, reichte der Rennsteig innerhalb des Gothaer Landes vom Mordfleck bei Schmiedefeld im Südosten und bis zur Glasbachwiese im Westen. In dem Frankensteiner Verkaufsbrief vom 10. August 1330 wird der Höhenweg zwischen „Ruhlaer Häuschen" und Nesselberg zweimal als „Rynnestig" genannt. Er wird heute als schneller Weg (rennen, rinnen wie ein Bach) für laufende oder reitende Boten erklärt. Die Forschung des vorigen Jahrhunderts hat mit Erstaunen festgestellt, daß es 220 Rennsteige oder -wege in deutschen Landen gibt. Unser Thüringer Rennsteig ist heute aber am bekanntesten, früher vor allem durch den Rennsteigverein (1896 gegründet) populär geworden, heute u.a. auch durch das bekannte Rennsteiglied des Suhler Musikers Herbert Roth (1926-1983).

Rennsteigwegweiser

Schon Herzog Ernst der Fromme von Sachsen-Gotha ließ außer in den Amtsbeschreibungen den Verlauf des Höhenwegs in den Jahren 1654 bis 1666 von seinen Beamten genau erkunden. Im Jahre 1703 hat der Schleusinger Konrektor Christian Juncker (1686-1714) nach diesen Unterlagen eine Rennsteigbeschreibung verfaßt, die aber nicht zum Druck kam. Erst im Jahre 1891 (2. Aufl. 1911) hat sie der Weimarer Archivdirektor Dr. Paul Mitzschke nach der gut erhaltenen Gothaer Handschrift in der Schriftenreihe des Meininger Geschichtsvereins als 10. Heft veröffentlicht. Eine genaue Vermessung des heutigen Rennsteigverlaufs hat der Gothaer Major Julius von Plänckner (1791-1858) vorgenommen und dabei die ganze Strecke in fünf Tagesmärschen durchlaufen. Seitdem haben auch spätere Schriftsteller, Touristen oder andere Bergwanderer ihre Rennsteigwanderung gewöhnlich auf fünf Tage verteilt. Im vorigen Jahrhundert haben der Gothaer Dichter Ludwig Storch (1841), der Meininger Sagensammler Ludwig Bechstein (1847), der Waltershäuser Reiseschriftsteller August Trinius (1889) sowie Alfred Roßner (1892) den Rennsteig beschrieben, nachdem der Gothaer Geologe K.E.A. von Hoff und sein Freund C.W. Jacobs schon 1807 mit ihrem Buch „Der Thüringer Wald - besonders für Reisende geschildert" schon den Rennsteig bekannt gemacht haben. Für seine wissenschaftliche Erforschung hat der Jenaer Geographieprofessor Fritz Regel, aus Waltershausen gebürtig, im Jahre 1885 mit einem Vortrag den Anstoß gegeben. Die beiden Gymnasialprofessoren Johannes Bühring in Arnstadt und Ludwig Hertel in Hildburghausen haben im Jahre 1896 ihren Rennsteigführer herausgebracht, dessen letzte Auflage von 1930 zum unerreichten Standard-

Altes Heuberghaus am Rennsteig

werk geworden ist. Die vom Rennsteigverein von 1897 bis 1944 herausgegebene Zeitschrift „Mareile" ist heute noch eine Fundgrube für Rennsteigforscher.

Um die Jahrhundertwende begann die organisierte Touristik mit der „Rennsteig-Runst" als Vereinswanderungen auch für Nichtmitglieder zu Pfingsten, im Sommer und Frühherbst. In den letzten Jahren ist diese Tradition wieder aufgenommen worden. Auch Fremdenverkehrsvereine in den Erholungsorten des Thüringer Waldes bieten solche Wanderungen an. Für den Touristen ist der Höhenweg an dem weißen „R" an den Bäumen und z.T. auch an den kunstgewerblich angefertigten Wegweisern zu erkennen. Seit dem Jahre 1973 findet alljährlich für Sportler ein großer Rennsteiglauf zwischen Oberhof und Schmiedefeld statt, der mit seinen Tausenden von Teilnehmern zum größten Cross-Lauf Europas geworden ist.

Der Gothaer Anteil am Rennsteig ist abwechslungsreich, von malerischer Schönheit und auch historisch interessant. So wird der Gerberstein bei Winterstein schon im Jahre 933 in einer Urkunde Kaiser Heinrichs I. bei der Grenzbeschreibung seines Wildbannes erwähnt. Von den Dreiherrnsteinen, wo die Grenzen dreier Territorien zusammentrafen, ist der beim Großen Weißenberg ein beliebter Ausflugsort. Hier war Gothaer, Meininger und Schmalkalder Land zusammengestoßen. Der Scheffelstein daneben erinnert an die Wanderungen des Dichters Victor von Scheffel (1826-1886), der im Jahre 1853 ein Gedicht über den Rennsteig geschrieben hat. Um den Venetianerstein ranken sich Sagen von italienischen Bergleuten, die hier einst nach (Halb-) Edelsteinen gesucht haben.

Der herausragende Große Inselsberg (916 m) ist der meistbesuchteste Berg des Thüringer Waldes (s. S. 90f.). Immer durch grünen Buchenwald, dessen bunte Herbstfarben noch in kühler Jahreszeit zum Wandern verlocken, führt der Rennsteig bei Friedrichroda über den Heuberg und hinter dem Spießberghaus vorbei zum Kreuz. Am Heu- und Spießberg wie an der „Tanzbuche" standen im 17./18. Jahrhundert einfache Pirschhäuser (Jagdunterkünfte), die im 19. Jahrhundert zu soliden Forsthäusern ausgebaut wurden und sich mit dem zunehmenden Fremdenverkehr seit der Jahrhundertwende zu vielbesuchten Gasthäusern entwickelten. Das alte Heuberghaus von 1842 war ein Lieblingsaufenthalt von Gustav Freytag, der hier einst begann, seine vielgelesene Erzählungsserie „Die Ahnen" zu schreiben. Auch der dänische Romancier Martin Andersen Nexö war von Finsterbergen aus gern hierher gewandert. Im Jahre 1914 rollte die alte Postkutsche, ein Vierspänner, hier zum letzten Mal herauf und wurde von einem Post-auto abgelöst, das bis in die 30er Jahre zwischen Friedrichroda und Schmalkalden verkehrte. Im Jahre 1969 wurde das alte Heuberghaus leider abgerissen und durch das größere Heuberghaus im modernen Baudenstil ersetzt. Auch das Spießberghaus war ein Pirschhaus (1811/13), das seit 1820 wiederholt erweitert wurde. Nachdem 1906 die Friedrichrodaer Bob- und Rodelbahn in der Nähe gebaut worden war, kam es im Jahre 1910 zum Bau des heutigen Gasthauses. Am Kreuz überschritt eine Straße von Finsterbergen am Neuen Haus vorbei den Rennsteig nach Kleinschmalkalden; der Stein des alten „Possenröder Kreuzes", nach der Wüstung Bussonrot benannt, wurde erneuert.

Westlich von Tambach-Dietharz liegt an der Ebertswiese unterhalb des Mittleren Höhen- oder Hünberges (836 m) das Berghotel „Ebertswiese", das 1937 anstelle der durch Blitzschlag zerstörten Schmalkalder Hütte gebaut wurde. Hier verläuft der Rennsteig über die Bergwiese und den Spitterbach. Am Mittleren Hünberg wurde bis zum Jahre 1939 Mesodiabasgestein (Dolerit) abgebaut und mit einer Seilbahn nach Tambach-Dietharz zur Weiterverarbeitung befördert. Der 13 m tiefe Bergsee, einstmals ein Basaltsteinbruch, wird im Sommer viel und gern aufgesucht, ist aber zum Baden nicht zugelassen.

An der „Neuen Ausspanne", wo einst die Fuhrleute die Vorspannpferde gewechselt haben, überquert die Straße von Tambach-Dietharz oberhalb des Nesselberghauses den Rennsteig nach Schmalkalden. Von hier führt der Kammweg über den Sperrhügel und die Schmalkalder Loibe (881 m) an den Neuhöfer Wiesen vorbei hinauf zum Donnershauk (894 m) und verläßt das heutige Kreisgebiet beim Gustav-Freytag-Stein.

Ohrdruf und Umgebung

Die Stadt **Ohrdruf** ist einer der ältesten Orte unseres Kreises. Tonscherben, die im einstigen „Küchgarten" des alten St. Petriklosters östlich der Ohra gefunden worden, stammen aus dem 1. bis 4. Jahrhundert. Bei anderen Siedlungsgruben in der Nähe wurden Scherben gefunden, deren Gra- phitbeimengung keltischen Einfluß der Spätlatè-nezeit erkennen läßt, so daß diese Siedlung auf das 1. Jahrhundert vor Christi datiert werden konnte. Auch die schriftliche Überlieferung beginnt hier früher als anderwärts, nämlich mit der Hedanurkunde aus dem Jahre 704. In ihr wird „Monhore" neben Mühlberg (s. S. 137) erwähnt, welches beim schon genannten Küchgarten zu suchen ist. Mit der Gründung von Michaeliskloster und -kirche um 725 durch Bonifatius am westlichen Ohra-Ufer kommt auch der Ortsname „Ordorf" (später auch Ordorp) zum ersten Male vor; er steht aber nicht in einer Urkunde, sondern wird in der Lebensbeschreibung, die sein späterer Biograph Willibald verfaßt hat, erwähnt. Diese Klostergründung ist vermutlich später eingegangen, denn im Jahre 777 weihte Erzbischof Lullus von Mainz eine Peterskirche östlich der Ohra, zu der dann auch ein Stift kam, das nach einem Brand im Jahre 1186 neu errichtet wurde. Im Jahre 1344 zogen die Stiftsherren nach Gotha, und im Jahre 1463 übernahmen Karmelitermönche das Petersstift. Seit Oktober 1991 gibt es wieder ein Karmeliterkloster mit vier Mönchen in Ohrdruf.

Um 1340 begann eine neue Epoche in der Ohrdrufer Geschichte. Als die Schwarzburg-Käfernburger Linie dieser Grafenfamilie ausgestorben war, folgten die Grafen von Gleichen. Unter ihrer Herrschaft entwickelte sich das Dorf Ohrdruf westlich der Ohra zur Stadt, denn 1348 werden zwei Ratsmeister erwähnt; später wechseln die Bezeichnungen Marktflecken (1375) und Stadt (1399). Am dreieckigen Marktplatz entsteht im Jahre 1546 das steinerne Rathaus, das 1803 abgebrannt ist. Auf seinen Fundamenten wurde das heutige Rathaus gebaut, an dessen Ecke der „Eiserne Michael" als Schutzpatron der Stadt steht. Als „Seelenwäger" mit Waage und Schwert ist er auch in das Stadtwappen eingegangen.

Die ältere Geschichte Ohrdrufs ist einmal durch die „Nachrichten von der Stadt Ohrdruf und deren nächsten Umgebung" aus dem Jahre 1844, die der Kirchen- und Schulrat Friedrich Krügelstein gesammelt hat, sowie durch die mehrbändige „Geschichte Ohrdrufs" von Jul. Böttcher (1955 bis 1960) vielseitig erschlossen worden. Dort kann der interessierte Heimatfreund nachlesen, was er hier in dieser Überblickdarstellung nicht finden wird.

Nach dem „ufrohr" Ohrdrufer Bürger im Jahre 1525 wurde hier zwei Jahre später die Reformation eingeführt, später das Klostergut eingezogen und im Kloster eine Schule eingerichtet. Das Kirchenwesen wurde im Jahre 1532 mit der Einrichtung des Gleichenschen Konsistoriums und einer Superintendentur neu geordnet, zu der heute 18 Kirchgemeinden gehören. Im Jahre 1552 ließ Graf Georg II. von Gleichen den Bau des Schlosses **Ehrenstein** beginnen und die Stadtbefestigung mit sechs Toren ausbauen. Reste davon mit einem „Rondell"* sind noch erhalten. Der Schloßbau war

Das Wappen der Stadt Ohrdruf

* *turmartige Bastion*

durch die Verlegung der Residenz der Grafen vom alten Schloß Gleichen (s. S. 139) nach Ohrdruf erforderlich geworden. Den Grafen ist auch die Gründung des Lyzeums durch eine Stiftung von 1564 zu verdanken. Sie erhielt im Jahre 1870 als Realschule den Namen „Gymnasium Gleichense" (Neugründung 1991), als sie aus der alten Michaeliskirche in den Nordflügel des Schlosses umgezogen war. Der berühmteste Schüler war Johann Sebastian Bach, der nach dem frühen Tod seiner Eltern in Eisenach bei seinem ältesten Bruder Johann Christoph von 1695 bis 1700 in Ohrdruf wohnte. Letzterer war der Organist an der am 6. Februar 1945 durch Bomben zerstörten Michaeliskirche. Die Trinitatiskirche ist erst in den Jahren 1709 bis 1714 außerhalb der Stadtmauer als Barockkirche mit Doppelemporen, die Orgel im Jahre 1814 von dem Ohrdrufer Orgelbauer Georg Fr. Ratzmann gebaut worden. Der 1927 bei einem Umbau geschaffene Gemeindesaal wurde im Jahre 1976 neu gestaltet.

Mit ihrem Kanzleibezirk (Sitz Ohrdruf) für 12 Gemeinden kam die Grafschaft Gleichen im Jahre 1657 zum Herzogtum Sachsen-Gotha. Bei der Verwaltungsreform im Jahre 1858 wurde die Stadt Sitz eines der drei Landratsämter im Gothaer Land (bis 1922). Im 19. Jahrhundert trat neben Landwirtschaft, Holzhandel, Schneidemühlen und Schmieden die Industrie, so seit dem Jahre 1834 die Porzellan- und Knöpfchenherstellung, später auch eine Papier- und eine Farbenfabrik. Der Gründer der Ohrdrufer Spielwarenindustrie, Carl E. Meinung, hatte im Jahre 1862 in der alten Glockengießerei am Kohltor mit der Fabrikation von Spiel- und Lederwaren begonnen. Seit 1865 stellte er die beliebten Fellschaukelpferde her, deren Erfinder er war und die bald zum Exportschlager wurden. Die Beteiligung der Ohrdrufer Spielwarenhersteller an internationalen Messen bis hin zu den großen Weltausstellungen in Übersee, u.a. in Chicago (USA), haben die Ohrdrufer Schaukelpferde weltweit bekannt gemacht. Heute kann man sie im Heimatmuseum sehen, das Joh. Böttcher im Jahre 1935 gegründet hat. Der Eisenbahnanschluß nach Gotha (1876), wo damals sogar zweistöckige Personenwagen eingesetzt wurden, förderte die wirtschaftliche Entwicklung.

Ein außergewöhnliches technisches Denkmal ist der **Tobiashammer**, der um das Jahr 1482 als Eisenhammer aufgebaut, später als Kupferhammer besonders für Waschkessel betrieben wurde. Im Jahre 1853 kam eine mit Wasserkraft angetriebene

Schloß Ehrenstein in Ohrdruf

Walzanlage dazu. In den letzten Jahren wurde ein Dampfhammer und die zweitgrößte, noch existierende Dampfmaschine (Baujahr 1921, 13 000 PS) aufgestellt. Eine alte Dorfschmiede wird diese Anlage noch ergänzen. Seit dem Jahre 1983 finden hier Symposien über Schmiedekunst statt, die früher vom Ohrdrufer Stahlverformungswerk gefördert wurden. Die „Kuhhalterwiese" am Tobiashammer ist jetzt ein botanisches Naturschutzgebiet.

Nördlich der Stadt Ohrdruf steht die vom Ohrdrufer Fabrikanten Dr. Mühlberg gebaute Mühlburg (1933-1935), die in den Jahren 1947 bis 1955 ein Kindererholungsheim war und dann bis zum Jahre 1976 von der Roten Armee als Stabsgebäude genutzt wurde. Von 1981 bis 1990 bestand hier eine Jugendschule und nach der Wende eine Jugendbildungsstätte des Landes Thüringen.

Ein Reizthema war die weitere Nutzung des Truppenübungsplatzes durch die Bundeswehr (seit 1994). Das seit 1907 vom kaiserlichen Heer angelegte Übungsgebiet war nach 1945 von der Roten Armee rücksichtslos und z.T. über die Platzgrenze hinaus genutzt worden. Nachdem 1990 Ruhe eingetreten und schließlich die russische Garnison abgezogen war, erfolgt nun eine militärische Nutzung in geringerem Umfang. Von Weihnachten des Jahres 1944 bis zum Kriegsende bestand hinter der Stadt das Außenlager S III des berüchtigten Konzentrationslagers Buchenwald, in dem Tausende von Häftlingen, darunter viele Ausländer, bei Arbeitseinsätzen umkamen und noch vom 4. bis 7. April 1945 beim Todesmarsch nach Buchenwald unterwegs ermordet wurden. Verschiedene Gedenktafeln erinnern an dieses grausige Geschehen.

Heute ist die Stadt Ohrdruf mit ihren rund 6100 Einwohnern *Sitz einer Verwaltungsgemeinschaft* mit den Gemeinden Crawinkel, Gräfenhain, Luisenthal und Wölfis mit rund 13 000 Einwohnern. Für die neue wirtschaftliche Entwicklung hat die Stadt mit den Nachbargemeinden Herrenhof und Hohenkirchen schon im Jahre 1990 einen modernen Gewerbepark geschaffen, der verkehrsgünstig zur nahen Bundesstraße B 247 und der Autobahn A 4 liegt und mit 180 ha der größte in Thüringen ist.

Wölfis (rd. 1800 Einw.) wurde schon im Jahre 779 bei einer Zehntschenkung Karls des Großen an das Kloster Hersfeld als „Uulfeasti" (später auch „Wolfdiuzen") erwähnt und lag an einer Straße, die von Arnstadt her über Wölfis/Crawinkel nach Oberhof und über den Thüringer Wald führte. Im Einkommensverzeichnis der Wettiner von 1378 ist „Wolfiz", zum Amt Wachsenburg gehörig, mit der hohen Jahrsteuer von 50 Talenten (ca. 20 Mark Silber) sowie mit Naturalabgaben veranlagt, wie sie bei keinem anderen Dorf im Amt vorkamen, obwohl dabei keine Geleitsgelder erwähnt werden. Im Jahre 1511 wurde der kurfürstliche Kämmerer

Hammerwerk im Tobiashammer (Museum) südlich von Ohrdruf

Gangloff von Witzleben mit Wölfis belehnt. Der Dreißigjährige Krieg hat dem Dorf viel geschadet, so daß im Jahre 1640 viele Wohnhäuser leer standen; noch in den Jahren 1646 und 1647 flohen die Einwohner vor der raubenden und mordenden Soldateska in die nahen Wälder. Verheerend hat sich auch die Brandkatastrophe von 1735 ausgewirkt, als 187 Häuser abbrannten. Die Kirche St. Crucis*, deren Anfänge in das frühe 8. Jahrhundert datiert werden, ist später neu aufgebaut und das Kircheninnere nach 1750 neu ausgestaltet worden. Die Orgel hat im Jahre 1819 der Ohrdrufer Orgelbauer G.Fr. Ratzmann eingebaut. In den 30er Jahren des 19. Jahrhunderts wurden neue Schulen und 1844 vom Pfarrer Credner eine Kleinkinderschule gegründet. Der Besitzer des einstigen Gutes Heerda bei der Harth, W.A. von Trützschler (1818-1849), Sohn einer Beamtenfamilie, wurde wegen seiner Teilnahme am badischen Volksaufstand als Zivilkommissar am 14. August 1849 standrechtlich von preußischem Militär erschossen.

Heilig-Kreuz-Kirche

Die Wölfiser Musikantentradition war schon im vorigen Jahrhundert entstanden, wie der Musikdirektor Hermann Kirchner (1861-1928) in seiner Autobiographie berichtet. Er war auch als Komponist des beliebten Volksliedes „Am Holderstrauch" bekannt geworden. Bevor er nach Siebenbürgen ging, war der gebürtige Wölfiser Lehrer in Tabarz und Ohrdruf, wo er auch das Gymnasium besucht hatte. Nach dem zweiten Weltkrieg hat sich wieder ein lebhaftes Musikleben entwickelt. Dabei waren seit dem Jahre 1960 die Festspiele des Dorfklubs immer besondere Höhepunkte. Die jetzt vier Blasmusikorchester, darunter seit 1960 auch ein Jugendorchester, sind schon lange weit über ihre Heimat hinaus bekannt und treten bei vielen folkloristischen Veranstaltungen erfolgreich auf.

Crawinkel (rd. 1700 Einw.) liegt an der Bundesstraße B 88, der einstigen Waldsaumstraße am Rande des Thüringer Waldes, in 475 m Höhe. Es wurde um 1088 als „Cravunkele" erstmals erwähnt. Hier führte einst die alte Paßstraße am Krawinkler Steiger durch die Hohle zur Wegscheide hinauf nach Oberhof. Später hat sich der Verkehr in das Ohratal verlagert. Im Jahre 1290 verpfändete ein Graf von Käfernburg Grundbesitz an das Kloster Hersfeld. Die lateinische Namensform „Gravincella" erinnert an die alte Marienkapelle der Grafen. Im Jahre 1378 erscheint dann aber der Ort „Krewinkel" bzw. „Crewinckel" im Einkommensregister der Wettiner mit 36 Talenten (ca. 15 Mark Silber), dazu noch Hackgeld für die Weinberge (an der Wachsenburg ?). Die Mühle hatte am Michaelistag (29. September) 2 Malter und 2 Metzen Korn (ca. 2 Hektoliter) sowie am 2. Februar ein Schwein an das Amt Wachsenburg zu liefern.

Auch in Crawinkel hat der Dreißigjährige Krieg viel zerstört. Nach einer Brandkatastrophe blieben nur neun Häuser übrig und im Jahr 1640 standen von 200 Wohnstätten 148 leer. In den Jahren 1613 und 1614 schon war die kleine Marienkirche aus dem Jahre 1421 ausgebaut worden, später (1650) auch der Turm an der Ostseite. Im 18. Jahrhundert erhielt der Innenraum drei Emporen und den jetzigen Kanzelaltar. Als frühere Wehrkirche ist sie noch von einer dicken Mauer mit Schießscharten umgeben.

Sägewerke und Kalkbrennereien waren wichtige Gewerbezweige, zu denen seit dem 16. Jahrhundert die Herstellung von Mühlsteinen aus den

Steinbrüchen am Borzel (beim heutigen Lütschestausee) gehörte. Im Jahre 1875 existierten elf Betriebe, die jährlich 625 Mahlsteine, das Stück zu etwa 10 Reichstalern, lieferten. Moderne Walzenstühle und schlechteres Gestein ließen nach der Jahrhundertwende die Betriebe der Mühlsteinhauer eingehen. Der Wölfiser Lehrer Karl Immel hat im Jahre 1958 im „Friedenstein" eingehend darüber berichtet.

In den ersten Apriltagen des Jahres 1945 verteidigten SS-Einheiten den Ort gegen vorrückende Amerikaner, um eine Außenstelle des Konzentrationslagers Buchenwald in der Munitionsanstalt („Muna") zu sichern. Dabei wurden zahlreiche Häuser zerstört, die Kirche und fast alle übrigen Gebäude mehr oder weniger durch amerikanischen Artilleriebeschuß oder Bomben beschädigt. Aus der in den 50er Jahren gegründeten LPG ist nach der Wende die Agrar-GmbH Crawinkel mit einer leistungsfähigen Rinderzucht hervorgegangen. Beim Bahnhof hat das Thüringer Forstamt Crawinkel seinen Sitz. Für Wanderer bietet u.a. eine Jugendherberge an der Waldstraße Unterkunftsmöglichkeiten.

Luisenthal (rd. 1600 Einw.) ist im Jahre 1950 aus den drei Ortsteilen Schwarzwald, Stutzhaus und Luisenthal (das Gebiet um den Bahnhof Luisenthal einbezogen) als eine Gemeinde hervorgegangen. Über 4 km zieht sich die Waldgemeinde im engen Ohratal zwischen dem Kienberg (723 m) und dem Streitberg (699 m) hin, und die vielbefahrene Bundesstraße B 247 ist nach der Wende durch den vermehrten Fahrzeuglärm und die Abgase zum Problem für Luisenthal geworden.

Der Ortsteil Schwarzwald war schon in einer Urkunde von 919/936 als „Walzahi" (Waldsassen)

Blick auf Luisenthal vom Hang der Käfernburg

erwähnt worden. Das castrum* Swarczwalde war im 12. Jahrhundert im Besitz der Grafen Käfernburg, dann ihrer Nachfolger in Schwarzburg. Im Jahre 1369 erwarben dann die mächtigen Wettiner als Landgrafen von Thüringen diesen Besitz, der im Jahre 1378 in ihrem Einkommensverzeichnis sogar als Amt erscheint. Der 20 m hohe Turmstumpf ist der Rest der alten Käfernburg und war bis zum Jahre 1642 Sitz des herzoglichen Amtmannes; danach ist die Burg verfallen. Der Ort bzw. seine Bewohner mußten damals 50 Groschen Harzgeld und 12 Zentner Pech zu Ostern, am Martinstag und zu Weihnachten abliefern, zu Fastnacht waren es 24 Haselhühner und Eichkatzen; die fünf Schneidemühlen hatten 26 Schock Dielen (= 1560 Bretter) zu bringen. Außerdem mußten die „Harzer" jedes Jahr sieben Jagdfalken als Zins an das Amt liefern.

Der Ortsteil **Stutzhaus** ist seit 1603 durch eine Visitation der weimarischen Regierung nachweisbar. Im Jahre 1659 ließ Herzog Ernst der Fromme hier ein neues Forsthaus, eben das Stutzhaus, bauen,

* Burg

Tambach-Dietharz

Das Wappen der Stadt Tambach-Dietharz

Mit rund 4500 Einwohnern liegt die Waldstadt Tambach-Dietharz im Tambacher Becken bzw. der „Tambacher Mulde" auf Schichten des Rotliegenden, wo im Bereich des Bromakkers seit dem Jahre 1887 Saurierfährten und seit jüngster Zeit auch fossile Saurierskelette gefunden wurden. Ihre wissenschaftliche Aufarbeitung und museale Vorstellung haben den wissenschaftlichen Ruf des Gothaer Museums begründet, der in letzter Zeit durch die erfolgreiche Zusammenarbeit mit US-amerikanischen Geologen im Feld weiter an Bedeutung gewinnt.

Sieben Täler entwässern mit ihren Bächen von der Nordabdachung des Thüringer Waldes in das Tambacher Becken, angefangen an der Kammlinie des Rennsteiges bei den drei Hühnbergen (792 m, 836 m, 814 m) im Westen (Spitterbach) bis zum Donnershauk (893 m) oberhalb des Schmalwassergrundes im Süden (s. S. 8). Die Apfelstädt nimmt im Becken die Spitter, Tammich und Schmalwasser auf und tritt bei Georgenthal aus dem Thüringer Wald in das flachere Vorland ein, wo das Tal und die Flußauen breiter werden. Dieser Wasserreichtum durch die Vielzahl der Quellflüsse kam auch der gewerblichen Nutzung durch zahlreiche Schneidemühlen zugute, seit Anfang des Jahrhunderts auch der Trinkwasserversorgung des Gothaer Landes (Bau der Gothaer Talsperre 1902 bis 1905). Nach dem Dreißigjährigen Krieg (1618 bis 1648), der viel Unheil über die früher noch getrennten Orte Tambach und Dietharz gebracht hat, gab es im Jahre 1660 drei neue Schneidemühlen, unterhalb davon auch eine Papiermühle.

Im Jahre 1733 waren es drei Mahlmühlen sowie eine Loh-, eine Papier- und eine Ölmühle. Eine wichtige Rolle spielte die Lage Tambachs an einer wichtigen Paßstraße über den Rennsteig, die durch den Schmalwassergrund am Altenfels und am Falkenstein vorbei über den Wachserasen (Rennsteig) in den Kanzlersgrund und weiter bis ins Werratal hinab führte.

Das ältere *Tambach* wird schon in der gefälschten Reinhardsbrunner Urkunde aus dem Jahre 1039 und später in einer Schenkungsurkunde Kaiser Friedrichs II. aus dem Jahre 1214 genannt. *Dietharz* ist im Jahre 1246 bei einem Streit der Freiwaldgemeinde Seebergen bei Gotha mit dem Kloster Georgenthal erstmals erwähnt worden, den Graf Heinrich III. von Schwarzburg geschlichtet hat. Das Zisterzienserkloster Georgenthal erwarb im Jahre 1251 beide Orte mit ihrer waldreichen Umgebung. Mit den sieben „Freiwalddörfern", deren Gemeindewald darin lag, hatte das Kloster fast ständig Streit. Im 13. Jahrhundert verlief die Paßstraße (strata magna, erste Erwähnung 1246) über Hög/Spitalwiese und Rosengarten (eigentlich „Roßgarten") zur „Alten Ausspanne" (742 m) am Rennsteig, wo die Pferde gewechselt wurden, nach Schmalkalden; hinter dem Kammweg war im Jahre 1290 mit dem „Nesselhof" ein Hospiz für Pilger eingerichtet worden. Das Tambacher Fuhrmannsgewerbe, das Waren in beide Richtungen weit über das Gebirge hinaus transportierte, war ohne die „Vorspänner" nicht denkbar. Der Straßensicherung dienten u.a. Burgen wie der Waldenfels am Großen Buchenberg im Schmalwassergrund, wo der Vater des mittelalterlichen Mystikers Eckehard von Hochheim (s. S. 22 u. 123) Burgvogt war. Das Gebiet um den Waldenfels mit dem auf dem Gegenhang befindlichen Falkenstein (größter Felsen des Thüringer Waldes, 90 m hoch) unterstand verschiedenen Adelsfamilien, u.a. in den Jahren 1265 bis 1293 den Grafen von Henneberg. Die einstige Drachenburg, die viel später wohl als Ersatz für den Waldenfels errichtet worden war, befand sich auf dem Felsen des Kirchbergs und war Zufluchtsort für die Klosterbauern. Im Mittelalter war Tambach auch Gerichtsort des Klostervogts. Wenn das Kloster aber wie beim Streit mit den Freiwalddörfern selber Partei war, dann war der Landesherr der zuständige Gerichtsherr. Der langjährige Tambacher Forstmeister Felix Hering (1870-1939) hat in 20 Aufsätzen die ältere Geschichte bis ins 17. Jahrhundert zurück dargestellt. Seine Arbeit setzt gegenwärtig der Geschichtsverein „Meister Ekkart" u.a. auch durch den Ausbau des Heimatmuseums an der Waldstraße weiter fort.

Nach dem Ende des Klosters Georgenthal im Bauernkrieg 1524/25 (s. S. 27) kamen Tambach und Dietharz zum herzoglichen Amt Georgenthal, das seit dem Jahre 1640 zum Herzogtum Sachsen-Gotha gehörte. Einige Jahre zuvor hatte der nachmalige Gothaer Herzog Ernst der Fromme in Tambach eine Glashütte einrichten lassen. Fünf Italiener als „venedische Kristallenbereiter" betrieben von März 1634 bis Mai 1639 ihren Glasofen. Die Produktion der Glasgefäße, vor allem Trink- und sog. Willkommgläser, die dem venezianischen Stil jener Zeit nachempfunden waren, blieb aber wegen technischer Schwierigkeiten hinter den Erwartungen des Herzogs zurück, und von 1635 bis 1638 trat sogar ein Stillstand ein. Waren im ersten Produktionsjahr immerhin 10 000 Gläser produziert worden, so waren es 1638/39 nur 7676 Stück gewesen. Aber selbst auf der Leipziger Messe waren sie nicht abzusetzen; denn in jenen Jahren des Dreißigjährigen Krieges fehlte es an Kundschaft und Kaufkraft, und umherstreifende Soldateska und Räuberbanden machten mit ihren Überfällen die Straßen unsicher. Der Thüringer Wirtschaftshistoriker Wilhelm Stieda hat dies auf Grund von Aktenmaterial eingehend in den Mitteilungen des Gothaer Geschichtsvereins (Jg. 1912/13) dargestellt. Auch die Glashütte von 1644 war nur eine Episode gewesen.

Die Brandkatastrophen von 1684, 1759 und 1842 haben zur Verarmung der Einwohner geführt. Mit Beginn der Industrialisierung im 19. Jahrhundert entstanden hier verschiedene Manufakturbetriebe, u.a. im Jahre 1851 eine Hemdenkopffabrik mit Heimarbeitern, eine Korkschnitzerei und eine Glasbläserei. Im Jahre 1881 kam auch eine Porzellanfabrik, die später Steingutwaren herstellte, hierher. Die Produktionen dieser Betriebe waren aber nicht von langer Dauer. Mit dem Eisenbahnanschluß an die Linie Georgenthal - Gotha im Jahre 1892 setzte hier die eigentliche Industrialisierung mit Metallwarenbetrieben und zunehmenden Beschäftigungszahlen ein. Allmählich entwickelte sich auch der Fremdenverkehr. Schon seit dem Jahre 1873 befaßte sich ein Verschönerungsverein mit der Errichtung von Schutzhütten und Bänken sowie der Einfassung von Brunnen und Quellen. Auch das Ortsbild mit seinen Fachwerkhäusern wurde gepflegt. Im Jahre 1890 konnte man 190 und zur Jahrhundertwende sogar 850 Feriengäste registrieren. Dagegen war mit dem Eisenbahnbetrieb das alte Fuhrmannsgewerbe eingegangen.

Schmalwassertalsperre bei Tambach-Dietharz

Das Heimatmuseum in Tambach-Dietharz

Ein besonderes Ereignis war der Bau der Gothaer Talsperre, eine der ersten der Neuzeit in Thüringen, die seit dem Jahre 1906 das Wasser der Apfelstädt und des Mittelwassers für die Trinkwasserversorgung der Residenzstadt Gotha sammelt. Der „Stauweiher" mit seiner 21 m hohen Sperrmauer aus Porphyrsteinen kann 775 000 m^3 Wasser aufnehmen. Die Anlage wurde 1987/92 gründlich saniert und mit einem neuen Wasserwerk ausgestattet. Seit Mitte der 80er Jahre schon wurde die neue Schmalwasser-Talsperre gebaut, die am 9. Juni 1995 mit dem höchsten Steinschüttdamm mit Asphaltbetonkerndichtung in Deutschland eingeweiht wurde. Der Staudamm hat eine Höhe von 80,7 Metern; die Kronenlänge beträgt 325 m. Aus der ca. 80 Hektar großen Wasserfläche (bei 20,6 Mill. m^3 Stauvermögen) ragt der 66 m hohe Wasserentnahmeturm nur wenig aus dem Wasser heraus. Seit dem Jahre 1992 wird in Tambach-Dietharz ein Talsperrenfest gefeiert. Die 1990 neu gegründete Schützencompagnie „Sebastiansbruderschaft 1350" feiert ebenso jährlich ihr Schützenfest wie der Karneval hier mit dem TFC (Tambach-Dietharzer Faschings-Club) seit Jahrzehnten schon Tradition geworden ist. Der Tanz- und Trachtenverein pflegt altes Brauchtum, und die "Tambacher Bergvagabunden 0147" spielen bei den Festen auf. Auch die Jagdhornbläsergruppe ist da, denn schließlich ist hier seit altersher auch der Sitz eines Forstamtes.

Im Jahre 1920 wurden die beiden Gemeinden zur Stadt Tambach-Dietharz vereinigt. Die politischen Auseinandersetzungen zu Zeiten der Weimarer Republik ließen bei den Wahlen den rechten Parteien kaum Chancen, so daß der Bürgermeister mitunter aus der Arbeiterschaft kam. Noch vor dem Einrücken der US-Armee am 7. 4. 1945 kam es zu dreitägigen Kämpfen vor der Stadt, wobei Artilleriebeschuß auch die Bergkirche aus dem Jahre 1708 schwer beschädigte. Von 1949 bis 1968 wurde sie wieder aufgebaut und dient den beiden großen Konfessionen als Gotteshaus. Mit einiger Wahrscheinlichkeit wird vermutet, daß Bonifatius ihr Gründer war, als er im Jahre 724 nach Ohrdruf kam. Anders verhält es sich bei der Lutherkirche, die auf das Jahr 1350 zurückgeht und nach den

Stadtbränden der Jahre 1684 und 1842 sogar erweitert wurde. Mit der Namensverleihung von 1919 erinnert sie an den Aufenthalt des Reformators Martin Luther, der Ende Februar des Jahres 1537 wegen seines Steinleidens vom Schmalkalder Konvent abgereist war und hier wegen unerträglicher Schmerzen übernachtete. Der Genuß des Wassers vom heutigen Lutherbrunnen im Tammichgrund hatte ihm Linderung verschafft, so daß er zu seinem Freund Myconius nach Gotha weiterreisen konnte. Ein anderer bekannter Theologe war Karl Barth (1886-1968), der im September des Jahres 1919 im Haus „Tannenberg" weilte. Hier hat er mit seiner vielbeachteten „Tambacher Rede" den Anstoß zu einer theologischen Neubesinnung gegeben, mit der er später seine „dialektische Theologie" entwickelt hat und ein Wegbereiter der „Bekennenden Kirche" gegen Atheismus und Nationalsozialismus geworden ist.

Als Anfang Juli 1945 die sowjetische Besatzungsmacht die amerikanische Militärverwaltung abgelöst hatte, mußten Maschinen aus metallverarbeitenden Werken als Reparationsleistungen demontiert und nach Rußland transportiert werden. Andere Betriebe wurden enteignet und in „Volkseigentum" überführt. Das Schraubenwerk, der größte Betrieb der Stadt in den Jahrzehnten vor der Wende, erhielt im Jahre 1960 einen Industrieneubau, der mit seiner originellen Sheddach-Konstruktion auffällt, die viel Tageslicht in die Fabrikhallen einfallen läßt. Nach der Wende konnten sich einige dieser Werke neu profilieren.

Auch der Fremdenverkehr hat sich nach einer „Talsohle" wieder erholt. Wenn heute Tambach-Dietharz nach einem Reiseführer „zwei Gesichter zeigt", nämlich zum einen das als Industriestadt, das andere als Ferienort, dann völlig zu recht; denn hier schließt das eine das andere nicht aus. Gerade die waldreiche Umgebung der Stadt bietet zu jeder Jahreszeit schöne Erholungsmöglichkeiten. Schon der „Thüringer Wandersmann" August Trinius (1851-1919) hat vor über 100 Jahren im zweiten Band seines „Thüringer Wanderbuches" die landschaftliche Schönheit um Tambach-Dietharz gelobt. Ob es nun der Spittergrund ist, der zum Berghotel an der Ebertswiese am Rennsteig (siehe Seite 70) führt, oder der Apfelstädtgrund mit seinen Waldwiesen, ob man im Mittelwassergrund zum „Steinernen Tor" und am Drachenfels vorbei, den einst eine Burg gekrönt hat, zum 96 Meter hohen Falkenstein wandert oder durch die Wälder nach Georgenthal oder Finsterbergen - überall kann man hier den herrlichen Thüringer Wald gleichsam „pur" erleben.

Waltershausen

Das Wappen der Stadt Waltershausen

* unsere Burg

Lange bevor Waltershausen im Jahre 1209 erstmals urkundlich erwähnt wurde, haben sich hier oder in nächster Nähe schon Menschen niedergelassen. So konnte am Geizenberg eine Siedlung aus der Jungsteinzeit (4500 bis um 1800 v. Chr.) erschlossen werden, die rund 6000 Jahre alt ist. Die Spornlage des Burgberges war für die spätere Anlage des Tenneberges bestens geeignet: Ein Querwall mit tiefem Graben war hier Teil einer Wallburg der späten Latènezeit (1. Jh. v. Chr.). Ob es sich dabei um eine noch keltische oder schon frühgermanische Anlage handelt, ist (noch) nicht entschieden.

Der Fund einer merowingischen Bronzeschnalle (6./7. Jh. n. Chr.) am Südwestabhang des Tennebergs weist auf eine frühfränkische Siedlung hin. Auch der Ortsname weist in diese Richtung, denn die Namensform „Balderichstein" geht auf einen thüringischen Namen wie Baderich zurück bzw. weist auf einen fränkischen Namen (Endung auf -rich) hin. Auch die Lage an der Waldsaumstraße, die hier von einer Paßstraße über Schweina - Glasbachwiese -Winterstein von den Salzquellen Salzungens her gekreuzt wird, begünstigte die Entwicklung der mittelalterlichen Siedlung Waltershausen. Sie lag am Fuße des Tennebergs, der im Jahre 1176 als „castrum nostrum"* in einer Urkunde Landgraf Ludwigs III. erwähnt wird. Schließlich wird Waltershausen erst im Jahre 1209 bei einer Auseinandersetzung mit dem Reinhardsbrunner Abt als Stadt genannt, ist aber wie andere Städte der Ludowinger Landgrafen wohl schon im 12. Jahrhundert entstanden.

Das Badewasser, die frühere „Louffaha" (schnelles Wasser), das bei der Tanzbuche entspringt, wurde bei Rödichen über Ibenhain als Mühlgraben in die Stadt gelenkt, um hier die Marktmühle hinterm Rathaus zu treiben. Im Jahre 1329 wird die Stadtbefestigung mit dem Waldtor (um 1700 abgerissen), Burg- und Claustor erwähnt, 1378 sind auch die Ratsherren überliefert. Neben einem, später auch zwei Marktmeistern gab es auch einen Weinmeister, der im 16. Jahrhundert zugleich Stadtkämmerer war. In der Stadtordnung von 1494 waren die städtischen Rechte Waltershausens festgelegt, denn bisher galt Eisenacher und Gothaer Stadtrecht. Die älteste Ratsurkunde ist aus dem Jahre 1394 und zeigt auch das Stadtsiegel mit ei nem Fisch zwischen zwei Bäumen. Nach dem Einkommensverzeichnis der Wettiner von 1378 mußte die Stadt lediglich sechs Mark Silber als Jahrrente aufbringen. Im Vergleich mit Hörselgau (ebenfalls 6 Mark) und Trügleben (5 Mark) war das wenig.

Im späten 15. Jahrhundert gab es immer wieder Streit zwischen dem Rat und der Gemeinde über das eigensüchtige Regiment des Rates, so daß 1494 von den Landesherren eine neue Stadtordnung erlassen wurde. Aber damit waren diese Auseinandersetzungen noch lange nicht beendet. Schließlich brachte der Bauernkrieg 1525 andere Sorgen. Am 24. April machten Hunderte von Bauern aus der Umgebung auf ihrem Zug gegen das nahe Benediktinerkloster Reinhardsbrunn vor der Stadt Rast. Dabei schlossen sich zahlreiche Waltershäuser Einwohner diesem Zug an, der dann das

Kloster besetzte, es ausplünderte und die Mönche verjagte. Im Mai zog Johann der Beständige, der nach dem Tod seines Bruders Kurfürst geworden war, durch das Land und verhängte u. a. auf dem Gerichtstag in Ichtershausen über die Stadt eine Geldstrafe von 5000 Gulden (s. S. 27), die nach und nach aufgebracht werden konnten. Der Anführer Hans Bader, auch der „lange Hans" genannt, war nach Südthüringen gegangen und später von dort geflohen. In seiner „Geschichte der Stadt Waltershausen" (1959) hat der Lehrer und Übersetzer französischer Literatur, Sigmar Löffler (1896 bis 1977), auch die Ereignisse jener Jahre eingehend dargestellt.

Seit dem Ende des 13. Jahrhunderts war das Schloß Tenneberg Amtssitz für die umliegenden 16 Dörfer bis ins 19. Jahrhundert hinein. Von 1858 bis 1922 war es auch Sitz eines Gothaer Landratsamts für die drei (Justiz-)Amtsbezirke Tenneberg, Wangenheim (bei Friedrichswerth) und Thal (bei Ruhla). Nach 1922 gab es nur noch ein Landratsamt in Gotha, das für den gesamten Landkreis zuständig war.

Seit dem Jahre 1391 hatte Landgraf Balthasar den Tenneberg ausbauen lassen. Herzog Johann Casimir, der von hier aus gern auf die Jagd in die Wälder zog, ließ seit 1618 den Ostflügel und ab 1629 auch den Bergfried ausbauen. Zum Schloßportal führte bis zum Jahre 1813 eine Zugbrücke mit Ketten und Rollen. Hielt schon der Gothaer Herzog Friedrich I. gern hier Hof, um auf Jagd zu gehen, so auch sein Sohn Friedrich II., der ab 1718 das Schloßinnere im Barockstil seiner Zeit umgestalten ließ. Unter der Oberleitung des Gothaer Ingenieuroffiziers Zorn von Plobsheim ließ der Baumeister J.E. Straßburger den großen Festsaal mit neuen Stuckarbeiten und Szenen aus der griechischen Mythologie von J.H. Ritter ausgestalten. In den Jahren 1720/21 wurde auch die Schloßkapelle mit Empore und Kanzelaltar neu eingerichtet. Nach dem Tod Friedrichs II. (1732) war das Schloß bis 1740 Witwensitz, dann nur noch Amtsgebäude mit Gefängnis im Turm.

Heute zeigt das Heimatmuseum (gegründet 1929) hier nicht nur die Geschichte des Schlosses, sondern auch viel Sehenswertes aus der Kulturgeschichte der Stadt. Zum Schloß gehört auch das einstige Rentamtsgebäude von 1729. Unterhalb davon befindet sich am Burgberg das Zeughaus von 1609, in dem das umfangreiche Jagdgerät für

Das Schloß Tenneberg auf dem Burgberg über Waltershausen

Burggut

**Stellvertreter*

Waltershausens spätbarocke Stadtkirche am Markt

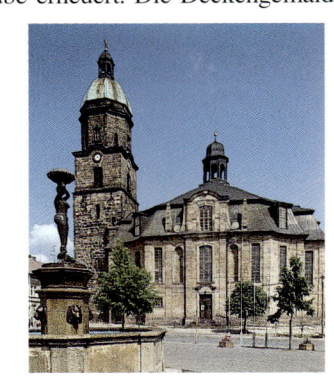

die Treibjagden untergebracht war. Auch der herzogliche Förster hatte hier seine Wohnung. Nicht weit davon steht die Kemenate oder Kemnote, ursprünglich ein Vorwerk*, später im Besitz von Waltershäuser Bürgern. Das Tor ist im Jahre 1619 eingefügt worden, Torhaus und das Obergeschoß stammen aus dem 18. Jahrhundert. Der Waltershäuser Naturforscher und Forstwissenschaftler Joh. M. Bechstein (1757-1822) hatte im Jahre 1795 die Kemnote gekauft und hier die erste Forstakademie Thüringens eröffnet. Leider mußte er sie aber 1801 nach Dreißigacker verlegen, weil ihm die hiesige Forstverwaltung keinerlei Förderung gewährte.

Auf der Westseite des Waltershäuser Marktes steht der große Zentralbau der Gotteshilfskirche. Vorher stand hier die mittelalterliche Liebfrauenkirche. Im 17. Jahrhundert wurde diese Marienkirche genannt, die im Jahre 1719 wegen Baufälligkeit abgebrochen wurde. Im Auftrag des Gothaer Herzogs Friedrich II. projektierte sein Oberbaudirektor Zorn von Plobsheim eine neue Kirche und leitete auch ihren Bau, J.E. Straßburger war dabei sein vicarius**. Die unteren Turmgeschosse und zwei Rundbogenportale stammen noch vom Vorgängerbau. Nach einem Brand von 1869 wurde die Turmhaube erneuert. Die Deckengemälde (Fresco) wurden im Jahre 1723 von Joh. H. Ritter aus Gotha im Stil der Schloßkapelle auf dem Tenneberg ausgeführt, die übrige Malerei erst im Jahre 1759. Die im Jahre 1722 von dem Altenburger Orgelbaumeister G. H. Trost (1673 bis 1759) gelieferte Orgel erwies sich nicht nur als sehr teuer, sondern auch zu groß, so daß die Orgelempore abgerissen und tiefer angesetzt werden mußte. Der Streit um die Bezahlung dauerte noch über ein Jahrzehnt. Die Waltershäuser Trost-Orgel ist mit ihren 2990 Pfeifen die größte der Bachzeit in Thüringen und von schönem Klang. Bereits seit dem Jahre 1985 wird an der Sanierung des ungewöhnlichen Kirchenbaus gearbeitet.

Das freistehende Rathaus am Markt ruht auf mittelalterlichen Kellergeschoß. Es war im Jahre 1554 neu und im Jahre 1745 umgebaut worden. Später wurde im Obergeschoß eine „Concertstube" (1788/89) und im Erdgeschoß der Stadtkeller und das „Meßhaus" mit Waage und Maßen neu eingerichtet. Bei den gegenwärtig noch laufenden umfangreichen Rekonstruktionsarbeiten am Rathaus stellte sich heraus, daß sich unter dem Putz und allgemeiner Verbauung eines der bedeutendsten spätgotischen Fachwerk-Rathäuser in Mitteldeutschland verbarg, so daß Waltershausen zukünftig ein Kleinod als weiteren städtebaulichen Anziehungspunkt sein eigen nennen kann.

Das Waldtor als Bestandteil der Waltershäuser Stadtbefestigung war um 1700 abgerissen worden, das Burgtor folgte in den Jahren 1829/30. Nur das Claustor blieb von sieben Stadttoren erhalten und wurde im Jahre 1859 „als Zierde der Stadt" gründlich renoviert. Im Jahre 1986 wurde das Fachwerk im oberen Turmbereich erneuert. Der Töpfersturm (15. Jh.) war im Mittelalter ein Wachturm an der "alten Straße nach Eisenach" und hat seinen Namen vom Töpferstor aus dem Jahre 1394, das 1822/23 abgerissen wurde. Die großen Brandkatastrophen vergangener Jahrhunderte haben das alte Stadtbild bis ins 19. Jahrhundert hinein ständig verändert. Daher wurde im Jahre 1865 die Kommunalgarde aufgelöst und dabei die städtische Feuerwehr umorganisiert.

Vor allem die industrielle Entwicklung im 19. Jahrhundert veränderte das Profil der Stadt. War es seit den napoleonischen Kriegen mit der alten Weberei abwärts gegangen, so führte der preußische Zolltarif den Ruin der Textilbetriebe herbei. Neue Möglichkeiten für Gewerbe und Industrie ergaben sich durch Herstellung von Hemdenknöpfen und von Spielwaren, die der Waltershäuser Handelsmann Joh. Daniel Kestner jun. (1787-1858) seit dem Jahre 1816 aufbaute. Freilich zwang die zunächst schlecht bezahlte Heimarbeit ganze Familien einschließlich der Kinder zur Arbeit und dehnte sich auch auf die Nachbarorte aus. Aber immer mehr Bewohner fanden Arbeit und Brot. Dann kam die Schlauchweberei aus Hörselgau (s. S. 105) sowie die Herstellung und der Versandhandel von Dauerwurstwaren dazu. Schon Ende des 18. Jahrhunderts waren dazu die ersten Anfänge entstanden, und seit dem Jahre 1805 wurden geräucherte Wurstwaren in steigendem Maße hergestellt. Dabei hat es Joh. Daniel Kestner sen. (1788-1853) glänzend verstanden, in wenigen Jahren seinen Umsatz von 9 000 Talern im Jahre 1820 bis 1835 zu verdreifachen. Als "Gothaer Wurst" waren seine Qualitätssorten bald in ganz Deutschland bekannt geworden. Später präsentierten die Fleischer ihre "Gothaer Wurst" sogar mit Erfolg auf Weltausstellungen. Die Waltershäuser Spielwarenindustrie hat sich durch manche Wirtschaftskrise bis heute behaupten können. Ähnlich ist es der Gummiindustrie ergangen, die hier in Verbindung mit der Schlauchweberei seit den 60er Jahren des vorigen Jahrhunderts führend war. Insbesondere die Entwicklung der Puppenindustrie läßt sich in Waltershausen von den Anfängen an bestens verfolgen, vom Papiermaché über den bemalten Porzellankopf bzw. von der einfachen Glieder- zur Gelenkpuppe bis hin zur Charakterpuppe (seit 1909). Sie werden alle noch heute von Sammlern sehr gesucht. K & R (Kämmer und Reinhardt) war ein Markenzeichen dafür. In dieser Tradition, aber zu erschwinglichen Preisen, läuft die Puppenherstellung mit ihren neuesten Erzeugnissen weiter.

Schon früh exportfähig war in der Nachkriegszeit der bekannte "Multicar" geworden, der in letzter Zeit zum modernen Spezialfahrzeug "multitalent" für verschiedene Zwecke weiterentwickelt worden ist. Das Werk ist im August 1920 gegründet worden.

Die Gummiindustrie, die im Walterhäuser Gebiet in Verbindung mit der Schlauchweberei früher führend war, hat sich nach der Wende auf die Herstellung von Profilgummi für die Autoindustrie umgestellt. Ein großes Gewerbegebiet (45 ha) ist seit dem Jahre 1990 unweit der Autobahnausfahrt entstanden.

Von Fröttstädt her bestand die Eisenbahnverbindung seit dem Jahre 1848 zunächst als Pferdebahn, bis sie im Jahre 1876 als Normalbahn auch nach Friedrichroda weitergeführt wurde. Seit dem Jahre 1929 ist Waltershausen durch die elektrische "Thüringerwaldbahn" im Personenverkehr mit der Kreisstadt Gotha direkt verbunden (s. Karten Seite 51 und 86).

Übersichtsplan von Waltershausen mit Eisen- und Waldbahnstreckennetz (aus Blickensdorf 1994)

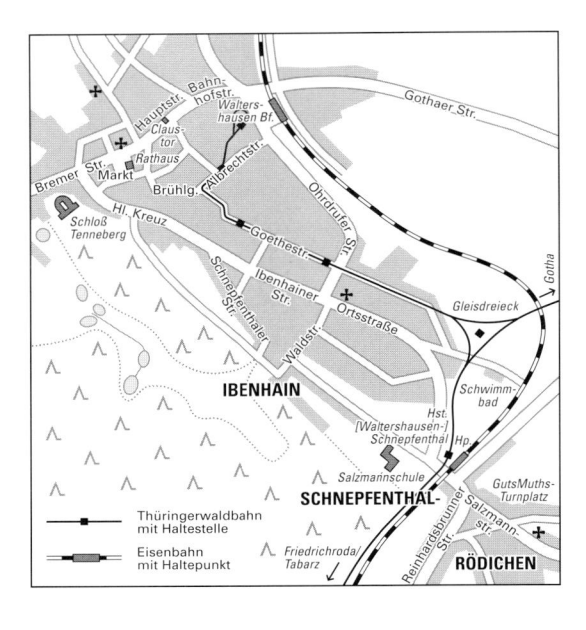

** *Badewasser*

* *Kulturfabrik*

In der Nähe der Haltestelle „Gleisdreieck" liegt das beliebte Freibad. Das im Jahre 1919 gegründete Mandolinenorchester „Euphonia" gehört ebenso zum einheimischen Kulturleben wie die „Kufa"* als Stätte der Popmusik. Der Waltershäuser Geschichtsverein widmet sich der reichen Geschichte der Stadt und pflegt u.a. auch das Andenken an den Reiseschriftsteller und „Thüringer Wandersmann" August Trinius (1851-1919), der mit einem seiner Bücher den bekannten Werbeslogan *„Thüringen - das grüne Herz Deutschlands"* geprägt hat. Der weitgereiste Geograph Fritz Regel (1853-1917), der mit seinem dreibändigen Handbuch „Thüringen" (1892-96) bekannt wurde, war Sohn eines Waltershäuser Landrats, und der bedeutende Historiker Paul Kehr (1860-1944) war der Sohn des hiesigen Schuldirektors. Die „Waldfrau" Luise Gerbing (1855-1927) aus Schnepfenthal ist mit ihren zahlreichen Veröffentlichungen zur Heimatkunde des Gothaer Landes und Thüringer Waldes, darunter ihr Buch „Thüringer Trachten" (1925), nicht nur bei Heimatforschern unvergessen.

Unvergessen sind auch die letzten Kriegswochen des Jahres 1945. Am 6. Februar wurde der Ortsteil Ibenhain bombardiert (s.u.). Am Abend des 4. April konnte die Stadt vor dem damaligen Ade-Werk von vier Bürgern kampflos der US-Armee übergeben und so vor weiteren Zerstörungen bewahrt werden.

Zur Stadt **Waltershausen** gehören die Ortsteile Ibenhain, Langenhain, Schnepfenthal/Rödichen und Wahlwinkel.

Im Jahre 1186 hatte Landgraf Ludwig III. mit einer Urkunde das Gebiet um den Zimmerberg mit Ibenhain (Iwinhagen = Wald des Iwein ?)und Wahlwinkel (Walwinkilhart) bis zur Louffa** mit dem Gut Schnepfenthal (Snephindal) dem Kloster Reinhardsbrunn geschenkt. Dann war das Dorf im Jahre 1394 an die Nachbarstadt Waltershausen verpfändet worden, die es dann 1424 erworben hat. Mit dem Waltershäuser Rat gab es häufig Streit, speziell wenn es um Weiderechte oder Einquartierungen ging. Seit dem Jahre 1788 wurde in Ibenhain der Obstbau entwickelt. Nach dem Jahre 1848 kaufte die Gemeinde der Stadt verschiedene Rechte wieder ab, insbesondere nachdem im Jahre 1849 die zivile Gerichtsbarkeit auf das Justizamt Tenneberg übergegangen war. Von 1868 an blieb das Dorf weiter selbständig bis zur Eingemeindung im Jahre 1922.

Die kleine Dorfkirche ist im Jahre 1806 anstelle der aus dem 14. Jahrhundert stammenden Kapelle „Unserer lieben Frau" erbaut worden. An der Ortsstraße 3 steht auch noch das zweigeschossige Fachwerkhaus, in dem der Begründer der deutschen

Turnkunst, Joh. Chr.Fr. GutsMuths (1759-1839), gewohnt hat. Er war seit dem Jahre 1785 Lehrer an der Erziehungsanstalt Salzmanns in Schnepfenthal (s. u.). Am 6. Februar des Jahres 1945 wurde der Stadtteil Ibenhain von Brand- und Sprengbomben schwer getroffen, wobei 21 Personen ums Leben kamen. In den 80er Jahren entstand hier ein neues Wohnviertel in Großblockbauweise.

Der Ortsteil **Rödichen** beim einstigen Gut Steinfirst war bis zum Jahre 1525 im Besitz des Klosters Reinhardsbrunn. Aus späterer Zeit ist folgendes interessant: Wegen des Schenkens und Brauens kam es über die Nutzung des Badewassers, das der Waltershäuser Müller für sich beanspruchte, nach langen Streitereien im Jahre 1721 zu einem Prozeß. Aus den Prozeßakten wird deutlich, welche Leute damals in der um 1689 erbauten Gemeindeschenke, dem späteren Gasthof „Zur Tanne", einkehrten: Fahrendes Volk, aber auch Bauern aus der Nachbarschaft, die sich betranken, so daß es oft zu schweren Schlägereien kam.

Als im Jahre 1784 der bekannte Pädagoge Chr.G. Salzmann (1744-1811) das Gut Schnepfenthal für die Gründung seiner Erziehungsanstalt kaufte, begann ein neuer Abschnitt in der Ortsgeschichte. Die Vertreter der deutschen Spätaufklärung, und unter ihnen Salzmann, legten damals größten Wert auf verbesserte Erziehung und Bildung. Der Sömmerdaer Pfarrerssohn Salzmann war erst Pfarrer geworden, ehe er im Jahre 1781 als Religionslehrer am Dessauer „Philanthropinum" mit der dortigen Pädagogik bekannt wurde. Auf seinen Reisen war er im Jahre 1783 mit dem wissenschaftsfördernden Gothaer Herzog Ernst II. zusammengekommen, der Salzmanns Erziehungspläne so gut fand, daß er den Pädagogen beim Kauf

Erster deutscher Turnplatz von GuthsMuths in der Hardt bei Schnepfenthal

des Gutes **Schnepfenthal** unterstützte. Hier hat Salzmann eine mustergültige Bildungsstätte aufgebaut, bei der sein Mitarbeiter GutsMuths den methodischen Turn- und Sportunterricht mit Übungsgeräten einführte. Der erste deutsche Turnplatz mit diesen Übungsgeräten ist inzwischen restauriert worden und heute noch am alten Standort hinter der Gaststätte „Zur Tanne" am Waldesrand zu sehen. In der Nähe liegt auch der historische Waldfriedhof mit den Gräbern der Gründer der Erziehungsanstalt, ihrer Familien und der früheren Lehrer (über 210 Grabstätten). Die Schnepfenthaler Erziehungsanstalt ist dank ihrer tüchtigen Lehrer und Erzieher noch die einzige Schule, die von den „philanthropischen" Gründungen jener Zeit bis heute erhalten geblieben ist, nach 1945 als „Erweiterte Oberschule", seit 1993 als Gymnasium „Salzmannschule". Salzmann hat es ausgezeichnet verstanden, seine pädagogischen Ziele mit seiner Praxis als Schriftsteller erfolgreicher Romane und als Publizist der Zeitschrift „Der Bote aus Schnepfenthal" zu verbinden. Das Blatt erschien von 1788 bis 1816 in ganz Deutschland und war vor allem bei der bäuerlichen Bevölkerung verbreitet.

Die beiden Gemeinden Langenhain und Wahlwinkel wurden im Jahre 1950 der Stadt Waltershausen eingemeindet.

Langenhain kam im Jahre 1286 durch eine Schenkung des Landgrafen Albrechts von Thüringen an das Katharinenkloster in Eisenach. Nach dessen Ende (1528) gehörte der Ort seit dem Jahre 1543 zum Amt Tenneberg. Die Gemeinde besaß das Fischereirecht an der Laucha, die unterhalb des Rennsteigs am Großen Jagdberg (804 m) entspringt, durch den malerischen Lauchagrund nach Tabarz (s. S. 89f.), Langenhain und dem Ort Laucha fließt, bis sie bei Mechterstädt in die Hörsel mündet. Auch das Jagdrecht auf Niederwild (Hasen, Hühner und Fuchs) besaß die Gemeinde, und sie mußte wiederholt Angehörige des benachbarten Landadels vertreiben, die behaupteten, hier jagen zu können. Neben gut erhaltenen Fachwerkhäusern prägt die Kirche St. Maria Magdalena aus dem Jahre 1766 das Ortsbild. Der Unterbau des Kirchturms ist noch mittelalterlich. Im Jahre 1831 wurde hier ein Landarmenhaus für alte gebrechliche Personen gebaut. Für seine Erhaltung wurden ab 1837 die Einnahmen aus der Hundesteuer in den Landgemeinden des Herzogtums Gotha zugewiesen. Im Jahre 1871 waren immerhin 88 Insassen aus 74 Gemeinden hier untergebracht, auch heute noch ist es ein Pflegeheim.

Wahlwinkel liegt in der Nähe von steinzeitlichen Siedlungsstellen (Linienbandkeramik). Weitere Funde aus jüngeren Epochen bis in die germanische bzw. spätrömische Kaiserzeit belegen die Jahrtausende alte Siedlungsgeschichte des Ortes. Im Jahre 1106 hatte Graf Siegmund von Orlamünde hier Besitz, und im Jahre 1186 wird Wahlwinkel in der oben erwähnten Schenkungsurkunde des Landgrafen Ludwig III. genannt. Gelegentlich wird der Ortsname scherzhaft von der Straßengabelung abgeleitet, wo für den von Gotha Kommenden die Wahl am Winkel nach Waltershausen oder Friedrichroda zur Entscheidung ansteht. 1929 kann man von hier beide Städte bequem mit der Thüringerwaldbahn erreichen. Auch in Wahlwinkel gibt es schöne Fachwerkhäuser, z.T. aus dem 17. Jahrhundert. Die uralte St.Gotthardkirche war im Mittelalter Sitz eines Dekans. Im Jahre 1297 wird der Pleban* Heinrich Ysnal genannt. 1501 erhielt die Kir-che vom Erfurter Weihbischof einen Ablaßbrief auf 40 Tage, wohl für den Kirchenneubau, der im Jahre 1504 vollendet wurde. In den Jahren 1724 und 1828 wurden bauliche Veränderungen vorgenommen; die Innenausmalung ist im Jahre 1986 erneuert worden. Der Turm geht auf die Bauzeit um das Jahr 1500 zurück.

Pfarrer

Blick vom Inselsberg

Tabarz und der Inselsberg

Die Gemeinde Tabarz hat sich seit über 120 Jahren zu einem der bekanntesten und beliebtesten Erholungsorte im Thüringer Wald entwickelt. Schon im Sommer des Jahres 1873 weilte der Wanderer aus der Mark Brandenburg, Theodor Fontane (1819-1898), sieben Wochen hier. Damals schrieb er in sein Reisetagebuch mit dem Blick auf das ihm wohlbekannte Friedrichroda: „Tabarz hat mehr frische Luft, mehr Weitblick und größere Einfachheit" als das „Badeleben" dort. In den Jahren 1884-1894 war der Frankfurter Sanitätsrat Dr. Heinrich Hoffmann (1809-1894), der durch sein Kinderbuch „Struwwelpeter" (1845) weltweit bekannt geworden war, hier ständiger Kurgast. Damals kam auch der junge Weimarer Operntenor Max Alvary gern nach Tabarz. Er hatte hier sein zweites Domizil und war mit dem Gothaer Gesangverein „Liedertafel" unter Prof. Rabich eng verbunden. Die Straße am Winkelhof-Park erinnert heute noch in an den beliebten Wagnersänger. Wer denkt da nicht an den Dresdner Bassisten Gunter Emmerlich, der hier seit Jahren mit seiner Familie ein beliebter Urlaubsgast ist.

Tabarz wurde im Jahre 1397 als Tanfurt, 1406 als Taufferts erwähnt. Die Herren von Laucha besaßen einst die Leuchtenburg, die im Jahre 1584 als „wüstes Schloß" überliefert ist, von dem ein Jahrhundert später nur noch die Burgstelle mit Wall- und Grabenresten über dem Mühlgrund erhalten waren. Der Nachbarort Cabarz wird im Wettiner Einkommensverzeichnis von 1378 als „villa Keywers" erwähnt, wo ein Wald am Inselsberg endet. Die Herren von Laucha verkauften im Jahre 1400 beide Orte an das Kloster Reinhardsbrunn, 1543 kamen sie zum Amt Reinhardsbrunn. Aber das Vorwerk in Klein-Tabarz, seit dem Jahre 1614 überliefert, gehörte mit seinen vier Hektar Land zum Amt Tenneberg. Im Jahre 1922 wurden die drei Ortsteile zu einer Gemeinde Tabarz vereinigt, die heute rund 4200 Einwohner zählt.

Der Aschenbergstein über dem Lauchagrund bei Tabarz

Blick ins Zentrum des Tabarzer Ortsteils Cabarz am Ausgang des Mühltals

Der Große Inselsberg

In früheren Jahrhunderten wurde in der Umgebung Kupferschiefer abgebaut und in einer Schmelzhütte an der Straße nach Langenhain Kupfer und Silber daraus gewonnen. Der Dreißigjährige Krieg hatte den Betrieb unterbrochen, und um das Jahr 1790 kam dann das endgültige Aus. Der Wald war lange Zeit die einzige wirtschaftliche Grundlage, bis im 19. Jahrhundert die Knöpfchenhersteller und die Ruhlaer Pfeifenindustrie Heimarbeit hierher brachten, die aber die Familien nur ärmlich ernährte. Erst der Fremdenverkehr verbesserte die wirtschaftliche Situation. Dazu kam ein besonderer Gewerbezweig: Zapfenpflücken und Samengewinnung. In den Trockenöfen der Klenganlagen wurde Baumsamen aus den Zapfen gewonnen, welche die Zapfenpflücker im Spätherbst von den 80- bis 100jährigen Fichten abnahmen. Edeltannenzapfen werden ab Ende August, Kiefern- und Lärchenzapfen im zeitigen Frühjahr gepflückt. Auch heute noch wird dieses seltene und schwere Gewerbe betrieben, das für die Forstwirtschaft und für die Erhaltung unserer Wälder äußerst wichtig ist.

Seit altersher wird auch in Tabarz mit Musik und Tanz altes Brauchtum gepflegt, so auch bei den Trachtenfesten mit Teilnehmern aus der Umgebung und von weiter her. Eines davon war auch das vielbesuchte „Thüringer Trachtenfest" mit seinem historischen Umzug am 12. August 1956. Eine alte Tradition pflegt auch der „Altschützenverein 1784/1990", außerdem der "Westthüringer Trappschützenverein 1993". Die „Thüringerwaldbahn" aus Gotha hat in Tabarz ihre Endstation. Außerdem führt die Bundesstraße B 88 als einstige Waldsaumstraße an Tabarz vorbei und der Autobahnanschluß an die A 4 (5 km) wird durch den Bau der Waltershäuser Umgehungsstraße noch bedeutend verkürzt.

Das meistbesuchte Ausflugsziel in der waldreichen Umgebung von Tabarz ist zu allen Jahreszeiten der markante *Große Inselsberg* (916 m), der

Historische Aufnahme vom Plateau des Inselsberges aus dem Jahre 1906

u.a. mit einer längeren Wanderung durch den malerischen Lauchagrund über das Backofenloch oder den Torstein und durch das NSG „Kleiner Wagenberg" mit seinem naturnahen Mischwald zu erreichen ist. Am Kleinen Inselsberg (727 m, Grenzwiese) ist ein Parkplatz und eine Bushaltestelle sowie neuerdings am Südabhang in Richtung Brotterode auch eine Sommerrodelbahn. Hier befindet sich auch eine Haltestelle für den aus Tabarz kommenden „Inselsbergexpress", der im Sommer per PS den Wanderer noch rund 200 m höher auf den Gipfel des Großen Inselsberges transportiert. Im Winter gibt es für Skiläufer am Nordhang des Inselsberges einen Schlepplift.

Schon im 14. Jahrhundert war der „Enseberg" bei Grenzbeschreibungen ein wichtiger Markierungspunkt (1330, 1378). Später ließ Herzog Ernst der Fromme von Sachsen-Gotha ein achteckiges „locus opticus"* als Beobachtungshaus errichten (1649), wo auch die Wanderer bei Unwetter unterkommen konnten. Im Jahre 1774 ließ dann Herzog Ernst II. daneben für seine astronomischen Beobachtungen das „untere Haus" bauen. J. W. v. Goethe übernachtete hier im Sommer des Jahres 1784 mit dem Ilmenauer Bergrat J.W.C. Voigt bei einem Ritt über das Gebirge. Von hier begann auch der Gothaer Sternwartendirektor von Zach mit der ersten Landesvermessung, und im Jahre 1837 nahm der Astronom und Geodät P.A. Hansen die Basislinie Inselsberg - Schloß Friedenstein in Gotha als Ausgangspunkt für die erste europäische Gradmessung. Ein Orkan hatte im Jahre 1836 das alte Oktogon zerstört, zu dem zwei Jahre zuvor die junge Königin Victoria von England in Begleitung der Coburger Prinzen Ernst und Albert, ihrem späteren Gemahl, hinaufgefahren worden war. Die im Jahre 1810 erbaute „Hessische Herberge" war im Jahre 1866 preußisch geworden; im Jahre 1851 wurde dann auf der Gothaer Seite - der Rennsteig war hier Landesgrenze - ein neuer Gasthof gebaut. Zum Richtfest waren der Gothaer und der Meininger Herzog mit Gefolge gekommen. Die Jugendherberge ist im Jahre 1914 aus dem Baumaterial des alten Wartburg-Gasthofes gebaut worden, den das gothaische Staatsministerium aufgekauft hatte; vorher hatte hier das Haus eines Wegwartes gestanden. Der erste Funkturm wurde im Jahre 1939 als Klinkerbau errichtet und von der Luftwaffe genutzt. Der heutige 126 m hohe rotweiße Stahlrohrturm für die Fernsehtechnik und den Hörfunk kam im Jahre 1970 dazu. Hinter diesen Türmen steht im Baumschatten der Stoy-Stein, den die Jenaer Schulgemeinde im Jahre 1885 zum Andenken an den Prof. Volkmar Stoy (1815-1885) gesetzt hat, der das Schul- und Jugendwandern förderte. Seit dem Jahre 1961 gibt es das einmalige NSG „Großer Inselsberg" als waldökologisches Forschungsgebiet. Es hat eine Größe von 130 km² und besteht in seinen höchsten Teilen aus hochmontanen Ebereschen-Buchenwald, darunter Gebiete mit Hainsimsen-Buchwald.

Vom Plateau des aus Quarzporphyr bestehenden Gipfels des Großen Inselsberges haben Wanderer bei klarem Wetter einen weiten Rundblick nach Norden bis zum Brocken im Harz, nach Nordosten/Osten über Gotha bzw. die Drei Gleichen bis zum Ettersberg bei Weimar bzw. sogar zur Leuchtenburg bei Kahla sowie zum Schneekopf mit seinem Turm, im Südosten bis zu den beiden Gleichbergen bei Römhild und zum Kreuzberg in der Rhön, sowie im Nordwesten über die Wartburg zum Hohen Meißner hin.

Oktogon

Die Verwaltungsgemeinschaften des Gothaer Landes

Es gibt im Kreis Gotha zwölf Verwaltungsgemeinschaften. Zwei davon haben ihren Sitz in Friedrichroda (VG Reinhardsbrunn) und Ohrdruf; bei den Kapiteln zu diesen Städten sind auch die drei bzw. fünf zugehörigen Gemeinden zu finden. Die anderen zehn werden nach geographischen Gesichtspunkten vom Rennsteig bis zur Unstrut im Folgenden vorgestellt.

Die Verwaltungsgemeinschaft „Apfelstädtaue"

Wo die Apfelstädt bei Georgenthal den Thüringer Wald verläßt, erweitert sich die Apfelstädtaue, die wegen der fruchtbaren Böden vor allem landwirtschaftlich genutzt wird. Entsprechend ihrer Lage im Vorland an bzw. in der Nähe der Apfelstädt haben sich hier 6 Gemeinden zur Verwaltungsgemeinschaft „Apfelstädtaue" zusammengeschlossen. Sie wurde am 6. Juni 1992 anfangs von vier Gemeinden gegründet, der sich später zwei weitere angeschlossen haben, und die heute rund 5500 Einwohner umfaßt.

Sitz der Gemeinschaft ist **Georgenthal** (rund 2400 Einw.), die größte und älteste Gemeinde. Schon im Jahre 722 wird der Ort in einem Brief des Papstes Gregor II. an Bonifatius als Asolveroth genannt. Es war also ein Rodungsort des Thüringer Edelfreien Asolv, dessen Nachfahren seit dem 12. Jahrhundert als Grafen von Käfernburg bzw. später von Schwarzburg bekannt sind. Seit dem Jahre 1103 treten hier die Grafen Sizzo auf, und Sizzo III. von Käfernburg stiftete um 1140 das Kloster St. Georg auf dem St. Georgsberg oberhalb von Altenbergen (Ortsteil Catterfelds) an der Grenze des Reinhardsbrunner Klosterbesitzes. Der eigentliche Gründer war Graf Eberhard von Berg

Das Kornhaus des ehemaligen Klosters (heute Heimatmuseum) am Georgenthaler Kurpark

(Wupper), der sich hier als erster Abt mit 12 Zisterziensermönchen aus dem französischen Kloster Morimond niederließ. Zisterzienser bevorzugten aber einsame Waldtäler, so daß es bald zur Verlegung des Klosters in das nahe Apfelstädttal bei dem Gut Rekkers* kam, wo sich der Ort Georgenthal entwickelt hat. Die Klosterkirche, eine dreischiffige Basilika (12./13. Jh.), wurde die Grablege der ersten Käfernburger (Sizzonen). Asolveroth/Georgenthal, Teile von Herrenhof (1153), Wiesen am Hirzberg (1186) und das Gut Herda bei Ohrdruf gehörten zum ältesten Klosterbesitz. Der Hirzberg, größere Waldgebiete bei Catterfeld (1195), die Orte Gräfenhain (1230), Tambach und Dietharz (1293), Hohenkirchen (1305) und Schönau v.d.W. (1331-1335) folgten, so daß dem Kloster Georgenthal am Ende des 14. Jahrhunderts ein nahezu geschlossenes Territorium vom Rennsteig bis vor die Tore Ohrdrufs von ca. 110 km² Fläche gehört hat. Dazu kamen noch Höfe in Gotha, Eisenach, Erfurt und Arnstadt, ein halbes Dutzend Mühlen in der Umgebung, Häuser und Landbesitz oder Abgaben davon sowie zwölf Weinberge. Anfang des 16. Jahrhunderts korrespondierte der Wirtschaftsverwalter Urbanus** mit dem Gothaer Humanisten Mutian, der ihm Georg Spalatin (1484 bis 1545) als Novizenlehrer empfahl. Alle drei standen mit dem Humanistenkreis an der Erfurter Universität in enger Verbindung. Im Jahre 1507 wurde Spalatin Pfarrer in Herrenhof und ging dann im Jahre 1508 als Prinzenerzieher an den kursächsischen Hof nach Torgau. Um Ostern des Jahres 1525 kam das Ende des Klosters, als ca. 800 aufständische Bauern die Mönche vertrieben. Diese konnten nur das „schwarze Kopialbuch" (1381) und andere wichtige Urkunden sowie eine Kuhherde retten. Das Kloster wurde verwüstet, aber nicht zerstört, wie noch fälschlich zu lesen ist. Schließlich trat der letzte Abt Johannes Duronius das Kloster an den Kurfürsten Johann den Beständigen ab und ging nach Gotha an den Georgenthaler Hof. Aus der Klosterzeit sind noch einige Ruinen der Klosterkirche und das Kornhaus mit dem gotischen Rosettenfenster erhalten, wo seit dem Jahre 1965 das Heimatmuseum von Georgenthal die Kloster- und Ortsgeschichte dokumentiert. Aus dem frühen 13. Jahrhundert stammt die St.Elisabeth-Kirche, die um 1500 erneuert wurde. Der Kanzelaltar und das Orgelprospekt wurden im 18. Jahrhundert eingebaut. Kirche, ehemaliges Schloß (2. Hälfte des 16. Jahrhunderts), Hexenturm und Reste der alten Klostermauer stehen auf einstigem Klostergrund. Das Schloß war das Gästehaus des Klosters und wurde in den Jahren 1603 bis 1605 unter Herzog Johann von Sachsen-Weimar, dem Vater Ernsts des Frommen, zur Sommerresidenz ausgebaut. Von 1924 bis 1931 war es ein Kreiskinderheim, dann Pflegeheim des Kreises Gotha.

Ratkersdorf

**Heinrich Fastnach aus Orb*

Fabianplatz im Zentrum Georgenthals

Eine Episode ist das einjährige Wirken (1792 bis 1793) des Begründers der Homöopathie, Dr. Chr. Fr. S. Hahnemann (1755-1843), im Schloß Georgenthal, wo er eine „Hilfsanstalt für wahnsinnige Standespersonen" betrieben hat. Wegen eines ungewöhnlich schwierigen Kranken und eines schleichenden Fiebers, das ihn und seine Familie befallen hatte, gab er seine psychiatrische Klinik, die erste in Deutschland überhaupt, auf und reiste ab.

Seit dem Jahre 1651 arbeitete unterhalb des Mühlteiches ein herzogliches Hammerwerk, seit 1655 der Waitzische Hammer beim Hammerteich, der wiederum seit dem Jahre 1795 als Großstreckhammer in Betrieb war. Hier wurde vor allem Eisenerz aus Friedrichroda verarbeitet. Mit dem Ende des Bergbaus in Friedrichroda und der Schmelzhütte Luisenthal um 1850 kam auch das Aus für die Georgenthaler Eisenhämmer. Aus den früheren Schneidemühlen wurden im 19. und 20. Jahrhundert moderne Sägewerke. Für die Forstwirtschaft war seit dem 16./17. Jahrhundert ein herzogliches Forstamt, jetzt eine Revierförsterei zuständig.

Einer der Wiederentdecker des alten Klosters war der langjährige Pfarrer Paul Baethcke (1850 bis 1936), der seit dem Jahre 1892 als unermüdlicher Heimatforscher tätig war. Dabei konnte er sogar den berühmten Berliner Arzt und Anthropologen Prof. Rudolf Virchow für die Identifizierung der Gebeine in den aufgedeckten Klostergräbern mit Erfolg gewinnen.

Nach dem Jahre 1870 hat sich auch Georgenthal zu einem beliebten Erholungsort entwickelt, wozu seit 1876 der Bahnanschluß beigetragen hat. Seit dem Jahre 1875 entstanden der Gasthof „Thüringer Wald", der „Deutsche Hof" und das Kurhaus „Schützenhof" am Hammerteich. Der ehemalige „Schlenksche Hof" stand auf dem Boden des Hospitals des Klosters und ist jetzt Sitz der Verwaltungsgemeinschaft und „Haus des Gastes". Im Jahre 1883 wurden in Georgenthal 600, 1928 rd. 3000 Erholungsgäste, nach 1945 sogar 16 000 Feriengäste jährlich registriert. Auch nach der Wende ist Georgenthal wieder ein vielbesuchter Ferienort mit erholsamen Ausflugsmöglichkeiten in die waldreiche Umgebung sowie in die Nachbarstädte mit ihren Sehenswürdigkeiten geworden.

Als Anfang April 1945 die 80. US-Panzerdivision sich mit Infanteristen dem Ort näherte, versuchte eine Waffen-SS-Einheit mit Unterstützung von Schülern als sog. Volkssturm eine Verteidigungsstellung aufzubauen. 50 russische Kriegsgefangene wurden in einem Sägewerk für den Abtransport nach Buchenwald festgehalten. Der Georgenthaler Kaufmannssohn und Oberstleutnant der Reserve Otto Fabian, der als Kranker von der Front vor Stalingrad in die Heimat versetzt worden war, weigerte sich, die unerfahrenen Jugendlichen sinnlos verbluten zu lassen und hißte eine weiße Fahne zur kampflosen Übergabe des Ortes. Er wurde von vier Wehrmachtsangehörigen in den Mittagsstunden des 5. April zum Gefechtsstand am Bahnhof geführt und kurz darauf „auf der Flucht" erschossen. Dort erinnert seit dem Jahre 1978 ein Gedenkstein an den Opfertod Otto Fabians. Am 10. April des Jahres 1945 besetzten dann amerikanische Soldaten kampflos Georgenthal und die Nachbarorte.

Herrenhof (rd. 860 Einw.) wird schon vor der Klostergründung Georgenthals im Jahre 1126 als „Herrenhoven" in einer Reinhardsbrunner Urkunde erwähnt. Der spätere Streit der beiden Klöster um den Ort wurde im Jahre 1168 durch einen Gütertausch beendet, mit dem Reinhardsbrunn seinen Anteil an Herrenhof dem Kloster Georgenthal überließ. Im Dreißigjährigen Krieg hatte Herrenhof wie die umliegenden Dörfer viel Übles zu ertragen. So plünderte hier im Jahre 1637 der schwedische Oberst von Sporck mit seiner Truppe. Außerdem wurden die Kirchenbücher nach Ohrdruf verschleppt. Zwei Jahre später waren die meisten Häuser verlassen und leer.

Die heutige St.Petri-Kirche hatte eine Kapelle als Vorläufer und ist in den Jahren 1692 bis 1696 gebaut worden. Ein Großbrand zerstörte im Jahre 1882 einen Teil des Oberdorfes und die Kirche, deren Neubau schon am 23. Dezember 1883 eingeweiht wurde. In den 70er Jahren unseres Jahrhunderts wurden Dach und Turm dank der großen Einsatzbereitschaft der Kirchgemeinde neu eingedeckt. Das im Jahre 1976 eingeweihte Gemeindezentrum erhielt durch den Gräfenhainer Künstler Gerd Weber eine modern gestaltete Altarwand. Die neue Orgel ist ein Werk der bekannten Gothaer Orgelbaufirma Böhm.

In einer Südhanglage bietet die Feriensiedlung „Am Hirzberg" mit rund 60 Bungalows schöne Erholungsmöglichkeiten. Der im Jahre 1648 hier angelegte „Flößgraben" wird westlich von Georgenthal am sog. Teiler aus der Apfelstädt abgeleitet und mündet bei Emleben in den Leinakanal, der früher Gotha mit Wasser versorgt hat.

Hohenkirchen (rd. 750 Einw.) wird im Jahre 1168 in einer Urkunde des Klosters Georgenthal erwähnt, das hier im Jahre 1241 Grundbesitz erwirbt, später auch zwei Mühlen an der Apfelstädt. Als Abt Heinrich von Georgenthal im Jahre 1372 hier einen Lebensmittelmarkt einrichtete und dabei seinen Untertanen verbot, nach Ohrdruf zu gehen, verwüsteten Ohrdrufer Bürger diesen Hohenkircher Markt. Im Jahre 1375 mußte der Abt darauf endgültig verzichten, weil er vom Landgrafen keine Genehmigung dafür erhielt. Abt Ludwig hatte im Jahre 1462 unterhalb des Ortes eine Schmelzhütte anlegen lassen, mit der er aber wenig Erfolg hatte. So übernahmen 1495 die Augsburger Fugger die Anlage und ließen Kupfererze aus Nordungarn verhütten. Der Faktor* der Schmelzhütte, Mattias Langenbeck, ging später nach Gotha. Im Jahre 1525 war dann Hohenkirchen Sammelort für die aufständischen Bauern, die sich zum Sturm auf das Kloster Georgenthal vorbereiteten. Zehn Jahre später, im Jahre 1535, ist die Schmelzhütte der Fugger dann stillgelegt worden, und im Jahre 1543 brannte sie sogar ab.

Die St. Gangolf-Kirche ist im Jahre 1511 erbaut worden und ersetzte die alte Kapelle in der Nähe der Kupferhütte. Schon im Jahre 728 soll ein Graf Hugo von Käfernburg auf Anregung von Bonifatius hier an der „strata publica"** Kapelle und Siedlung gestiftet haben, historische Beweise dafür gibt es aber bisher nicht. Der Kirchturm ist erst in den Jahren 1576 bis 1579 angebaut worden, seine Dachhaube wurde Anfang April 1945 von amerikanischer Artillerie zerschossen. Bei den Brandkatastrophen von 1748 und 1825 war die Kirche verschont geblieben. Nach einer jahrelangen Sanierung und Renovierung durch die Kirchgemeinde wurde sie am 27. September 1981 wieder eingeweiht. Nach der Wende hat Hohenkirchen Anschluß an das Ohrdrufer Gewerbegebiet erhalten.

Eng beieinander liegen Gräfenhain und Nauendorf an der Bundesstraße B 88. Während aber Gräfenhain sich an Ohrdruf angeschlossen hat

Geschäftsführer

**Staatstraße Erfurt - Schmalkalden*

(s. S. 77), entschied sich **Nauendorf** (rd. 500 Einwohner) für die Verwaltungsgemeinschaft „Apfelstädtaue" mit Georgenthal als Sitz. Der im Jahre 1209 als „villa nova"* erwähnte Ort liegt oberhalb der Apfelstädt. Beide Gemeinden erhielten mit dem Bau der Chaussee Ohrdruf - Georgenthal bessere Verbindung zu den Nachbarorten. Eine Porzellanfabrik, die von einigen Privatleuten gegründet worden war, gab seit dem Jahre 1854 den Bewohnern beider Orte Arbeit und Brot. Vor einiger Zeit hat darin der Kulturpflegeverein Gräfenhain/Nauendorf ein Dorfmuseum mit interessanten Exponaten zur Geschichte der beiden Orte eingerichtet.

* neues Dorf

Am nördlichen Ortsausgang von Hohenkirchen zweigt eine Landstraße kurz vor der B 247 nach Norden ab, die in einer scharfen S-Kurve 30 Meter Höhenunterschied überwindet und nach **Petri**roda (rd. 300 Einw.) einbiegt. Im Lehnsverzeichnis Landgraf Friedrichs III. wird der Ort 1349/50 „Piczgenrode" genannt. Mundartlich sagt man hier heute noch „Petzgerode". Das wird auch gern von den Bären (Meister Petz) abgeleitet, die in alten Zeiten im Kollerstädter Grund gelebt haben. Im Jahre 1435 haben die Grafen von Gleichen den Ort von den Herren von Stotternheim gekauft und im Jahre 1621 an die Grafen von Hohenlohe verkauft, bei denen er bis ins 19. Jahrhundert blieb. Die St. Salvator-Kirche von 1714 hat eine Doppelempore sowie eine Kanzel aus späterer Zeit. Im Jahre 1987 ist eine Neuausmalung der Kirche nach dem Empfehlungen des Erfurter Instituts für Denkmalpflege erfolgt. Westlich der Bahnlinie liegt „das Moor", das schon im Jahre 1168 in einer Georgenthaler Klosterurkunde als „Cranechmor" bekannt war. Seit 1829 wurde hier Torf gestochen, der schwefelfrei war und sich deshalb „*besonders zum Branntweinbrennen eignete*". Auch in den Nachkriegsjahren nach 1945 wurde hier erneut Torf gestochen, aber später bei besserer Kohleversorgung wieder aufgegeben. Für Naturfreunde ist es ein interessantes Biotop.

Emleben (rd. 750 Einw.) wird in einer privaten Schenkungsurkunde über Grundstücke an die Klöster Hersfeld und Göllingen (bei Sondershausen) um 1005/12 als „Imileba" erwähnt. Im Jahre 1186 ist in einer Hersfelder Urkunde ein Gerlach von Emleben bezeugt. 1335 kauften die Grafen von Gleichen den Ort vom Kloster Hersfeld ab, zu deren Herrschaft es bis zum Jahre 1631 gehört hat. Das Rittergut gehörte aber von 1580 bis 1690 den Herren von Aspach und wechselte dann mehrfach die Besitzer, bis es die Grafen von Hohenlohe erwarben. Auch die Klöster Georgenthal und Reinhardsbrunn besaßen Höfe und Zinseinnahmen. Im Jahre 1407 erhielt die Gemeinde vom Grafen Ernst von Gleichen das Schankrecht. Seit 1316 war sie Kirchdorf, und ihr Gotteshaus ist dem Apostel der Thüringer, Bonifatius, geweiht. Der Kirchturm geht auf das Jahr 1443 zurück, aber die Kirche ist 1591, 1839/40 und nach dem großen Brand von 1870 immer wieder aufgebaut worden. Die Brandkatastrophen von 1737, 1817 und 1870 haben jedesmal fast das ganze Dorf verwüstet.

Nach der Wende im Jahre 1989 erlangte Emleben mit seinem großen Gewerbegebiet (48 ha) am Bahnhof größere wirtschaftliche Bedeutung, weil sich hier eine Reihe wichtiger Betriebe niedergelassen haben. Die nahe Autobahnanschlußstelle Gotha an der A 4 und die Nähe zur Bundesstraße 247 sowie zur Kreisstadt Gotha waren für diese Entwicklung besonders günstig.

Die Verwaltungsgemeinschaft „Leinatal"

Anfang Juni des Jahres 1992 hat sich die Verwaltungsgemeinschaft „Leinatal" mit den fünf Gemeinden Catterfeld (mit Ortsteil Altenbergen), Engelsbach, Gospiteroda, Leina und Schönau v.d.W. (mit Ortsteil Wipperoda) gegründet. Der Namensgeber, das Flüßchen Leina, entspringt beim (Possenröder) Kreuz unterhalb des Rennsteigs, fließt in einem engen Tal an Finsterbergen und Engelsbach vorbei nach Schönau vor dem Walde, wo es die Vorberge des Thüringer Waldes verläßt und nach Norden in einem breiten Tal weiterfließt. Vor Leina ist sie auf älteren Karten als Leina-Hörsel, dann als Hörsel bezeichnet. In Schönau v.d.W. wird der Leina-Kanal abgezweigt, der seit dem Jahre 1369 die Stadt Gotha zusätzlich mit Wasser versorgt hat, bis vor 120 Jahren modernere Leitungen den gestiegenen Wasserbedarf befriedigten. Der Kanalbau vor über 600 Jahren war eine vermessungstechnische Meisterleistung der Wasserführung vom Wald höhenlinienparallel mit geringstem Gefälle. Der Sage nach soll ein Reinhardsbrunner Mönch mit dem Pflug die Kanalführung vorgegeben haben.

Der Sitz der Verwaltungsgemeinschaft befindet sich in *Schönau vor dem Walde* (rd. 1000 Einw.). Die schriftliche Überlieferung beginnt hier mit einer Urkunde aus dem Jahre 1143, in der „Sconowe" in Zusammenhang mit der Gründung des Klosters Georgenthal genannt wird. Die Herren von Döllstädt, die hier Grundbesitz hatten, verkauften diesen in den Jahren 1331 und 1335 an das Kloster. An die frühere Thannburg am Schloßberg über dem Leinatal im Westen erinnert heute nur noch eine Blockhütte; die Burg aus dem 12. Jahrhundert ist wohl im 14. Jahrhundert aufgegeben worden und verfallen. Bis zum Jahre 1525 war Schönau Klosterbesitz. Im Jahre 1543 kam es zum Amt Georgenthal, im Jahre 1830 bei dessen Auflösung zum Amt Tenneberg. Die Bewohner waren meist Leineweber und Fuhrleute wie in den Nachbarorten. Aber hier war auch das Sieb- und Korbmacherhandwerk von so großer Bedeutung, daß es seit dem Jahre 1666 eine Siebmacher- und seit dem Jahre 1793 auch eine Korbmacher-Innung gab, die bis 1830 bestanden. Von 1896 bis 1947 war hier die Bahnstrecke Georgenthal - Friedrichroda mit dem Bahnhof Schönau-Ernstroda in Betrieb, die auf Grund der Reparationsforderungen der Sowjetunion demontiert wurde. Schon früh hatte die Eisenbahn das Fuhrmannswesen verdrängt, und seit den 60er Jahren des vorigen Jahrhunderts gingen viele Schönauer(innen) in die Waltershäuser Puppenindustrie (s. S. 85) Heute bietet das Gewerbegebiet „In der Oberaue" (12 ha) neue wirtschaftliche Möglichkeiten.

Schönaus großer Sohn ist der „Vogelpastor" Christian Ludwig Brehm (1781-1864), der hier als Pfarrerssohn geboren wurde und schon als Schuljunge die einheimische Vogelwelt erforschte. Als Gothaer Gymnasiast besaß er eine Sammlung von 230 gut präparierten Vogelbälgen, die er im Laufe seines Lebens auf über 1 500 erweitert hat. Nach seinem Theologiestudium in Jena entwickelte er sich auch auf dem Gebiet der Vogelkunde weiter. Seine Veröffentlichungen, seine Bücher und Aufsätze über die Vogelwelt, wurden zu Klassikern

Pfarrhaus des „Vogelpastors" Chr.L. Brehm in Schönau vor dem Walde

der älteren deutschen Ornithologie. Heute erinnert nicht nur eine Gedenktafel am Geburts- und Pfarrhaus bei der Kirche an ihn, sondern auch der kleine Brehm-Park und seit dem Sommer des Jahres 1992 auch der Name der Grundschule im Ort an den berühmten „Vogelpastor", dessen Sohn Alfred E. Brehm übrigens durch seine umfassende volkstümliche Tierkunde „Brehms Tierleben" bekannt geworden ist.

Die Kirche geht auf einen Bau aus dem Jahre 1513 zurück, von dem noch das Erdgeschoß des breiten Turms stammt. Das heutige Gotteshaus ist in den Jahre 1691/92 errichtet worden. Die Doppelempore, die Deckenausmalung und die Kanzel sind aus dem Jahr 1747. Dagegen ist der Mittelschrein des Flügelaltars mit der Marienkrönung von 1519 und der Taufstein von 1569.

Der Ortsteil **Wipperoda** liegt am Fuße des Boxberges und ist im Jahre 1306 durch eine Reinhardsbrunner Klosterurkunde bekannt geworden. Nach dem Ende des Klosters kam der Ort wie Schönau an die Ämter Georgenthal und Tenneberg. Die Kirche stammt aus dem 16. Jahrhundert und wurde im Jahre 1779 umgebaut. Das Rundbogenportal hat ein Tympanon (Rundbogenfeld) mit figürlichen und symbolischen Darstellungen aus dem 12. Jahrhundert, das vermutlich vom Vorgängerbau stammt.

Abseits von Wipperoda vor dem Hardhoch ist seit dem Jahre 1991 die zentrale Mülldeponie des Kreises Gotha mit einer Umgehungs- und einer besonderen Zufahrtsstraße eingerichtet worden.

Catterfeld mit dem Ortsteil **Altenbergen** (rd. 1300 Einw.), der im Jahre 1950 eingemeindet wurde, liegt 450 m hoch zwischen dem Ziegelberg (518 m) im Nordosten und dem Johannisberg (509 m) oberhalb von Altenbergen im Südwesten an der B 88. Dieser Ortsteil wird schon in der gefälschten Urkunde Graf Ludwigs des Bärtigen von 1039 „Altinberc" genannt und gehört zu den frühen Rodesiedlungen im Gothaer Land, später auch zur Grundausstattung des Klosters Reinhardsbrunn (s. S. 22f.).

Die heutige Forschung sieht im Altenberger Gebiet auch eine Wirkungsstätte von Bonifatius, der am Johannisberg die erste Kirche in Thüringen (724 n. Chr.) gegründet hat. Sie war nur eine kleine Taufkapelle (ca. 6 x 4 m), wie neuere Ausgrabungen gezeigt haben. Der Kandelaber, ein 9 m hoher Sandsteinleuchter, wurde hier im Jahre 1811 dank einer Spende des Altenberger Holzhauers und Tagelöhners Nicolaus Brückner errichtet. Er ist ein Werk des Gothaer Bildhauers Fr.W. Doell (1750 bis 1816) und erinnert an die besondere historische Bedeutung dieses Ortes. Alljährlich am zweiten Pfingstfeiertag findet hier ein Gedenkgottesdienst statt.

Zum Pfarrbezirk der alten Johanniskirche gehörten die vier Gemeinden Altenbergen, Catterfeld, Engelsbach und Finsterbergen. Die jetzige

Imanuelskirche ist im Jahre 1710 gebaut worden und hat später eine Doppelempore erhalten. Die Ausmalung der Kirche ist bei einer Renovierung im Jahre 1913 erfolgt.

Catterfeld wird im Jahre 1195 als „Katerveld" erwähnt und gehörte später zum Kloster Georgenthal (s. S. 26). In alten Zeiten wurde hier außer Wald- und Forstwirtschaft auch Bergbau betrieben, so an der „Alten Weihnachtszeche" und in der 23 m tiefen „Strecke", die bei Bauarbeiten entdeckt wurde. Eine Besonderheit war das Kunsthandwerk der Kasperschnitzer. Der letzte dieser Zunft war Albert Zink, der, immer noch schnitzend, kurz vor Vollendung seines 87. Lebensjahres am 17. April 1959 gestorben ist. Er hatte 80 Typen von knorrigen Köpfen nicht nur für Kasperköpfe, sondern auch für Nußknacker, Flaschenverschlüsse sowie Schreibtischgerät gestaltet. Für kleinere Köpfe verwendete er Lindenholz, für größere das Holz von der Weymouthskiefer.

Ein beliebter Ferienaufenthalt ist der Campingplatz „Paulfeldteich" mitten im Wald in Richtung Rennsteig, abseits vom Verkehrslärm. Nachdem „wilde Camper" diesen stillen Fleck für sich entdeckt hatten, wurde er seit dem Jahre 1967 zum größten Teil durch Eigenleistungen ausgebaut und ist seit dem Jahre 1990 fast ganzjährig geöffnet.

Der kleine Erholungsort **Engelsbach** (rd. 300 Einw.) liegt in einer Quellmulde des gleichnamigen Baches, der im unteren Ortsteil Noth in die Leina fließt. Im Jahre 1306 wird er als „Eginholdesbach" in einer Reinhardsbrunner Klosterurkunde erwähnt. Der Name des vermutlichen Ortsgründers Eginhold ist später zum Engel verwandelt worden. Der Wald bot den wenigen Bewohnern nur geringe Erwerbsmöglichkeiten. Aber mit dem

Der Kandelaber über Altenbergen (aus Bechstein 1850)

Fremdenverkehr in Finsterbergen und Friedrichroda entwickelte sich hier die Lohnwäscherei so sehr, daß Engelsbach den Ruf der „Waschküche Thüringens" erlangte. Bei 40 Familien gab es bis zu 23 selbständige Wäschereien. Im Jahre 1906 wurde die erste Wasserleitung für den steigenden Bedarf gebaut. Mit dem Aufkommen der modernen Waschmaschinen ging die Lohnwäscherei zurück. Auch die Gründung einer Wäschereigenossenschaft im Jahre 1959 brachte keinen Erfolg. Andererseits entwickelte sich im Ort der Fremdenverkehr, wozu eine Umgehungsstraße und die Anlage einer Urlaubersiedlung (1982) mit beigetragen haben.

Eine besondere Sehenswürdigkeit sind die Paradiessteine im Garten des Gasthauses „Zum Paradies". Der in Engelsbach geborene Gothaer Ratsherr J.G. Oschmann hatte sie im Jahre 1713 angekauft und in seinem Heimatort aufstellen lassen. Den Namen haben sie von dem Haus „Zum Paradies" am Schloßberg in Gotha; das Tympanon* aus dem 16. Jahrhundert stammt vom alten Gothaer Rathaus.

* verziertes Fenster

Gospiteroda (rd. 350 Einw.) liegt am Fuße des Boxberges und wurde im Jahre 1346 in einer Urkunde des Klosters Reinhardsbrunn als „Gozbrechterode" erwähnt. Es gehörte aber schon damals zum wettinischen Amt Tenneberg. Das ehemalige Rittergut, von den Grafen von Hohenlohe an eine Familie Wedekind verkauft, hat die Gemeinde Mitte des 19. Jahrhunderts erworben.

Die schlichte Kirche ist im Jahre 1623 erbaut worden und hat um 1741 eine Doppelempore und eine Orgel erhalten. Ein Heimatverein widmet sich der Erforschung von Geschichte und Brauchtum der Gemeinde, die nach der Wende ein freundlicheres Aussehen erhalten hat. Die neue Umgehungsstraße führt zum nahen Nachbarort Leina.

Leina wird als „Linaha" 775/786 im Hersfelder Zehntverzeichnis erwähnt. Die Ortsnamenendung -aha (Wasser) läßt aber auf ein höheres Alter schließen und kommt von dem gleichnamigen Fluß Leina, der unterhalb des Ortes Hörsel heißt. Die Leina/Hörsel ist von der Quelle beim Rennsteig bis zur Mündung in die Werra rund 60 km lang. Auch in der gefälschten Reinhardsbrunner Urkunde von 1039 wird Leina genannt, gehörte aber später zum Amt Tenneberg. Seit dem Jahre 1109 sind die Herren von Leina als Urkundenzeugen bekannt. Conrad von Lyna war auch Gothaer Ratsherr. Seit 1114 besaß das Kloster Reinhardsbrunn auch hier Güter.

Die St. Nicolaus-Kirche ist im Jahre 1739 auf spätgotischen Grundmauern errichtet worden. Der Turm geht im Kern auf das 12. Jahrhundert, die Obergeschosse auf das 15. Jahrhundert zurück. Im Pfarrhaus, das nach einer Brandkatastrophe im Jahre 1746 neu aufgebaut wurde, ist am 26. März 1789 der Pfarrer und Fabeldichter Wilhelm Hey geboren worden. Seine Kinderbücher waren im vorigen Jahrhundert sehr beliebt, und seine Kinderlieder „Weißt Du, wieviel Sternlein stehen..." und „Alle Jahre wieder kommt das Christuskind" werden noch in unserer Zeit gesungen.

Im Dreißigjährigen Krieg hatte der Ort durch Plünderungen, Brand und Pest viel zu leiden. Noch in den letzten Tagen des Zweiten Weltkrieges kam es zu Zerstörungen. In den Mittagsstunden des 3. April 1945 wurde noch in letzter Minute vor dem Anrücken der US-Truppen eine Fahrspur der Autobahn gesprengt. Erst ab 30. Oktober 1947 konnte hier wieder die Thüringerwaldbahn durchfahren. Die zerstörte Fahrspur der A 4 wurde erst Jahre danach wieder aufgebaut. Bei der wieder aufgebauten „Thüringer Aue" entwickelt sich das Leinaer Gewerbegebiet „Am hohen Anger" (12 ha). Auf der südöstlichen Ortsflur ist seit kurzem das Neubaugebiet „Hinter den kurzen Höfen" im Aufbau (rd. 600 Einwohner).

An der Leinakanalbrücke an der Straße nach Gotha stand der Grabstein des Ritters Kunemund von Boilstädt und seiner Gemahlin Mechthild mit dessen Wappen und dem Schriftband (15. Jh.). Der Stein war bis zum Jahre 1690 der Brückenstein und wurde hier 1826 als Denkmal aufgestellt. Jetzt befindet er sich an der Leinaer Kirche.

Die Verwaltungsgemeinschaft „Hörsel"

Im Frühjahr des Jahres 1992 waren an der mittleren Hörsel zwei Gemeinschaften gegründet worden, nämlich einmal die Gemeinschaft „Hörsel-Asse" und kurz darauf die von „Laucha-Mechterstädt". Später schlossen sich im Blick auf die Gebietsreform im Jahre 1994 im Freistaat Thüringen beide zur *Verwaltungsgemeinschaft „Hörsel"* mit sieben Gemeinden zusammen. Anfang 1995 ist der kleine Ort Metebach mit der Siedlung Neufrankenroda dazugekommen, so daß jetzt acht Gemeinden mit rund 4800 Einwohnern der Verwaltungsgemeinschaft angehören. Verwaltungssitz ist die Gemeinde Mechterstädt (rund 1300 Einw.) an der Hörsel. Sie hat nicht nur Bahnanschluß an der Strecke Gotha - Eisenach, auch die Bundesstraße B 7 führt durch den Ort und der Autobahnanschluß an die A 4 ist nur vier Kilometer entfernt. Die Nachbarorte Laucha (rd. 500 Einw.), Fröttstädt (rd. 420 Einw.), Teutleben (rd. 400 Einw.), Aspach (rd. 300 Einw.), Metebach (rd. 150 Einw.), Trügleben (rd. 350 Einw.) und Hörselgau (rd. 1300 Einw.) liegen östlich von Mechterstädt, vier davon an der Hörsel.

Mechterstädt, an der Hörsel und an der Bundesstraße B 7 gelegen, wird 775/86 im Hersfelder Zehntverzeichnis erwähnt. Im Hochmittelalter gehörte es zur Herrschaft der Herren von Hopfgarten zu Mechterstädt, die hier ihr Rittergut besaßen. Im Juli 1525 belegte Kurfürst Johann von Sachsen das Dorf mit einer Strafzahlung von 800 Gulden, weil die Bauern am Sturm auf das Kloster Reinhardsbrunn teilgenommen hatten. Im Jahre 1531 wurde Jobst von Reckeroth mit dem adligen Rittersitz und allen zugehörigen Rechten beliehen, aber sein Enkel verkaufte das alles im Jahre 1592 an die Herren von Hopfgarten. Im Jahre 1838 gingen dieses und das Hopfgartensche Rittergut in herzoglichen Besitz über.

Die Marienkirche (Foto S. 102) ist in den Jahren 1716/17 erbaut worden und weist eine reiche Innenausstattung mit einer umlaufenden Doppelempore, einer Orgel von Rothe aus Friedrichroda (1770), einem Taufbecken (16. Jh.) sowie den Ausmalungen der Emporenbrüstung durch den Gothaer Hofmaler Dörfling auf. Der Turm ist in den Untergeschossen noch spätgotisch und hat einen Spitzhelm mit vier Ecktürmchen. Der Edelhof mit seinen Gebäudeflügeln von 1526 und 1749 sowie den Umfassungsmauern ist ebenso ein alter Zeitzeuge wie die zweigeschossigen Fachwerkhäuser vom 17. und 18. Jahrhundert. Wie die anderen Orte an der alten Heer- und Handelsstraße*, der heutigen Bundesstraße B 7, hatte auch Mechterstädt unter den Kriegen vergangener Zeiten zu leiden.

Die erste Schule des Ortes muß sehr alt gewesen sein, denn im Jahre 1735 ist sie vielfach ausgebessert worden. Das neue viergeschossige Schulhaus aus dem Jahre 1974 erhielt 1989 den Namen der österreichischen Friedensnobelpreisträgerin Bertha von Suttner (1843-1914), deren Urne auf Grund der in Gotha vorgenommenen Feuerbestattung auf dem dortigen Hauptfriedhof steht. Nach der Wende im Jahre 1989 entstand der Gewerbepark „Am Nossbach" (rd. 20 ha). Als ein Förderer der neuen Entwicklung im Dorf hat sich seitdem der Düsseldorfer Direktor einer Versicherungs-

* *via regia*

Mechterstädter Marienkirche mit ihrem Spitzhelm und den vier Ecktürmchen

bank, Edgar Jannott, erwiesen, ein gebürtiger Gothaer; die Gemeinde hat es ihm mit der Ehrenbürger-Urkunde gedankt.

Fröttstädt ist erst im Jahre 1397 als „Frutstett" mit einer Kemnate und einem Siedelhof schriftlich überliefert, dürfte aber nach der Endung „-städt" wesentlich älter sein. Die Hörsel mit ihren Hochwassern aus dem Thüringer Wald mag wohl der Grund für eine späte Ansiedlung gewesen sein. Im 15. Jahrhundert gehörte die Vogtei (Gerichtsbarkeit) den Herren von Laucha, die im Jahre 1595 von Herzog Johann Casimir abgekauft wurde. Ein zweites Gut besaßen die Herren von Wangenheim, seit 1737 die Herren von Witzleben. Die Hochwasserregulierung erfolgte erst im Jahre 1869, ebenso der Bau einer eisernen Brücke.

Die St. Albanskirche wurde im Jahre 1868 wegen Baufälligkeit geschlossen und später abgerissen. Im Jahre 1903 wurde das neue Gotteshaus nach Plänen des Gothaer Baurats und Dozenten an der Bauschule, Alfred Cramer (1872-1939), neu gebaut. Am Pfarrhof steht noch eine schöne Rundbogenpforte aus dem Jahre 1576, die wegen ihrer reichen Verzierung unter Denkmalschutz gestellt wurde.

Teutleben wird im Jahre 819 in einer privaten Schenkungsurkunde für das Kloster Fulda als „Theideleba" erwähnt. Von dem großen Angerplatz an der Bundesstraße B 7, der früher eine Schwemme für Pferde und ein Standplatz für Fuhrwerke bzw. Wagen war, gehen die Straßen zu den Nachbarorten ab. Mit diesen wie Aspach, Fröttstädt, Hörselgau und Trügleben gehörte es seit dem frühen 14. Jahrhundert zum wettinischen, später ernestinischen Amt Tenneberg. Im Jahre 1485 verkaufte das Kloster Reinhardsbrunn den Weingartenberg an die Gemeinde und gab 1524 auch die Schaftrift ab. Durch die Pestjahre von 1610 und 1626 war der Ort zeitweilig menschenleer gewesen. Im Siebenjährigen Krieg (1756-1763) hatten im Jahre 1757 französische Truppen mit 400 Pferden rücksichtslos alle Vorräte an Lebens- und Futtermitteln aufgebraucht. Im Jahre 1813 kam es wiederholt zu Plünderungen, einmal durch fliehende Franzosen, dann durch die nachfolgenden Verbündeten. Im Jahre 1863 wurde nach einer großen Überschwemmung eine neue Hörselbrücke gebaut.

Die St. Michael-Kirche wurde in den Jahren 1673/74 auf den Grundmauern der gotischen Vorgängerin erbaut. Der Turm mit seinem Spitzhelm und den vier Ecktürmchen ist älter. Zum Kircheninnern mit umlaufender Doppelempore und der reichen Ausmalung (Tempera) des Eisenacher Malers J. S. Preger (1676-1739) von 1719 gehört auch der mehrflügelige Schnitzaltar (um 1510) sowie die Kanzel aus dem Jahre 1675 mit ihrem plastischen Schmuck und ein spätmittelalterlicher Taufstein.

Aspach an der Asse, einem Nebenfluß der Hörsel, wird in einer Fuldaer Klosterurkunde aus dem Zeitraum 822 bis 842 als „Asbah" überliefert. Vom 13. bis 15. Jahrhundert sind hier die Herren von Aspach überliefert, die mit dem Augustinerkloster in Gotha, das in Aspach neben mehreren Adligen Grundbesitz erworben hat, in Verbindung standen. Die Lage an der alten Heer- und Handelsstraße führte dazu, daß auch die Bewohner von Aspach in früheren Zeiten ähnlich wie die Nachbarorte durch Plünderungen und andere Gewalttaten der durchziehenden Truppen immer wieder schwer zu leiden hatten.

Die St. Ulrichskirche war im Jahre 1417 errichtet und im Jahre 1614 erweitert worden. Aber in den Jahren 1870/71 ist an ihrer Stelle eine neue Kirche im damaligen Zeitgeschmack gebaut worden. Der Turm aus dem Jahre 1417 ist dabei weitgehend erhalten geblieben.

Von Aspach führt eine Straße hinauf nach *Metebach*. Am Metebacher Holz auf dem Sallberg steht ein Sühnekreuz, das an die letzte öffentliche Hinrichtung am 18. Februar 1839 erinnert, die im 12. Heft von Karl Kohlstocks „Entdeckungsreisen in der Heimat" (1926) eingehend geschildert wird.

Im Jahre 1317 wird der Ort Metebach in einer Wangenheimschen Urkunde erwähnt. Er gehörte aber seit altersher bis zum Jahre 1677 den Herren von Erffa (s. S. 126). Auch hier waren in alten Zeiten Kriegsjahre schlimme Jahre. Eine böse Zeit waren aber die Nachkriegsjahre nach 1945. Benutzte früher das Gothaer Bataillon des Thüringer Infanterie-Regiments Nr. 95 ein Gelände zwischen Krahnberg und Metebach als Schießplatz, so dehnte die sowjetische Armee und später auch die Volksarmee der DDR die einst relativ kleinen Flächen zu einem Sperrgebiet aus, das seit Ende der 60er Jahre mit einer Panzerstraße zu den Kasernen in Gotha-Sundhausen verbunden war. Radaranlagen überwachten den Luftraum, und zu den Truppenübungsplätzen Ohrdruf und auf dem Kindel westlich von Eisenach bestanden direkte Verbindungen. Dabei wurde den Einwohnern von Metebach das Leben durch allerlei strenge Beschränkungen schwer gemacht.

Die kleine romanische Johanniskirche, die im Jahre 1712 umgebaut worden war, wurde in den Jahren 1973/74 bis auf die Außenmauern und den Turm abgetragen. Von der Kanzel konnte ein Korbstück gerettet werden, das 1990 aus seinem Versteck geholt wurde und nach einer Restaurierung Ostern 1995 wieder im Chorraum der Kirchenruine aufgestellt werden konnte.

Die Siedlung *Neufrankenroda* nördlich von Teutleben war eine Gründung auf einst Erffaschem Besitz. Sie ging wohl auf eine Initiative Herzog Ernsts II. von Gotha-Altenburg zurück und wurde nach einem Plan des Kammerpräsidenten Hans Wilhelm von Thümmel (1744-1824) angelegt. Im Jahre 1798 wurden hier zehn Wohnhäuser mit Stall und Scheune gebaut und zunächst fünf Familien vom Thüringer Wald als Kolonisten angesiedelt. Aber häufiger Wassermangel führte dazu, daß dieses Vorhaben im Jahre 1818 aufgegeben wurde. Später wohnten hier Tagelöhner bzw. Landarbeiter von der Domäne Friedrichswerth, und der Obstbau wurde von dem Domänenpächter Eduard Meyer erfolgreich betrieben (s. S. 127).

Nach dem letzten Krieg gehörte die Obstplantage bis zum Jahre 1990 zum Volksgut „Obstbau Erfurt". Dann entstand auf dem ehemaligen Gutshof die christliche Familienkommunität „Siloah" (Quelle und Teich im Süden Jerusalems über dem Kidrontal). Diese Kommunität wendet sich mit Unterstützung eines Schnepfenthaler Pädagogen und des Pfarrers von Metebach ausländischen Kindern zu und will das Gut als Basis für soziale Hilfeleistungen erhalten bzw. weiter entwickeln.

Trügleben liegt neben der Bundesstraße B 7 an der Asse. Im Jahre 1271 wird ein Wichman von Trügleben erwähnt. Der Ort selbst wird in einer Reinhardsbrunner Urkunde aus dem Jahre 1280 erstmalig genannt. Das Kloster besaß hier Grundbesitz und Zinseinnahmen. Im Jahre 1327 war ein Heinrich von Trügleben Gothaer Ratsherr. Seit 1830 gehörte die Gemeinde nicht mehr zum Amt Tenneberg, sondern zum nahen Amt Gotha. Auch hier waren die Kriege in den früheren Jahrhunderten mit ihren Einquartierungen von Soldaten, Plünderungen und zahlreichen Gewalttaten Schreckenszeiten gewesen.

Die St. Johanniskirche ist im Jahre 1250 erbaut und 1758 sowie 1856 erneuert worden. Der Turm datiert aus dem Jahre 1404 und hat später eine barocke Haube erhalten. Bis zum Jahre 1650 waren die Herren von Erffa Kirchenpatrone. Der Waidstein unter der alten Dorflinde erinnert an den Anbau der früher weitverbreiteten Färbepflanze, den Waid (s. S. 27f.). Im Jahre 1813 wurde das Gasthaus „Thüringer Aue" an der ehemaligen „via regia", der heutigen Bundesstraße B 7 erbaut, das in seinen ersten Jahren nach seinem Besitzer „der Schilling" hieß. Von hier hat der Gothaer Oberst Julius von Plänckner im Jahre 1830 sein im Verlag Justus Perthes gedrucktes Panorama vom Thüringer Wald aufgenommen.

Die Gemeinde *Laucha* am gleichnamigen Fluß, der am Großen Jagdberg unterhalb des Rennsteigs entspringt, wird erst im Jahre 1373 als „Loucha" erwähnt. Der Ort ist aber zweifellos älter, denn seit dem 11. Jahrhundert schon waren die Herren von Laucha als Gefolgsleute oder Urkundenzeugen der Landgrafen von Thüringen bekannt. Anfang des 14. Jahrhunderts verkauften sie ihren Lauchaer Besitz an die Herren von Teutleben, von denen es im Jahre 1714 J. Fr. von Hopfgarten mit allen Rechten erwarb. Im Jahre 1719 brannte der größte Teil des Ortes mit Kirche und Schule ab.

Die St. Kilian-Kirche wurde in den Jahren 1720 bis 1722 wieder aufgebaut und vor einiger Zeit saniert. Im Sommer 1995 ist sie unter Mitwirkung des 1885 gegründeten „Sängerkranz" neu geweiht worden. Der Gebäudekomplex der alten Riedmühle ist mit seiner technischen Ausrüstung (um 1900) weitgehend erhalten geblieben.

Mit dem Gewerbepark „An der Großen Wiese", an der Autbahnabfahrt Waltershausen gelegen, bietet auch Laucha dem Mittelstand neue Entwicklungsmöglichkeiten.

Die Gemeinde *Hörselgau* (rd. 1300 Einw.) ist durch die ansässigen Betriebe eher industriell geprägt worden. Diese Entwicklung setzt sich zusammen mit der Gemeinde Fröttstädt im gemeinsamen Gewerbegebiet „Marktal" (34 ha) fort.

Im Jahre 1220 tritt ein Hartwich von Hörselgau als Zeuge in einer Urkunde Landgraf Ludwigs IV. von Thüringen auf, und im Jahre 1224 wird ein Herdwich von Hirsilgowe als Urkundenzeuge überliefert. Dagegen ist die weit ältere Urkunde von 932 mit „Hursilagemundi" (mittelhochdeutsch Hörselmündung, an der Werra hier nicht schlüssig zu lokalisieren. In Reinhardsbrunner Urkunden werden Herren von Hörselgau noch bis ins Jahr 1438 erwähnt, als Ludwig von Hörselgau seinen Grundbesitz verkauft und in den Deutschen (Ritter-) Orden eintritt. Im Jahre 1378 wird der Ort als „Horsilgow" im Einkommensregister der Wettiner mit einer Jahrsteuer von fünf Mark in Silber und 14 Malter Korn erwähnt. Zusammen mit den Gemeinden Aspach, Trügleben, Leina, Sundhausen und Uelleben veranstalteten die Bewohner von Hörselgau am 3. September 1620 ein Büchsenschießen, bei dem ein Mastochse im Wert von 20 Gulden als erster Preis ausgesetzt war.

Die St. Bonifatius-Kirche ist seit dem Jahre 1783 auf den Grundmauern des Vorgängerbaus errichtet worden. Am Altar steht ein Mittelschrein mit den drei fast lebensgroßen Heiligenfiguren Bonifatius, Michael und Cyriakus. Der Schrein ist das Werk eines fränkischen Meisters vom Anfang des 16. Jahrhunderts und wurde im Jahre 1968 sorgfältig restauriert.

Am Haus Riethstraße Nr. 6 erinnert eine Gedenktafel an Johann Jacob Burbach (1768-1834), der hier den ersten nahtlosen Feuerwehrschlauch hergestellt hat. Die Schlauchweberei wurde schon seit dem Jahre 1796 als Handwerk betrieben. In Hörselgau haben die Gebrüder Burbach ihre nahtlose Schlauchweberei zu einem neuen Gewerbezweig entwickelt. Die Schläuche wurden erst in Heimarbeit, dann in Manufaktursälen mit 10 bis 12 Handwebstühlen bei zwölfstündiger Arbeitszeit und Sechs-Tage-Woche hergestellt. Die körperlich anstrengende Arbeit wurde seit Mitte des 19. Jahrhunderts durch Maschinenwebstühle abgelöst, mit denen Produktion und Export von Schläuchen und Gurten erhöht werden konnte. Sie wurde später nach Waltershausen verlagert (siehe Seite 84). Diese Feuerwehrschläuche galten damals als die besten in Deutschland.

Bei Ausschachtungsarbeiten an der Straße nach Wahlwinkel wurden in den Jahren 1954 bis 1957 umfangreiche Abfallgruben mit älterer Linienbandkeramik (4000 v. Chr.), frühbronzezeitlichen Abfallgruben und Gräbern (1800-1600 vor Chr.) sowie Belege für eine Niederlassung von Hermunduren um die Zeitenwende entdeckt. Hörselgau kann so auf eine rund 6000jährige Siedlungsgeschichte zurückblicken. Die sogenannten Hünengräber im Großen Berlach östlich von Hörselgau sind 18 Hügelgräber der jungsteinzeitlichen Schnurkeramiker (um 2000 v. Chr.), von denen im Jahre 1873 fünf und 1898 vier Gräber untersucht worden sind. Leider war dieses Gebiet nach 1945 von Sundhausen her von der Roten Armee in ihr Ausbildungsgelände einbezogen worden. In seinem Heft 14 mit dem Titel „Berlach" der „Entdeckungsreisen in der Heimat" (1926) gibt Karl Kohlstock eine Beschreibung dieser erforschten Gräber nach dem damaligen Wissensstand.

Der Name „Berlach" setzt sich aus „berl" (Tropfen, Perlen) und „ache" (ahd, aha = Wasser) zusammen und bezeichnet ein tropfendes, spärlich fließendes Wasser. Bei den Bären, von denen Peter Mylius 1402 in seinem Reisetagebuch berichtet, dürfte es sich wohl um das sprichwörtlich gewordene Waldtier handeln, das dem fahrenden Schüler als „Bären" aufgebunden wurde.

Die Verwaltungsgemeinschaft „Emsetal"

Im Thüringer Wald, am Westrand des Gothaer Landes, liegen die vier Gemeinden Fischbach (rd. 500 Einw.), Schmerbach (rd. 800 Einw.), Schwarzhausen (rd. 750 Einw.) und Winterstein (rd. 1000 Einw.), die sich zur *Verwaltungsgemeinschaft „Emsetal"* zusammengeschlossen haben. Schwarzhausen wird schon um das Jahr 800 als „Suarzaloheshusun" in einer Fuldaer Klosterurkunde genannt; Fischbachs Name erscheint im Jahre 1143 in einer Grenzbeschreibung der Mark Mechterstädt erstmalig, und ein Waltman von Winterstein trat im Jahre 1246 als Zeuge in einer Wintersteiner Urkunde namentlich auf. Schmerbach ist zwar erst im Jahre 1436 schriftlich nachweisbar, wird aber schon in der hochmittelalterlichen Rodungsperiode (11./12. Jh.), etwa z.Z. der ersten Erwähnung Fischbachs, entstanden sein.

Fischbach ist der Sitz der heutigen Verwaltungsgemeinschaft. Seit der Mitte unseres Jahrhunderts und besonders seit der Einweihung seiner vielbesuchten Bergbühne, die 1953 in Eigenleistung gebaut wurde und 2000 Besuchern Platz bietet, hat sich Fischbach weithin einen guten Ruf als Erholungsort erworben.

Im 18. und auch noch im 19. Jahrhundert war hier wie in den Nachbarorten die Leineweberei ein wichtiger Erwerbszweig. Sie wurde aber im vorigen Jahrhundert von der Ruhlaer Pfeifenindustrie verdrängt, die Heimarbeiter für einen kärglichen Lohn beschäftigte. Um das Jahr 1900 entstand in Fischbach eine Klenganlage, in der aus Fichten- und Tannenzapfen Samen für die Forstwirtschaft gewonnen wurde.

In *Schmerbach* waren wie in Winterstein außer Waldarbeitern und Fuhrleuten auch Korbmacher zu Hause, deren Tragkörbe - auf dem Rücken zu tragen - in Thüringen noch bis weit in unser Jahrhundert auf dem Lande in Gebrauch waren. Ein heute seltenes Gewerbe übten die „schwarzen Köhler" mit ihren Holzmeilern im Wald aus. Sie stellten Holzkohle her, die meist von Dorfschmieden, aber auch in großen Mengen für die Erzschmelze gebraucht wurde. Beim jährlichen Köhlerfest in Schmerbach wird dieses Handwerk vorgestellt. Das jährlich zu Pfingsten stattfindende Brunnenfest erinnert an die Ablösung der alten Holztröge durch feste Laufbrunnen, wie sie heute noch zu sehen sind. Dies geschah seit 1842 nach dem Bau von Brunnenleitungen.

In den vier Waldgemeinden sind auch schöne, zweigeschossige Fachwerkhäuser aus dem 17. bis frühen 19. Jahrhundert erhalten geblieben, darunter ehemalige Amtshäuser, das „Schloß" aus dem Jahre 1639 in Fischbach (heute Sitz der Verwaltungsgemeinschaft), wo bis zum Jahre 1790 die Herren von Wangenheim gewohnt haben, das „Alte Schloß" von 1699 in *Schwarzhausen*, in dem in den Jahren 1840 bis 1868 eine Wollkämmerei eingerichtet war, und das „Essighaus" (um 1700) in *Winterstein*, wo bis vor dem Ersten Weltkrieg Essig hergestellt wurde.

Winterstein war auch Stammsitz des weitverzweigten Rittergeschlechts derer von Wangenheim, das im Gothaer Land seine Güter besaß und seit der Landgrafenzeit bis zum Jahre 1918 hohe Ämter im Dienste der Landesherrn bekleidet hat.

Der bekannte Schauspieler Eduard von Winterstein (1871-1961), so sein Künstlername, gehörte diesem adligen Familiengeschlecht ebenso an wie die Schriftstellerin Inge von Wangenheim (1912 bis 1993).

Der Burgbezirk in Winterstein mit der Turmruine sowie den Mauerresten mit gotischem Spitzbogenfenster und Rundbogenpforte ist ein malerischer Zeuge der mittelalterlichen Ritterzeit. Das Hundedenkmal im Park erzählt die Geschichte von dem Hund „Stutzel", der als ein treuer Bote seiner Herrin Briefe zwischen Winterstein und Gotha hin und her trug (1650). Als „Stutzel" gestorben war, verlangte seine Herrin, daß die Dienerschaft mit ihr trauerte und der Hund in einem Sarg auf dem Friedhof begraben wird. Auf Protest des Pfarrers, mehr noch des Gothaer Konsistoriums, wurde er wieder ausgegraben und am Schloß beigesetzt. Seitdem ist hier der Satz „Da liegt der Hund begraben" zu einer Redewendung geworden, mit der man gern auf verborgene Ursachen hinweist.

Neben den adligen Gebäuden und Gütern gab es im Jahre 1554 nur 17, aber im Jahre 1615 schon 80 Häuser im engen Emsetal. Im Jahre 1645 hatte die Pest im Ort gewütet und 300 Menschen hinweggerafft. Die St. Johanniskirche ist in den Jahren 1703/04 gebaut und im Jahre 1855 erneuert worden. Als 1650 die Gemeinde ihren Lehrer erhielt, mußten die Schüler mit ihm nach Schwarzhausen zur Schule gehen. Erst im Jahre 1695 wurde hier ein Schulhaus gebaut, das 1875 durch eine Doppelschule ersetzt wurde.

Wie der Name „Emsetal" besagt, liegt die Verwaltungsgemeinschaft im Tal bzw. Einzugsgebiet der Emse, die am Großen Inselsberg (Emseberg) entspringt und in Sättelstädt, das bis zum Jahre 1922 von altersher zum Gothaer Land gehört hat, in die Hörsel vor dem Großen Hörselberg mündet, fast unter der Autobahnbrücke der A 4. Es ist ein waldreiches Erholungsgebiet mit schönen Buchenwäldern und beschaulichen Tälern. Dazu gehört auch das landschaftlich reizvolle Sembachtal mit seinen Felsen oberhalb des Wintersteiner Sportplatzes bis hinauf zum Rennsteig, wo einst Goethe mit dem Ilmenauer Bergrat Voigt zum Inselsberg geritten ist (s. S. 91). Der Dreiherrnstein am Großen Weißenberg (746 m) mit dem Gedenkstein für den Dichter Victor von Scheffel (siehe S. 70), die Ruhlaer Skihütte und der Inselsberg sind hier beliebte Wanderziele. Beim Wald- und Heimatfest kann man einheimische Folklore erleben, und für Vereinsangler ist hier wie in Schwarzhausen wieder Angeln möglich geworden.

Burgruine der Herren von Wangenheim in Winterstein

Die Verwaltungsgemeinschaft „Nesseaue"

Zuerst waren es fünf Landgemeinden, die sich im Frühjahr 1992 zur *Verwaltungsgemeinschaft „Nesseaue"* vereint haben: Eschenbergen (rd. 650 Einw.), Friemar (rd. 1200 Einw.), Pferdingsleben (rd. 400 Einw.), Tüttleben (rd. 650 Einw.) und Tröchtelborn (rd. 300 Einw.). Dann schloß sich Molschleben (rd. 1100 Einw.) an, und mit der Gebietsreform vom 1. Juli 1994 kamen noch Bienstädt (rd. 400 Einw.), Nottleben (rd. 500 Einw.) und Zimmernsupra (rd. 300 Einw.) vom Nachbarkreis Erfurt-Land dazu. Nun sind es neun zum Teil stattliche Dörfer mit reicher Geschichte, zwischen der Fahnerschen Höhe und der Bundesstraße B 7 gelegen.

Das über tausendjährige **Friemar** ist der Verwaltungssitz dieser Gemeinschaft, die über 5600 Einwohner zählt. Das heutige Friemarer Verwaltungszentrum war ursprünglich im Jahre 1986 als Einkaufszentrum begonnen wurden, und das Haus drohte nach dem Baustopp als Investruine zu verfallen. Aber nach der Wende führte eine Initiative dazu, daß daraus ein modernes Gemeindehaus mit Verwaltungsbüros, Arztpraxis und Bankfiliale geworden ist.

Erstmals ist Friemar im Hersfelder Zehntverzeichnis von 775-786 als „Friomare" genannt worden, das nach neueren Ortsnamenforschungen als See (-mar) einer germanischen Gottheit zu deuten wäre. Ähnlich wie bei Wechmar oder Weimar hat es hier eine weit ältere, germanische Siedlung gegeben. Am sogenannten Gernbrunnen sind auch Bodenfunde einer Siedlung der Linienbandkeramiker (um 4000 v. Chr.) entdeckt worden, so daß die Vorgeschichte in dieser Angelegenheit noch weiter zurückreicht.

Die fränkischen Klöster Fulda und Hersfeld sowie das Kloster Georgenthal (seit 1369) und das Gothaer Kreuzkloster (seit 1314) hatten in Friemar Grundbesitz und Einkünfte. Auch die Herren von Friemar werden damals (1314) erwähnt. Die Gerichtsbarkeit gehörte den Herren von Far(re)nroda, Ministerialen der Thüringer Landgrafen. Sie verpfändeten aber diese Gerichtsbarkeit und andere Rechte Anfang des 15. Jahrhunderts an die Gemeinde, die seitdem als „Kanzleidorf" dem Amt Gotha unterstand. Der Galgen stand auf dem „Galgenrain" südlich vom Dorf.

In der mittelalterlichen Kirchengeschichte ist Friemar mit vier Theologen im 13. und 14. Jahrhundert vertreten, die als Heinriche von Friemar bekannt wurden und sehr wahrscheinlich ihre ersten Klosterjahre im Gothaer Augustinerkloster verbracht haben. Der bedeutendste von ihnen war Heinrich de Frimaria der Ältere (um 1245-1340), der nach einem intensiven Studium der scholastischen Theologie als Ordensprovinzial 1290 bis 1299 die Gründung von rund 20 Augustinerklöstern gefördert hat. Seit dem Jahre 1300 war er Lehrer in Paris, ab 1318 in Erfurt und später wieder in Paris sowie in Venedig als gesuchter Berater tätig. Seine Predigten sind in zahlreichen Handschriften verbreitet. Heinrich von Friemar d. J. war in den Jahren 1342 bis 1350 in Prag als Studienleiter seines Ordens tätig gewesen. . Von den beiden anderen ist aber nur wenig mehr als ihr Name bekannt geworden.

Im Dreißigjährigen Krieg ist der Ort wiederholt ausgeplündert worden (1631, 1636 und 1637). Schließlich wütete auch in dieser Zeit die Pest, an der im Jahre 1636 an die 370 Personen starben, so daß nur noch ein Viertel der Einwohner von 1620 am Leben war. Im 18. Jahrhundert gab es zwei Brandkatastrophen (1727, 1778), denen im Jahre 1842 eine dritte Feuersbrunst mit großen Schäden folgte.

Die St. Viti-Kirche, deren kräftiger Turm nach einer Inschrift auf das Jahr 1387 zurückgeht, brannte im Jahre 1778 ab und wurde 1780-1785 als stattliches Langhaus mit Doppelempore neu aufgebaut. Auch das Pfarrhaus entstand damals neu.

In neuerer Zeit wurde auf Friemars Feldern neben Getreide auch verstärkt Kohlgemüse angebaut. Dank der guten Böden und der Tüchtigkeit, die den „Herren von Friemar" schon immer eigen war, entwickelte sich hier die im Februar des Jahres 1953 gegründete LPG „Große Wende" bald zu einem leistungsfähigen Großbetrieb. Dazu trug auch der Immertalstausee bei, im Volksmund das „Friemarer Meer" genannt. Er ist im Osten des Ortes auf einer 29 ha großen Staufläche als Speicher für die Beregnung landwirtschaftlicher Flächen angelegt worden. Auch als Naherholungszentrum wird er gern genutzt. Im Jahre 1993 hat der Heimatverein Friemar mit dem Aufbau eines sehenswerten Dorfmuseums begonnen, das im ehemaligen Schulhaus (Baujahr 1883) untergebracht ist.

Fast gleich groß wie Friemar ist die Nachbargemeinde **Molschleben** an der Nesse. Sie wird ebenfalls im Hersfelder Zehntverzeichnis erwähnt, dürfte aber als „Magolfeslebo" (Siedlung des Magolf) doch wesentlich älter sein. Auch hier zeugen archäologische Funde von der jungsteinzeitlichen Bandkeramikerkultur bis zur Römischen Kaiserzeit von einer rund 6000jährigen Siedlungsgeschichte in der Molschleber Flur.

Im Mittelalter treten schon früh Herren von Molschleben als Urkundenzeugen auf, wie z.B. Kunemund der Ältere im Jahre 1251. Im 14. Jahrhundert haben hier das Kloster Georgenthal und das Gothaer Augustinerkloster viel Grundbesitz erworben. Im Einkommensverzeichnis der Wettiner von 1378 wird „Malsloubin" beim Amt Gotha mit der beachtlichen Jahrsteuer von zehn Mark Silber erwähnt. Im Jahre 1737 haben 22 Einwohner das Rittergut mit allem Zubehör, darunter eine große Schafherde und die Trift (Weide) dazu, vom Oberforstmeister Alexander von Witzleben für 25 000 Gulden gekauft. Der Waidanbau war auch hier ein wichtiger Erwerbszweig. Davon zeugen heute nicht nur noch ein Mahlstein von der alten Waidmühle, sondern auch die Waiddarre (um 1770) existiert noch. Außer der älteren Mühle an der Nesse gab es seit dem Jahre 1733 auch eine Windmühle oberhalb des Dorfes.

Von den einst zwei Kirchen, von denen St. Nikolaus wohl die Hauskapelle des Ritterguts war, ist

Waiddarre in Molschleben (Hofanlage um 1770)

die große, spätgotische von 1500 weitgehend erhalten geblieben, wenn sie auch im Jahre 1660 umgebaut und im Jahre 1726 nach Westen hin erweitert worden ist. Das Kircheninnere ist mit einer umlaufenden Doppelempore ausgestattet. Der große Vierflügelaltar aus dem Jahre 1518 ist ein bilderreiches Kunstwerk, das dem Meister der Crispinuslegende zugeschrieben wird.

Auf ein besonderes Ereignis im Dreißigjährigen Krieg geht hier der Brauch des „Pfingstreitens" zurück: Im nahen Breitental hatte im Jahre 1642 der schwedische General Königsmarck kaiserliche Truppen geschlagen und war als Sieger in Molschleben eingezogen. Hier forderte er unter Androhung der Plünderung des Dorfes 30 Pferde von der Dorfgemeinde. Die war durch die langen Kriegsjahre nicht dazu in der Lage. Da ritt der Kantor mit 30 Schuljungen auf Weidenstöcken zu den Schweden, um ihnen die Armut des Dorfes zu demonstrieren - mit dem Erfolg, daß der General seine Forderung zurücknahm. Daraus ist später das Molschleber Pfingstreiten als traditionelles Volksfest geworden.

Nördlich von Molschleben liegt am Hang der Fahnerschen Höhe in einer Mulde unweit vom Abtsberg (413 m) die Gemeinde *Eschenbergen*. Jungsteinzeitliche Gräberfunde im südöstlichen Flurteil lassen auf eine frühe Siedlungsgeschichte schließen, von der noch wenig bekannt ist. Schließlich tritt im Jahre 1109 ein Reinhard von Eschenbergen als Zeuge in einer Reinhardsbrunner Klosterurkunde auf, und noch im 14. Jahrhundert waren Angehörige dieses Rittergeschlechts Urkundenzeugen. Im Jahre 1378 gehörte der Ort zum Amt Gotha. Das Kloster Georgenthal war hier begütert, woran die Mönchsgasse noch heute erinnert.

Wegen der St. Nicolaus-Kapelle hatten die Bauern mit dem Kloster Georgenthal Streit bis ins 15. Jahrhundert. Kurfürst Johann Friedrich I. ließ dann dieses alte Gotteshaus an den Eschenberger Michael Lutz für 50 Gulden verkaufen. Im Jahre 1584 wurde die St. Margarethenkirche gebaut, die aber im Jahre 1840 abgebrochen werden mußte. Auf den alten Grundmauern wurde sie dann wieder aufgebaut und am 16. November 1841 eingeweiht. Auch die Grafen von Gleichen besaßen einen größeren Anteil am Ort, der aber später wiederholt den Besitzer gewechselt hat. Im Jahre 1677 kaufte der Gothaer Herzog Friedrich I. diesen Anteil für das Gothaer Land auf.

Das heutige Bürgerhaus stammt aus dem Jahre 1880 und ist 100 Jahre später zu einem beliebten Gesellschaftshaus umgestaltet worden. Seit über 20 Jahren ist hier das alljährlich gefeierte Waldfest zu einer schönen Tradition geworden.

Bienstädt liegt östlich von Molschleben an der Fahnerschen Höhe in rund 350 m Höhe. Obwohl nicht zum wettinischen Besitz gehörend, mußte „Benstete" nach dem Einkommensregister von 1378 zusammen mit Töttelstädt, Offhausen und Zimmernsupra Herbergsgeld und Naturalabgaben an das Amt Gotha liefern. Bis zum Jahre 1633 gehörte der Ort zur Herrschaft Tonna der Grafen von Gleichen und kam 1677 an das Herzogtum Sachsen-Gotha und Altenburg. Da hier auf der Höhe kein Bach floß und die Bienstädter folglich keine Mühle hatten, mußten sie zum Müller in das zwölf Kilometer entfernte Kühnhausen fahren. Seine hohen Abgaben, die er für das Mahlen verlangte, führten immer wieder zu Beschwerden, bis ein Vergleich erreicht und im Jahre 1731 die Erlaubnis erlangt wurde, eine Windmühle am Witterweg zu bauen. Sie existiert heute nicht mehr, ist jedoch noch auf älteren Karten eingezeichnet.

Die alte Kirche aus dem Spätmittelalter war nach mehreren Veränderungen baufällig geworden. Deshalb wurde ab 1811 ein neues Gotteshaus gebaut. Es erhielt am 24. Juli des Jahres 1814 bei seiner Einweihung den Namen Friedenskirche, weil die napoleonischen Kriege zu Ende waren.

Die alte Offhäuser Flur geht auf den erwähnten Ort zurück, der später aufgegeben und wüst geworden war.

Etwa ein Kilometer nordwestlich vom Ort steht die „Bienstädter Warte" (früher auch Offhauser Warte) unweit der Straße nach Gierstädt. Der quadratische Turmrest soll 18,60 m hoch gewesen sein. Er war für die Beobachtung der Straßen nach Erfurt angelegt worden. Urkunden über den Bau aus den Jahren 1412 bis um 1586 bewahrt das Stadtarchiv Erfurt auf. Die Warte dürfte aber schon früher existiert haben. Der Turm war ständig mit einem Wartknecht und seiner Frau besetzt; beide haben einen kleinen Sold und die entsprechende Kleidung erhalten.

Auf der anderen Straßenseite gegenüber ist im Zweiten Weltkrieg der Jahre 1939-1945 ein militärisches Objekt für die Luftraumkontrolle eingerichtet und nach 1945 von der Sowjetarmee zum Sperrbezirk ausgebaut worden. Jetzt dient das Areal als Materiallager der Telekom.

Östlich von Friemar liegt das Waiddorf **Pferdingsleben** mit seiner berühmten Waidmühle, die noch bis zum Jahre 1912 betrieben wurde. Sie ist heute noch originalgetreu erhalten. In die Geschichte der Waidkultur (s. S. 27f.) hat der Heimatverein, der im Jahre 1984 gegründet wurde, inzwischen viel Licht gebracht. Seit 1987 finden hier Waidtagungen statt, die sich durch ein hohes Niveau auszeichnen und auch ausländische Teilnehmer als Besucher zu verzeichnen hatten. Mit interessierten Neudietendorfern arbeitet der Heimatverein auch an der Erforschung der Waidverwendung zusammen.

Das Innere der St. Wigbert-Kirche mit ihren Emporen weist heute noch Ausmalungen mit der blauen Waidfarbe auf (Mitte 18. Jh.). Sie ist in den Jahren 1483-1485 gebaut worden, wie auch eine alte Inschrift aus Luthers Geburtsjahr (1485) bezeugt. Das Langhaus ist im Jahre 1725 umgebaut worden. Der Flügelaltar von 1514, ein romanischer Taufstein und das Kruzifix (Mitte 15. Jh.) gehören zu den Kostbarkeiten dieser Kirche, für deren Erhaltung seit dem Jahre 1972 viel getan wurde.

Auch Pferdingsleben kann auf eine lange Siedlungsgeschichte zurückblicken, wie archäologische Funde aus der Bandkeramiker- und der Hallstattkultur beweisen. Die älteste schriftliche Überlieferung als „Pertikesleba" kommt in einer Fuldaer Klosterurkunde der Jahre 750 bis 775 vor. Im Mittelalter war der Ort von einer festen Lehmmauer mit dem Anger-, Hirten- und Weißen Tor umgeben. Er gehörte damals zur Grafschaft Gleichen unter wettinischer Landeshoheit. Bei einer

Die Waidmühle in Pferdingsleben

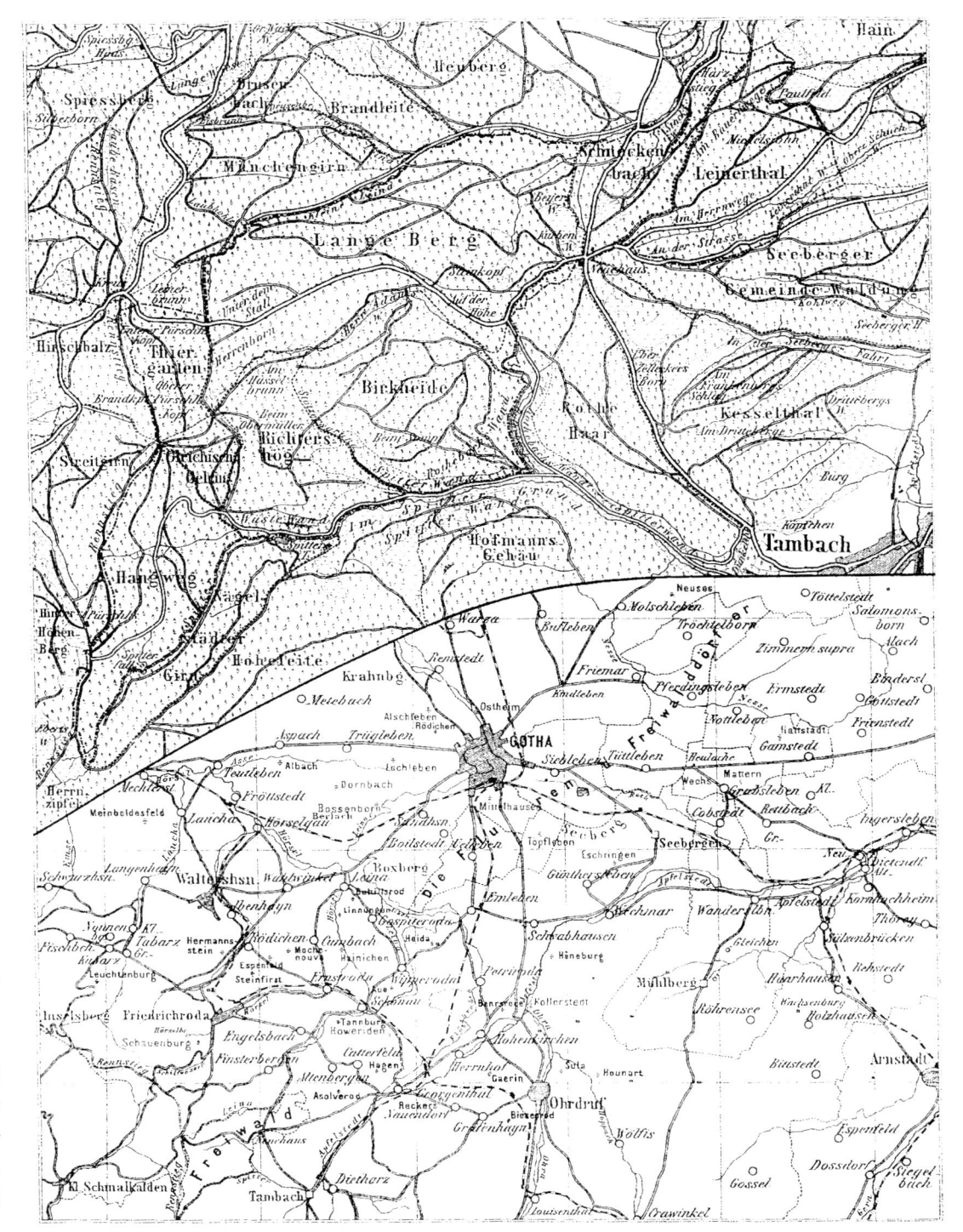

Die Lage der Fluren der Freiwalddörfer zum Freiwald (Ausschnitt aus einer Hellfarth-Karte, aus Heß 1897)

Reihe von Bauernhöfen aus dem 16. und 17. Jahrhundert sind noch die alten Toreinfahrten original erhalten. Große Feuersbrünste haben in den Jahren 1593 und 1714 das Dorf ebenso in die Katastrophe gestürzt wie die Pestjahre 1626 und 1628, als rund 250 Einwohner starben. Pferdingsleben gehörte auch zu den Freiwaldgemeinden, denen das Kloster Georgenthal seit dem 13. Jahrhundert seinen Gemeindewald immer wieder streitig gemacht hat.

Tüttleben, an der alten „via regia" bzw. der heutigen Bundesstraße B 7 gelegen, gehört ebenfalls zu den geschichtsträchtigen Dörfern dieser Gegend und wird in einer Fuldaer Schenkungsurkunde „Tuteleiba" (822-842) genannt. Seine reiche Geschichte wurde vom Waid- und später vom Gemüseanbau geprägt. Außerdem gehörte Tüttleben auch zu den Freiwalddörfern. Als „Tuteloybin" ist es im Jahre 1378 beim Amt Gotha im Einkommensregister der Wettiner mit Geld- und Naturalabgaben verzeichnet. Seit dem späten 12. Jahrhundert haben die Klöster Reinhardsbrunn und Georgenthal sowie die Gothaer Klöster hier Grundbesitz erworben, und seit dem Jahre 1152 sind schon die Herren von Tüttleben als Urkundenzeugen bekannt. Die Lage an der alten Heer- und Handelsstraße brachte dem Dorf bei jeder Fehde und jeden Krieg viel Schaden. Ganz schlimm war es auch im Oktober 1813, als erst die bei Leipzig geschlagenen Soldaten Napoleons und bald darauf die Truppen der Verbündeten, darunter auch Russen, hier durchzogen. Immer wieder machten Einquartierungen, Plünderungen und Lieferungszwänge von Lebens- und Futtermitteln die Bewohner bettelarm. Noch im Jahre 1831 bestand eine Schuldenlast von 39 000 Talern. Im Jahre 1861 vernichtete ein Brand 18 Wohnhäuser mit Ställen und Scheunen. Erst nach 1871 konnte sich die Gemeinde in der langen Friedenszeit erholen.

Die heutige Pfarrkirche, im Jahre 1228 erstmals erwähnt, ist im Jahre 1691 auf den Grundmauern des mittelalterlichen Vorgängerbaus errichtet und um 1700 erneuert worden. Der Westturm der Kirche ist nach einer Inschrift 1463 erbaut worden. Schon im Jahre 1152 wurde in einer Georgenthaler Klosterurkunde Withelo de Tueteleibe als Zeuge genannt. Das Kloster Reinhardsbrunn besaß bei der Kirche die „Mönchswiese". Es verkaufte im Jahre 1385 ein Gut und ein Vorwerk.

Nach der Wende bzw. seit dem Jahre 1990 hat sich in Tüttleben manches Neue entwickelt, besonders im Gewerbegebiet „An der Landstraße" bzw. „Am Feldrain" (10 ha) mit seinen neuen Betrieben.

Tröchtelborn, nur wenig mehr als ein Kilometer von Friemar oder Pferdingsleben entfernt, ist ebenso alt wie Pferdingsleben. Bei der Verwaltungsreform von 1950 kam die Gemeinde vom ehemaligen Kreis Weißensee an den Gothaer Landkreis, andererseits ging das gothaische Töttelstädt an den neuen Landkreis Erfurt-Land. Ein Rundbogenportal am Bornberg 18 mit dem Erfurter Rad von 1535 erinnert an die jahrhundertelange Zugehörigkeit Tröchtelborns zum „Erfurtischen Gebiet", denn im Jahre 1351 hatte die Stadt das Dorf vom Ritter Dietrich von Mols(ch)leben gekauft. Seit dem späten 15. Jahrhundert gehörte Tröchtelborn zur Vogtei (Amt) Nottleben und dann ab 1709 zum Erfurter Amt Alach. Als einziges erfurtisches Dorf war es auch eines der sieben Freiwalddörfer, was auf seine Zugehörigkeit zu einem frühgeschichtlichen Siedlungsverband schließen läßt.

*Bonifatius-
wappen am
Südportal der
Tröchtelborner
St. Bonifatius-
Kirche*

Die St. Bonifatius-Kirche geht in den Fundamenten auf ein altes Gotteshaus zurück, von dem der alte Turm aus dem 12. Jahrhundert erhalten geblieben ist. Einige Fragmente mittelalterlicher Wandmalereien im Tonnengewölbe und am Triumphbogen im Erdgeschoß des Turmes sind bemerkenswert. Im Jahre 1605 wurde das Kirchenschiff erweitert und um 1700 teilweise umgebaut. Eine besondere Kostbarkeit ist die Barockorgel von Franziskus Volckland (gest. 1696), die zu seinen größten und besten Arbeiten zählt und die gegenwärtig restauriert wird. Von 1610 bis 1621 hat hier der Pfarrer und Komponist Michael Altenburg (1584-1640), aus dem nahen Alach stammend, seine besten Jahre verbracht. Dabei konnte er sich auf eine leistungsfähige Kantorei stützen. Später war er in Sömmerda und Erfurt tätig.

Das benachbarte, bis 1950 gothaische **Töttelstädt** wird schon im Jahre 706 in einer alten Urkunde als „Tutelstete" erwähnt. Im Einkommensregister von 1378 wird „Tatelstete" zusammen mit „Cymbern" (Zimmernsupra), Bienstädt und Offhausen erwähnt, die dem Amt Gotha Herbergsgeld und Naturalien (Hafer und 40 Hähnchen) liefern mußten. Im 13. und 14. Jahrhundert waren hier die Herren von Töttelstädt zu Hause. Grenzstreitigkeiten am Witterdaschen Holz gab es lange Zeit, die schließlich im Jahre 1783 beigelegt wurden. Brände und Pestjahre haben dem Dorf schwer geschadet. Im Jahre 1824 brannten beispielsweise 81 Gebäude mit der Kirche und der Schule ab. Straßennamen wie Obertor und Erfurter Tor erinnern heute noch daran, daß Tröchtelborn ähnlich wie Pferdingsleben befestigt war.

Zwei Namen haben den Ort bekannt gemacht: Ludwig Böhner und Wilhelm Hey. Böhner (1778 bis 1860), der hier als Pfarrerssohn geboren wurde, hat als virtuoser Pianist bei Liszt und Schumann hohe Anerkennung gefunden und auch als Komponist viel geleistet. Manches davon wird heute wieder gespielt. Als „Thüringer Mozart" ist er letztlich unvergessen geblieben. Das Pfarrhaus, in dem er geboren wurde, steht noch bei der Kirche, die derzeit restauriert wird. Der Fabeldichter Hey (1789-1854) aus Leina hatte hier im Jahre 1818 seine erste Pfarrerstelle erhalten. Er

*Karte S. 115:
Die Ämter Alach und Mühlberg 1762
(Ausschnitt aus Homanns Karte „Erfordiensis..."*

NOVA
TERRITORII
ERFORDIENSIS
IN SUAS PRÆFECTURAS
accurate devisi descriptio
Auctore
IOH. BAPT. HOMANNO
Noribergæ
Anno 1762

Milliare Germanicum magnum.
Milliare Germanicum parvum.

ist später außer mit seinen Kinderfabeln u.a. mit den Liedern „Weißt Du, wieviel Sternlein stehen" und „Alle Jahre wieder" bekannt geworden.

Die beiden Nachbarorte Nottleben und Zimmernsupra sind mit der Gebietsreform von 1994 zum Kreis Gotha gekommen. Ihre „erfurtische" Vergangenheit ist deshalb für Gothaer noch weitgehend unbekannt.

Der „Heimatverein" in Nottleben, vor kurzem erst gegründet, wird hier noch viel zu tun haben. An dieser Stelle seien nur ein paar Eckpunkte der geschichtlichen Entwicklung genannt:

Im Jahre 1356 hat die Stadt Erfurt die Gerichtsbarkeit über die Einwohner **Nottlebens** von Junker Thilo von Mühlhausen erkauft und im Jahre 1562 zwei Freihöfe mit 20 Hufen Ackerland und 42 Acker (ca. 5-6 Hufen) Wiesen von den Grafen von Schwarzburg erworben. Im 15. Jahrhundert bis Anfang des 16. Jahrhunderts (1709) war Nottleben Sitz einer Vogtei. Vom November des Jahres 1926 bis zum September 1967 hatte hier eine Kleinbahn-AG die 21 km lange Strecke von Erfurt-West bis Nottleben betrieben. Das Bahnhofsgebäude ganz im Stil der 20er Jahre ist noch erhalten und kürzlich erneuert worden. Die Tradition des Nottleber Zwiebelmarktes ist jetzt mit Erfolg wiederbelebt worden.

In **Zimmernsupra** (Zimmern auf dem Berge) waren von alters her das Kloster Hersfeld und später auch die Grafen von Gleichen begütert. Schon im Jahre 775 wird es in einer Schenkungsurkunde Karls des Großen für Hersfeld als „Cymbern" erwähnt. Seit dem Jahre 1358 erwirbt Erfurt auch hier Besitz, so 1492 den Anteil einer Katharina Braun, bis zum Jahre 1604 den Rest des Dorfes.

Zimmernsupra gehörte wie Nottleben und Tröchtelborn zur Vogtei Nottleben. Hier führte der Vogt als Richter den Vorsitz in den Dorfgerichten der 13 Ortschaften, die zur Vogtei gehörten. Seit der Neuordnung der Verwaltung des „erfurtischen Gebietes" im Jahre 1709 gehörten diese Gemeinden zum Amt Alach, seit 1816 zum Kreis Erfurt.

Die St. Jakobus-Kirche ist im Jahre 1727 mit einem hölzernen Tonnengewölbe und einer Doppelempore erbaut worden. Die Malereien im Innenraum mit dem großen Kanzelaltar wurden im Jahre 1966 stilgerecht erneuert; jetzt muß das Dach saniert werden.

Die Verwaltungsgemeinschaft „Mittleres Nessetal"

Nachdem sich Anfang des Jahres 1995 auch Goldbach und Wangenheim angeschlossen haben, gehören jetzt acht Gemeinden mit rund 6200 Einwohnern der **Verwaltungsgemeinschaft „Mittleres Nessetal"** an, die am 1. März 1992 gegründet wurde und nun eine starke ländliche Gemeinschaft bildet.

Der Verwaltungssitz liegt in **Warza** (rund 670 Einw.) an der Bundesstraße B 247, sechs Kilometer nördlich von Gotha. Funde aus Bestattungen der Schnurkeramiker am westlichen Ortsrand von Warza zeugen von einer 4000 Jahre alten Siedlung. In einer Urkunde des Klosters Fulda von 802/817 wird der Ort als „Urezaha" erstmals schriftlich erwähnt, wobei die Endung -aha (Wasser) auf ein weit höheres Alter von Warza hinweist. Seit dem Jahre 1109 gibt es Herren von Warza. Einer von ihnen, Apel von Warza, war Gothaer Bürger, als er im Jahre 1342 Grundbesitz an das Kloster Georgenthal verkaufte. Nach dem Einkommensverzeichnis der Wettiner von 1378 gehörte Warza wie auch die Nachbarorte Bufleben, Goldbach und Remstädt zu den „Nessedörfern" des Amtes Gotha. Diese Orte hatten alljährlich die Jahrsteuer (auch Bede genannt) in Silbermark, außerdem noch Naturalabgaben (Getreide, Jungvieh) an das Amt zu liefern.

Die Herren von Erffa (s. S. 126) besaßen hier bis zum Jahre 1677 Güter und das Patronatsrecht über die St.Johanniskirche, deren spätgotischer Bau im Jahre 1520 begonnen wurde. Diese wurde dann in den Jahren 1584 und 1768 baulich verändert. Schon das Jahr 1597 war ein schlimmes Pestjahr für Warza, aber die Pestjahre 1625 und 1635 bis 1637 haben dann so viele Tote gefordert, daß von 570 Personen vor dem Dreißigjährigen Krieg im Jahre 1638 nur noch 240 am Leben waren. Im Siebenjährigen Krieg (1756-1763) und in den napoleonischen Kriegsjahren hatte die Bevölkerung durch Einquartierungen sowie Lebensmittel- und Futterlieferungen wieder viel zu leiden. Selbst zu den Schanzarbeiten für die französische Besatzung in Erfurt mußte die Gemeinde beitragen.

Bis zum Jahre 1827 wurde die Straße nach (Bad) Langensalza als feste Chaussee ausgebaut und im Jahre 1890 der Bahnanschluß von Bufleben ins Nessetal angelegt. Die heutige Warzaer Apotheke war früher weit und breit die einzige. Seit dem Jahre 1933 besteht hier das im Sommer viel besuchte Friedrich-Ludwig-Jahn-Freibad.

Heute existiert ein rund acht Hektar großes Gewerbegebiet an der Straße nach Goldbach, das hier einheimischen wie auswärtigen Investoren neue Entwicklungsmöglichkeiten eröffnet. Seit einigen Jahren gibt es in Warza auch einen Reitverein „Nessetal e.V.", der alljährlich im Mai mit Reitsportveranstaltungen am „Tag des Pferdes" für diesen schönen Sport wirbt.

Das benachbarte **Westhausen** (rd. 450 Einw.) wird im Jahre 974 bei einem Gütertausch zwischen dem Kloster Fulda und dem Erzbischof von Magdeburg erwähnt. In den Jahren 1267 und 1284 tritt dann ein Kirstan (Christian) von Westhausen als Urkundenzeuge auf, und noch bis ins 14. Jahrhundert ist dieses Adelsgeschlecht überliefert. Seit dem Jahre 1321 waren aber die Ritter von Wangenheim hier die Herren, die seit 1485 den Ernestiner Herzögen unterstanden.

Die St. Vitus-Kirche war wegen Baufälligkeit im Jahre 1715 abgerissen und 1718 auf den alten Grundmauern neu errichtet worden. Der „uralte Turm" wurde im Jahre 1821 erhöht. Das Kircheninnere mit Doppelempore und Kanzel gehört in das 18. Jahrhundert. Ähnlich wie in Warza haben auch hier die Einwohner unter Kriegen und Pestjahren schwer zu leiden gehabt.

Nach der Wende hat sich hier manches verändert. Wenn auch der Ausbau des Landgasthauses „Zur Waidmühle" zum größeren Bürgerhaus noch Probleme bereitet, so gibt es hier ein aktives Vereinsleben und im Sommer das Country- und Trukker-Weekend des Country-Clubs „Green Valley".

Südlich von Warza am Fuße des Grenzberges (315 m) liegt **Remstädt** (rd. 750 Einw.) auf zum Teil seit der Jungsteinzeit besiedeltem Boden, so daß die Gemeinde auf eine 4-5000 Jahre alte Vergangenheit zurückblicken kann. Erst vor kurzem, im Jahre 1994, konnten bei Bauarbeiten Hokkergräber aus der Bronzezeit (1800-1500 v. Chr.) gefunden bzw. freigelegt werden.

Die schriftliche Überlieferung beginnt in Remstädt mit der Erwähnung als „Rimistede" im Hersfelder Zehntverzeichnis bei den Schenkungen Karls des Großen von 775/86. Vom 12. bis 14. Jahrhundert sind die Herren von Remstädt als Urkundenzeugen oder Verkäufer beim Kloster Reinhardsbrunn und dem Gothaer Augustinerkloster bekannt. Bei der Belagerung Gothas im Jahre 1567 hatte Kurfürst August von Sachsen ab Ende März einige Wochen sein Hauptquartier in der Mühle von Remstädt, und die Einwohner hatten dabei viel zu leiden. Außer dieser Mühle gab es im Ort noch eine zweite Mahl- und eine Ölmühle.

Die ursprünglich spätgotische St. Lukas-Kirche aus dem 14. Jahrhundert ist seit dem Jahre 1560 umgebaut und 1670 weitgehend erneuert worden. An der Wiedereinweihung im Jahre 1670 nahm übrigens auch Herzog Ernst der Fromme mit seinen drei ältesten Söhnen aus Gotha teil. Die Innenausstattung mit den Emporen datiert von 1718. Um das Jahr 1700 hat der Gothaer Geheime Ratsdirektor Joh. Fr. Bachof von Echt (1643-1726) ein Rittergut erworben, dessen Herrenhaus noch erhalten geblieben ist. Im Jahre 1796 hatte der Kaufmann Ernst Arnoldi in Gotha, der Vater des Gründers der Gothaer Versicherungsbanken, hier eine Massemühle für die von ihm gepachtete Porzellanfabrik errichtet. Sie wurde im Jahre 1804 zu einer Fabrik für Farbenwaren umgebaut.

Die Landwirtschaft war für die Bewohner Remstädts immer der Haupterwerbszweig. Auch der Waidanbau gehörte dazu. Im Jahre 1586 kaufte die Gemeinde die Waidmühle von der Kirche, aber die Waidwirtschaft hat bald an Bedeutung verloren. Im strengen Winter des Jahres 1756/57 waren die Mühlen einhundert Tage lang nicht arbeitsfähig, weil alles zugefroren war. In diesem Winter waren auch alle Obstbäume erfroren. Ein besonderes Ereignis war im Jahre 1907 die Anschaffung der ersten festen Dreschmaschine im Dorf.

Im Sommer des Jahres 1958 gründeten 13 Remstädter Bauern eine LPG mit 130 ha Betriebsfläche. Nach der großen Überschwemmung im Jahre 1961 unterhalb des Ortes, beim Zusammenfluß von Flutgraben und Leinakanal, wurde im Jahre 1966 ein neues Flußbett ausgebaggert.

Remstädt war in alter Zeit ein beliebter Sommerausflugsort der Gothaer, die gern durch das Heutal hierher spazierten. Auch die Kirmse war ebenso beliebt wie die Betriebsfeste, die hier früher Gothaer Fabrikherren mit ihrer Belegschaft vor dem Ersten Weltkrieg feierten.

Es war der Dienstag nach Ostern 1945, als an diesem 3. April amerikanische Panzer über den Goldberg heranrollten. Sie schossen auf fliehende Soldaten, auf Flakgeschütze und Fahrzeuge sowie auch nach Remstädt hinein, wo sich noch Soldaten aufhielten. Dabei richteten sie erhebliche Schäden an über 20 Häusern einschließlich ihrer Nebengebäude an. Unter den Einwohnern hat es dabei Tote und Verwundete gegeben.

Die Geschichte Remstädts hat der Heimatfreund Lorenz Kreibe gründlich erforscht und in einer umfangreichen Darstellung im Jahre 1974 beschrieben.

Östlich von Warza liegt **Bufleben** (rd. 1000 Einw.). Zwischen beiden Orten liegt der Bahnhof Bufleben an der Strecke Gotha - Mühlhausen.

In einer Urkunde des Klosters Fulda von 780/802 wird der Ort erstmals als „Buffileba" erwähnt. Herren von Bufleben sind seit dem Jahre 1109 bekannt, als Eberwinus de Buffleiben in einer Reinhardsbrunner Schenkungsurkunde unter den Zeugen vorkommt. In den Jahren 1350/51 verkaufte Hermann von Bufleben Grundbesitz an die Klöster in Reinhardsbrunn und Gotha.

Wegen unerlaubten Bierbrauens gab es früher wiederholt Streit, der nach dem Pfingstfest des Jahres 1524 zum Bufleber Bierkrieg ausartete. 40 bis 50 bewaffnete Gothaer Bürger erstürmten beim zweiten Anlauf die Gemeindeschenke, wo fremdes Bier ausgeschenkt worden war, randalierten im Ort und nahmen schließlich zwei Faß Bier mit. Nachdem sie es in Gotha ausgetrunken hatten, stürmten sie das Gothaer „Pfaffenviertel" am Berg und vertrieben dort mit lauten Beschimpfungen die Konkubinen der Chorherren, die wegen ihres allzu weltlichen Lebenswandels unbeliebt waren (sog. Pfaffensturm). Noch im Jahre 1624 wurden die Bufleber erneut durch ein Edikt Herzog Johann Casimirs verpflichtet, nur Gothaer Bier auszuschenken.

Die St. Cyriax-Kirche geht nach einer steinernen Inschrift auf das Jahr 1412 zurück. Das Langhaus ist im Jahre 1560 umgebaut und 1752 sowie 1818 verändert worden. Von 1559 bis 1567 war der Kirchenhistoriker Marcus Wagner (um 1528 bis 1597) hier Pfarrer. Er verlor bei der Belagerung Gothas von 1567 während der sog. Grumbachschen Händel u.a. seine wertvolle Bibliothek. Früher hatte er auf seinen Reisen zahlreiche Quellenschriften und Drucke für die kritische Kirchengeschichtsschreibung des Magdeburger Lutheraners Flacius Illyricus beschafft. Nach dem Jahre 1567 kehrte Wagner mit seiner Familie in seinen Heimatort Friemar zurück, wo er noch bis zu seinem Tod ohne Amt gelebt hat.

Im Dreißigjährigen Krieg hat die Bevölkerung große Verluste erlitten. Von 600 Einwohnern im Jahre 1620 lebten 1638 nur noch 225 Personen, von 125 Wohnhäusern standen nur noch 55.

Der Gothaer Bergrat und Salinendirektor C.Chr.Fr. Glenck (1779-1845) hatte in Bufleben nach einigen Tiefbohrungen (220 m) die Saline „Ernsthalle" angelegt und mit einer Aktiengesellschaft betrieben. Der Salzgehalt der Bufleber Sole lag bei 28 %. Nachdem die Salzproduktion seit dem Jahre 1918 ständig zurückgegangen war, wurde sie im Jahre 1933 eingestellt und die Salinenanlage demontiert. Im Jahre 1980 ist auch der Salzschuppen von einem Sturm zerstört wurden.

Die alte Bockmühle (um 1600) ist von einer Interessengemeinschaft erhalten worden, bedarf aber einer abschließenden Restaurierung.

Die beiden kleinen Nachbarorte Hausen und Pfullendorf sind seit dem Jahre 1950 Ortsteile der Gemeinde Bufleben.

Im Jahre 1143 wird **Hausen** als „Husun" und 1166 „Phullendorf" erstmals urkundlich überliefert. Hausen war der Sage nach ein Edelhof der Herren von Hausen mit Schloß, Vorwerk und Schäferei, woran noch der „Wall" erinnerte. Im Jahre 1157 wird Walther von Hausen in einer Ichtershäuser Klosterurkunde genannt, und 1227 begleiteten die Ritter Ludwig und Rudolf von Hausen den Landgrafen Ludwig IV. zum Kreuzzug nach Unteritalien.

Die St. Nikolai-Kirche geht auf das 12. Jahrhundert zurück und ist im Jahre 1601 erweitert und dabei der Turm neu aufgebaut worden. Zwei Feuersbrünste vernichteten in den Jahren 1738 und 1752 eine größere Zahl von Wohn- und Wirtschaftsgebäuden.

In **Pfullendorf** waren seit dem Jahre 1297 die Ritter von Wangenheim die Gerichtsherren. Im Jahre 1378 wird der Ort beim Amt Gotha mit der Verpflichtung erwähnt, ein Quantum Getreide als Wegmiete zu zahlen. Später mußten die Pfullendorfer am Stammsitz der Wangenheimer (Winterstein oder Fischbach) frohnen, wobei die Frauen den Scheuersand mitbringen mußten. Andererseits sollen die Wiesen an der Nesse so ertragreich für die Schafweide gewesen sein, daß man dreimal im Jahr Hammel schlachten konnte.

Die St. Bonifatius-Kirche in Pfullendorf ist in den Jahren 1831/32 neu gebaut worden. Der weitaus ältere Kirchturm wurde in den Jahren 1703 und 1863 ausgebessert.

Nördlich von Hausen liegt in einer Quellmulde das einstige Gothaer Kanzleidorf **Ballstädt** (rd. 800 Einw.), das in einer Fuldaer Klosterurkunde von 822/42 „Balderesteti" genannt wird. Die Quellen im Breitenbrunnen und das Ballstädter Wasser speisen den Tonnabach, der früher bis nach Tonna fünf Mühlen getrieben hat. Am Großen und Kleinen Heuberg wurden Funde der Bandkeramikerkultur gemacht. Die Herren von Ballstädt sind vom 12. bis 16. Jahrhundert überliefert. So wird z.B. im Jahre 1252 ein Heinrich von Ballstädt als Schöppe* in Gotha erwähnt.

beisitzender Richter

Nachdem schon früh das Reinhardsbrunner Kloster hier Grundbesitz erworben hatte, folgten dann seit Ende des 13. Jahrhunderts auch das Kloster Georgenthal und im 14. Jahrhundert das Heilige Kreuz-Kloster in Gotha. Die späteren Rittergüter, die dann von der Lampertschen Familie erworben wurden, sind im Jahre 1818 Erblehngüter geworden. Von dem Gut an der Kirche ist das hohe Wohnhaus mit seinem Doppelgiebel noch erhalten, während die Wirtschaftsgebäude auf Abbruch stehen.

Die Peterskirche ging im Jahre 1497 aus einer Kapelle hervor und ist im Jahre 1696 ausgebaut worden. Der Turm stammt im Kern noch aus dem 14. Jahrhundert. Sein spitzes Dach ragt hoch über den Ort hinaus, so daß man es vom Gothaer Schloß aus sehen kann.

Im Dreißigjährigen Krieg (1618-1648) war hier das Pestjahr 1625 so schlimm, daß 365 Personen starben. Die nachfolgenden Kriegsjahre waren schwer, denn infolge von Raub, Brandschatzung und sonstigen Verwüstungen standen von 129 Häusern im Jahre 1638 nur noch 54. Sieben Pferde, eine Kuh und vier Schweine waren den Bewohnern geblieben, nicht einmal ein Schaf gehörte mehr dazu. Feuersbrünste und Hagelwetter im 18. Jahrhundert sowie der große Brand im Jahre 1813 haben dem Dorf immer wieder Schäden zugefügt.

Heute ist im Ort das Kulturzentrum „Fahnersche Höhe", das in den Jahren 1974/75 gebaut und zehn Jahre später weiter ausgebaut wurde, ein beliebter Treffpunkt der Ballstädter. Im Jahre 1981 wurde die alte Schule zu einer Kaufhalle umgebaut. Eine besondere Sehenswürdigkeit ist die Breithauptsche Bockwindmühle, die im Jahre 1981 so- gar auf der Briefmarke einer Sonderserie der Post mit Mühlenmotiven zu sehen war. Die Ballstädter Windmühle ist im Jahre 1834 in Eggersdorf bei Schönebeck (Sachsen-Anhalt) gebaut und im Jahre 1930 nach hier umgesetzt worden. Dieses seltene technische Denkmal ist noch voll funktionsfähig und wird in den Sommermonaten an jedem letzten Samstag mit drehenden Flügeln vorgeführt.

Vom nordöstlichen Ortsausgang an der Obermühle vorbei über den Hopfenberg kann man in das Ballstädter Holz zum Blütengrund (Flächennaturdenkmal) wandern. Dort war ein beliebtes Ausflugsziel die Sommergaststätte „Fixe Idee", die nach dem Ersten Weltkrieg ein Burgtonnaer erbaut hatte, nachdem er aus englischer Kriegsgefangenschaft heimgekehrt war. Von hier erreicht man den Kammweg der Fahnerschen Höhe. Dort führt westwärts der Weg an der Weißen Hütte vorbei hinunter nach Burgtonna, in östlicher Richtung geht es nördlich vom Abtsberg (413 m), der auf alten Karten auch als Eckartsberg bezeichnet wird, zu einer Wegkreuzung. Hier liegt in der Nähe das Grab von sieben jungen Soldaten, die noch am 9. April 1945 gefallen sind. Von der Kreuzung führen Wanderwege zu den Orten rund um die Fahnersche Höhe.

Goldbach (rd. 1450 Einw.) liegt nicht an der Nesse, sondern an der Wilden Leina, die bei Remstädt aus dem Zusammenfluß von Leinakanal und Flutgraben entstanden ist und beim Wangenheimer Bahnhof in die Nesse mündet. Trotzdem gehört der Ort zu den Nessedörfern des Amtes Gotha, wie schon aus dem Einkommensverzeichnis der Wettiner aus dem Jahre 1378 hervorgeht.

Schon seit der Jungsteinzeit ist an der Wangenheimer Flur gesiedelt worden, wie archäologische Funde am Steingraben gezeigt haben. Auch für die nachfolgenden Siedlungsperioden hat es an anderen Stellen aufschlußreiche Bodenfunde bis in die altthüringer Zeit gegeben. Der erste schriftliche Nachweis ist in einer Fuldaer Klosterurkunde von 780/802 als „Goltbach" enthalten. Im Jahre 1121 schenkte ein Christian von Goldbach dem Kloster Reinhardsbrunn das Dorf Ellnde* bei Eisenach. Seitdem sind die Herren von Goldbach bis zum Jahre 1385 nachweisbar. Auch andere Adlige hatten hier Grundbesitz, den sie z.T. an die Klöster im Gothaer Land veräußerten. Das Karthausland in der Goldbacher Flur gehörte einst dem Eisenacher Karthäuserkloster. Es wurde nach dem Bauernkrieg von 1525 vom Landesherren eingezogen und im Jahre 1543 aufgeteilt: Sieben Hufen behielt die Kammer als Gut, acht Hufen wurden an die Goldbacher Bauern vergeben. Der einstige Mönchshof war ein Überbleibsel des Klosters.

Der Bau der großen, spätgotischen St. Petri-Kirche ist im Jahre 1518 begonnen worden. Dafür sind auch Steine der St. Annakapelle verwendet wor-

* *Oberellen*

Ballstädter Bockwindmühle

den, die im Norden vor dem Dorf abgebrochen worden ist.

Im Jahre 1488 erhielt die Gemeinde von Kurfürst Friedrich dem Weisen das Recht, Bier für den eigenen Bedarf zu brauen und Wein auszuschenken, nachdem es vorher mit Gotha darüber Streit gegeben hatte. Bei der Belagerung Gothas im Jahre 1567 hatte Kurfürst August von Sachsen hier sein Hauptquartier. Einer seiner Söldner hatte am 26. März ein Feuer verursacht, bei dem 80 Wohnhäuser mit den Wirtschaftsgebäuden abbrannten. Da nun in Goldbach nichts mehr zu holen war, verlegte der Kurfürst sein Hauptquartier nach Remstädt. Nicht nur diese Auseinandersetzungen z.Z. der Grumbachschen Händel, auch die Kriege im 17. und 18. Jahrhundert haben viel Unglück über Goldbach gebracht.

Am 3. April 1945 fuhren Panzer der 4. US-Panzerdivision über dem Goldberg am Ort vorbei und rückten zwischen der Landstraße und dem Krahnberg nach Gotha vor, das einen Tag darauf kapitulierte. Die Nachkriegszeit hat dann manches verändert, was in der Ortschronik festgehalten wurde. Nach der Wende ließ sich schon bald ein Supermarkt als erster im Nessetal hier nieder. Das Gewerbegebiet „Im Pferdestall" (17 ha) bot hier neue Entwicklungsmöglichkeiten.

Nördlich von Goldbach liegt **Hochheim** (rd. 500 Einw.) auf dem südöstlichen Ausläufer der Harth. Die 55 km lange Nesse bildet hier wie fast überall im Gothaer Land die Gemeindeflurgrenze zwischen den Dörfern nördlich und südlich des Flusses. Im Jahre 779 wird Hochheim in einer Schenkungsurkunde an das Kloster Fulda als „Hochaim" erwähnt.

Auf der Höhe nach Wiegleben zu lag einstmals im 13. und 14. Jahrhundert die Siedlung Hauthal. Sie wurde im 15. Jahrhundert aufgegeben, nachdem sich Burkhart von Hauthal in einem Haus am Kornmarkt in Langensalza niedergelassen hat. Er ist übrigens 1412-1418 auch in Weimarer Urkunden erwähn worden.

Die Herren von Hochheim sind schon seit dem Jahre 1209 bekannt. Meister Eckhart (Eckehard) von Hochheim (um 1260-1327), der in die mittelalterliche Kirchengeschichte als einer der großen Mystiker eingegangen ist, hat der Gemeinde zu europäischem Ruhm verholfen. Der wird ihr aber von dem gleichnamigen Ort Hochheim bei Erfurt streitig gemacht, weil Eckhart im Jahre 1275 ins Erfurter Dominikanerkloster eingetreten ist. Nachweislich war seine Familie jedoch im Gothaer Land ansässig, so sein Vater als zeitweiliger Burgvogt bei Tambach. Das „de Hochheim" in den Schriften Meister Eckharts ist sowohl als Herkunftsbezeichnung als auch als Familienname möglich. Nur zwei Jahre blieb Eckhart in Erfurt, denn schon im Jahre 1277 ging er zum Studium an die Pariser Universität, machte seit 1280 Karriere in Ordensämtern sowie als Lehrer und war in den Jahren 1292-1311 wieder in Erfurt. Bevor er nochmals in Paris und später in Straßburg tätig war, war er in Erfurt erster Provinzial der sächsischen Ordensprovinz der Dominikaner. Seine Predigten waren in der damaligen Zeit als Handschriften weit verbreitet. Im Jahre 1329 sind nach einer längeren Prüfung einige seiner Sentenzen (Aussprüche) als häretisch* verurteilt wurden.

Seit dem Jahre 1335 waren in Hochheim die Herren von Wangenheim begütert, die sich mit

ketzerisch

dem kurfürstlichen Amt in Gotha in den Ort teilen mußten. Ihr „altes Schloß" war den Herren von Vogel als Afterlehen überlassen worden, die es später gekauft haben. Nach einem weiteren Besitzerwechsel wurde es im Jahre 1862 abgebrochen. Das Klosterland mit den Katharinenhöfen war vor dem Jahre 1525 im Besitz des Eisenacher Katharinenklosters. Im Jahre 1545 ist es dann von zwei Hochheimern gekauft worden. In den Pestjahren des 16. und 17. Jahrhunderts starben zahlreiche Einwohner, so wurden beispielsweise im Jahre 1625 an die 170 Pesttote gezählt. In den Kriegsjahren 1632-1638 sowie 1757 und 1761 plünderten feindliche Truppen den Ort, und im Jahre 1813 wurde Hochheim sogar dreimal von Plünderungen heimgesucht, nämlich im Oktober zweimal von den Franzosen, dann von den Österreichern und Russen.

Seit dem Jahre 1870 entwickelte sich hier wie auch in den benachbarten Dörfern die Landwirtschaft schneller, nachdem in den 60er Jahren die Separation* durchgeführt worden war. Mit der Gründung eines Landwirtschaftsvereins (1876) wurden moderne Pflüge und Ringelwalzen angeschafft und im Jahre 1882 zum ersten Mal eine Drillmaschine für die Getreideaussaat benutzt. In der Erntezeit des Jahres 1910 liefen sogar zwei Dampf-Dreschmaschinen im Ort. Nach dem zweiten Weltkrieg wurden in den Jahren 1956 und 1960 zwei Landwirtschaftliche Produktionsgenossenschaften (LPGs) gegründet, die sich im Jahre 1969 mit anderen LPGs in zehn Nachbardörfern zu einem Großbetrieb zusammenschlossen, aus dem im Jahre 1975 eine LPG für Tierzucht ausgegliedert wurde. Übrigens haben hier schon im Jahre 1976 acht Dörfer einen Gemeindeverband gebildet, in dem übergemeindliche Fragen beraten und gemeinschaftlich gelöst wurden.

Die ursprünglich spätgotische St.Nikolai-Kirche wurde im Jahre 1516 erbaut und in späteren Jahrhunderten mehrmals umgestaltet, das Kircheninnere zuletzt im Jahre 1875. Der Kirche gehörte auch die Waidmühle, und die Bauern mußten für ein Schock Waidballen (= 60 Stück) einen Ballen für die Kirche abliefern. Im Jahre 1858 wurde der Waidmühlstein verkauft und dann vermutlich in einer Brücke vermauert, nachdem die Mühle abgebrochen worden war.

Wangenheim (rd. 700 Einw.) liegt ein paar Kilometer westlich von Hochheim. Auch hier zeugen bandkeramische Bodenfunde von einer jungsteinzeitlichen Besiedlung. Die schriftliche Überlieferung setzt mit Walther de Wangenheim ein, der in einem Güterverzeichnis des Klosters Fulda aus den Jahren 822-842 genannt wird. Später hatte das Rittergeschlecht der Herren von Wangenheim seinen Stammsitz in Winterstein. Es besaß insgesamt 15 Dörfer im Gothaer Land. Als Lehnsträger und Ministerialen** standen sie im landesherrlichen Dienst der Landgrafen von Thüringen, später der Wettiner und Ernestiner. Unter den Gothaer Herzögen waren sie stets hohe Beamte und hatten bis zum Jahre 1848 in der Ständevertretung einen einflußreichen Sitz auf der Ritterbank.

In Wangenheim besaßen sie einst das Schieferschloß, den Roten Hof und das Oberstleutnantsgut. Im Jahre 1738 kaufte der Geheime Rat K.G. von Uechtritz das Hauptgut und das Schloß. In den Jahren 1903 und 1905 pachtete dann der Friedrichswerther Domänenrat E. Meyer die Wangenheimschen Güter und bewirtschaftete sie bis 1931 fast drei Jahrzehnte lang erfolgreich.

*Flurzusammenlegung
**Dienstmannen*

Die Trinitatiskirche oberhalb der Hauptstraße geht auf einen älteren Bau von 1488 zurück, der im Jahre 1687 abgebrochen werden mußte. Das umgebaute Gotteshaus wurde im Jahre 1690 als Bonifatius-Kirche geweiht und erhielt in den Jahren 1839/40 eine Doppelempore. Die Ausmalung der Kirche aus dem Jahre 1911 ist noch erhalten. Seit 1984 wurden Sanierungs- und Rekonstruktionsmaßnahmen durchgeführt. Schon vom Jahre 1641 an war hier der Sitz einer Superintendentur für die umliegenden Kirchgemeinden. Der alte Waidmühlstein am Kirchplatz erinnert an den blühenden Waidanbau vergangener Jahrhunderte. In Kriegszeiten hatten die Einwohner unter Einquartierungen und Lieferungsverpflichtungen viel zu leiden.

Der Wangenheimer See, einst am Weg nach Oesterbehringen gelegen, wo die Fluren von Brüheim, Tüngeda und Wangenheim aufeinander stoßen, wird schon im Jahre 1359 in einer Wangenheimschen Urkunde genannt. Er war teilweise mit Schilf und Rohr bewachsen, das die Herren von Wangenheim jährlich zur Hälfte für ihre Feuerung geschnitten haben. Auch hat es hier einen starken Fischbesatz gegeben. Aber um 1700 wurde der See abgestochen und das Schilf mit vergifteten Sensen geschnitten. Im Jahre 1840 wurde hier Torf gewonnen, außerdem stand hier eine Ziegelei. Der heutige Wangenheimer See ist in den Jahren 1975 und 1976 für landwirtschaftliche Bewässerungszwecke angestaut worden (1,5 Mill. m^3 Stauraum). Er hat sich mit seiner rd. 60 ha großen Wasserfläche zu einem beliebten Erholungszentrum entwickelt und ist wegen seines Fischbestandes auch bei Anglern bekannt.

Bei der zweiten Verwaltungsreform des Bezirks Erfurt im Jahre 1952 sind die Nachbarorte Tüngeda, Reichenbach und Wiegleben an den Kreis Langensalza abgegeben worden. Tüngeda und Reichenbach waren Wangenheimscher Besitz und gehörten später zum Amt Friedrichswerth. Dagegen gehörte das Dorf Wiegleben vom 16. bis 18. Jahrhundert zu den „Nessedörfern" des Amtes Gotha, im 19. und 20. Jahrhundert zum Amtsgerichtsbezirk Gräfentonna.

Tüngeda wird 775/786 als „Dungede" (später auch als Tungidi) im Hersfelder Zehntverzeichnis erwähnt. Die alte, urkundlich reich überlieferte Geschichte des Ortes ist vom 12. bis 15. Jahrhundert mit den einheimischen Herren von Tüngeda, seit dem 14. Jahrhundert auch mit den im Nessetal ansässigen Herren von Wangenheim verbunden. Auch das früher zum einstigen Untergut gehörende Schloß war Wangenheimscher Besitz. Es ist im Pestjahr 1582 vermutlich von Michel Frei erbaut und im Jahre 1881 von dem Gothaer Architekten Bruno Eelbo (1853-1917) unter Verwendung alter Bauelemente im Spätrenaissancestil weitgehend erneuert worden.

Die heutige Jesus-Kirche ist in den Jahren 1589 bis 1591 anstelle der vorher dort stehenden St. Annenkirche wohl auch von Michel Frei erbaut und im Jahre 1792 für 2000 Thaler gründlich renoviert worden. Nach dem großen Brand im Jahre 1437 wird das wieder aufgebaute Oberdorf „die Neustadt" genannt.

Mit der Zuweisung an den Wartburgkreis durch die Gebietsreform von 1994 wird die Entfernung zum künftigen Sitz des Landratsamtes in Bad Salzungen rund 60 km betragen; deshalb strebt die Gemeinde Tüngeda jetzt den Anschluß an den Gothaer Landkreis mit der nur 15 km entfernten Kreisstadt Gotha an.

Die Verwaltungsgemeinschaft „Nessetal"

Die *Verwaltungsgemeinschaft „Nessetal"* ist am 1. Juni 1991 als eine der ersten im Kreis Gotha gegründet worden und umfaßt jetzt (September 1995) die sechs Gemeinden Brüheim (rd. 500 Einw.), Ebenheim (rd. 300 Einw.), Friedrichswerth (rd. 650 Einw.), Haina (rd. 400 Einw.), Weingarten (rd. 300 Einw.) und als jüngstes Mitglied Sonneborn (rd. 1400 Einw.).

Die Siedlungsgeschichte dieses Teils des Nessetals reicht bis zu den jungsteinzeitlichen Bandkeramikern vor über 6000 Jahren zurück und ist durch zahlreiche Bodenfunde gut bezeugt. An der archäologischen Erforschung hatte hier der Sonneborner und spätere Gothaer Lehrer Hermann Kaufmann (geb. 1901), dessen umfangreiche Sammlung das Museum für Regionalgeschichte in Gotha besitzt, bahnbrechenden Anteil.

Seit dem Jahre 1890 war diese Agrarlandschaft des Nessetals am Rande des Thüringer Beckens durch die Bahnstrecke Bufleben - Großenbehringen an das Eisenbahnnetz angeschlossen, bis im Jahre 1947 die Schienen für Reparationen an die Sowjetunion demontiert wurden. Im Jahre 1954 wurde die Bahnlinie bis Friedrichswerth wieder eröffnet, um den sowjetischen Truppenübungsplatz am Kindel, wo einst der Künkelhof stand, zu versorgen. Im Mai des Jahres 1995 wurde hier der Bahnbetrieb erneut eingestellt.

Friedrichswerth ist Sitz der Verwaltungsgemeinschaft und hieß vor dem Jahre 1680 Erffa, denn hier hatten die Herren von Erffa auf einer Wasserburg ihren angestammten Sitz. Im Hersfelder Zehntverzeichnis von 775/786 wird der Ort als „Erphohi" erstmals schriftlich erwähnt. Die spätere Fuldaer Lehnsherrschaft brachte im Jahre 1390 Landgraf Balthasar an sich. Im Jahre 1677 kaufte dann Herzog Friedrich I. von Sachsen-Gotha und Altenburg den gesamten Besitz der Erffas. Dieser wurde ein herzogliches Amt, das später mit dem Justizamt Wangenheim (Sitz Friedrichswerth) vereinigt wurde. Der Herzog ließ das alte Schloß abreißen und ein neues im Stil des französischen Barocks bauen. Am 19. Juli 1689 wurde das dreiflügelige Gebäude mit einem großartigen Barockfest eingeweiht, das seitdem, wie auch der Ort selbst, den Namen Friedrichswerth führte. Der Gothaer Landbaumeister Jeremias Tüttleb war der Architekt des Schlosses. Die Stuckarbeiten in den prächtigen Räumen sind meist von den Gebrüdern Rust, z.T. auch von den Italienern Brentano, Carnovari und Tavilli ausgeführt worden. In den 80er Jahren unseres Jahrhunderts wurden am Hauptflügel Erhaltungsarbeiten durchgeführt. Zum Schloß gehörte ein großer Barockgarten mit schönen Alleen, der aber später bis auf einige Reste

Dreiflügeliges Barockschloß in Friedrichswerth

aufgegeben wurde. Schon im Jahre 1691 starb Friedrich I. in seinem neuen Lustschloß.

Viel später, im Jahre 1948, ist in diesem Schloß dann ein Jugendwerkhof eingerichtet worden, in dem 14- bis 18jährige „fehlentwickelte Hilfsschüler", die z.T. schon straffällig waren, für ein Berufsleben ausgebildet wurden. Dazu boten die LPG und eine Bauhandwerksgenossenschaft am Ort Ausbildungsplätze an. Jetzt befindet sich hier ein Jugendheim mit einer Ausbildungsstätte, die vom internationalen Bund für Sozialarbeit/Jugendsozialwerk e. V. getragen wird. Es bietet Jugendlichen von 14 bis 21 Jahren, die aus einem gestörten sozialen Milieu kommen, Ausbildungsmöglichkeiten in handwerklichen Berufen mit moderner Heimbetreuung, so daß sie nach erfolgreicher Ausbildung selbständig ihr eigenes Leben führen können.

Ein anderes „Sozialgebäude" war das ehemalige Waisenhaus. Der von Molsdorf bei Erfurt kommende Rat und Gerichtsherr Chr. Schulze (1659 bis 1728) und seine Frau hatten hier schon im Jahre 1712 zwei Bauernhöfe mit Gärten und Land gekauft und dazu das dreistöckige Gebäude im Jahre 1723 bauen lassen. Nach dem Tod des Stifters übten Gothaer Konsistorialräte die Aufsicht über das „Waisen- und Findelkinderhaus" aus, wo bis zum Jahre 1889 über 500 elternlose Knaben eine Heimstatt und ihren Beruf erhalten haben. Dann wurde das Haus eine Schule. Hier erhielt später der in Friedrichswerth geborene Geograph und Kartograph Hermann Haack (1872-1966) seine erste Bildung. Mit seinen Atlanten und Wandkarten hat er vor allem die Schulkartographie seit dem ersten Weltkrieg im Verlag Justus Perthes in Gotha geprägt. Für seine Verdienste wurde er mehrfach ausgezeichnet und 1953 Ehrenbürger von Gotha. Heute trägt in Friedrichswerth auch die Straße, wo sein Geburtshaus steht, seinen Namen.

In Friedrichswerth hat sich auch der Domänenrat Dr. h.c. Eduard Meyer (1859-1931) als Pflanzen- und Tierzüchter in der Thüringer Landwirtschaft und darüber hinaus einen besonderen Ruf erworben. An der Straße nach Brüheim, dort, wo man einen schönen Blick auf Friedrichswerth hat, hat man ihm deshalb ein Denkmal gesetzt. Wegen seiner außergewöhnlichen Zuchterfolge war er als „Schweine-Meyer" weithin bekannt. Auch seine Rübensamenzüchtungen, z.B. die „Friedrichswerther Walze", sind sehr gesucht. Die jetzige Saatzucht-GmbH Gotha-Friedrichswerth kann trotz mancher Krisenjahre heute auf eine 110jährige, erfolgreiche Pflanzenzuchtarbeit zurückblicken. Günstige wirtschaftliche Entwicklungsmöglichkeiten bietet auch das Gewerbegebiet (5 ha) am Ortsrand.

Die Gustav-Adolf-Kirche ist in den Jahren 1850 bis 1860 anstelle einer 500 Jahre alten Kirche im

Mittelalterlicher Wohnturm der „Käseburg" in Brüheim

neugotischen Stil gebaut worden. Die Kosten trug der damalige Domänenpächter Eduard von Hagen (1798-1868).

Der Nachbarort **Brüheim** an der Nesse wird im Jahre 962 als „Brohem" in einer Urkunde Kaiser Ottos I. erwähnt, ist aber zweifellos älter. Steinkeile von Bandkeramikern (um 4 000 v. Chr.) machen das sehr wahrscheinlich. Vermutlich geht der Ortsname auf die „Bruchwiese" an der Nesse zurück (bruch = sumpfig). Die Herren von Wangenheim besaßen hier den Edelhof bei der Kirche, dessen zweiflügeliger Bau um 1700 errichtet wurde. Ein Teil davon ist am 12. Mai 1944 durch eine Bombe zerstört worden. An der Toreinfahrt zeigt ein Pfeiler das Wangenheimsche Wappen mit dem legendären Hund (s. S. 107).

Die „Käseburg" ist ein mittelalterlicher Wohnturm, der auf einer Hochmotte* mit umlaufendem Graben steht. Diesen Beinamen hat er von dem Weichkäse erhalten, der schon seit dem Jahre 1879 von der Molkerei für den Reifeprozeß hier eingelagert wurde. Im Jahre 1424 ist die Burg als Lehen an die Herren von Wangenheim verliehen worden, die sie ein Jahrhundert später kauften. Im Jahre 1982 erwarb ein Gothaer Zahnarzt das Objekt von der Gemeinde, um es auszubauen. Das aus der 1. Hälfte des 12. Jahrhunderts stammende Haus ist wahrscheinlich das älteste erhaltene Gebäude weit und breit im Nessetal.

Früher haben die Wangenheims hier zeitweilig vier „adlige Höfe" besessen. Seit dem 16. Jahrhundert gehört der Ort zum ernestinischen Amt Gotha. Der Dreißigjährige Krieg hat dem Dorf schwere Schäden zugefügt, so daß am Ende nur noch ein Bruchteil der Einwohner und Häuser geblieben war. Von den Bränden im Ort war die Feuersbrunst am Sonntag, dem 26. Juni 1757, besonders schlimm, weil bei großer Dürre fast das gesamte Dorf abbrannte.

Die St. Viti-Kirche war im Jahre 1613 erweitert und im Jahre 1726 erneuert worden. Das heutige Gotteshaus ist in den Jahren 1818-1922 gebaut worden und hat in den letzten Jahren ein neues Dach erhalten. Der romanische Taufstein und das Kurzifix stammen aus dem 13. Jahrhundert.

Ein besonderes Kapitel der Ortsgeschichte bildet das Wirken von August Heinrich Wenck, der wohl hier geboren ist und durch seine Glasharmonikas bekannt wurde. Noch heute ist ein solches Instrument im Museum für Regionalgeschichte im Schloß Friedenstein zu sehen. Wenck war bis zum Jahre 1778 Schüler des Gothaer Hofkapellmeisters Georg Benda. Als dieser wegging, reiste Wenck nach Paris. Hier hat er bis zum Jahre 1792 als Arrangeur sein Brot verdient und sich auf Harmonikas spezialisiert. Als er nach Gotha zurückgekehrt war, wurde er zum Sekretär am Herzogshof ernannt, lebte aber auf seinem kleinen Landgut in Brüheim. Hier widmete er sich als Instrumentenbauer und Komponist der Musik und ging auch auf Konzertreisen, die ihn bis nach Holland führten. Im Jahre 1798 hat er das Metronom** verbessert und mit diesem Instrument gehandelt. 1806 ließ er sich in Amsterdam nieder, wo er um 1814 gestorben ist.

Haina, nach älterer Schreibweise auch Hayna genannt, wird in einer vor dem Jahre 918 zu datierenden Schenkungsurkunde für das Kloster Fulda als „Hagen"*** erwähnt. Heute ist das Hainaer Holz zusammen mit der Nesseaue als größeres Naturschutzgebiet (rd. 175 ha) ausgewiesen (vgl. Tabelle 3, Seite 11).

Burgsockel

**musikalischer Zeitmesser*

****Hain*

Die Hainaer Burgmühle an der Nesse

Die archäologische Forschung hat sich hier schon seit Jahrzehnten mit den Wallburgen und einer Königspfalz beschäftigt, so mit dem „Schlößchen" im Walddickicht westlich der „Burg". Später erfaßte der Burgenforscher Paul Grimm die Reste von fünf verschiedenen alten Befestigungsanlagen in und bei Haina, von denen die (Haupt-)„Burg" als Königspfalz des 11. Jahrhunderts besondere Bedeutung hat. Scherbenfunde aus dem 10. bis 12. Jahrhundert ergänzten diesen Befund, zumal im Jahre 1033 König Konrad II. und im Jahre 1069 Kaiser Heinrich IV. hier Urkunden ausgestellt haben. Damals lag Haina auch an einer wichtigen Straße, die am Hörselberg nördlich vorbei durchs Nessetal und durch die Tonnaer Pforte nördlich der Fahnerschen Höhe zu den Königspfalzen Tilleda und Allstädt beim Kyffhäuser führte. Die Hainaer Pfalz war mit ihrer rundlichen Hauptburg, zwei Vorburgen im Nordosten und einer Erweiterung mit Wällen im Südwesten eine recht umfangreiche Anlage.

Vor der Reformation soll es in Haina acht Kapellen gegeben haben. So erinnerte später noch die „Katharinische Hufe Land" als Kirchlehen an die Vicarie St.Katharina. Die Kirche ist im Jahre 1615 erbaut worden, der Turm dagegen erst nach dem Dreißigjährigen Krieg (1661-1666). Neben dem Kruzifix (um 1500) ist der Schnitzaltar (Ende 15. Jahrhundert) als wertvolles Kunstwerk hervorzuheben. Wann Haina Marktrecht erhalten hat, ist unbekannt. Vermutlich geschah dies schon im 11. Jahrhundert, als hier Kaiser und Könige Hof gehalten haben. Auch das Braurecht hatte die Gemeinde schon früh besessen. Im Jahre 1685 haben Waffen- und Hufschmiede eine eigene Innung gegründet. 1625 starben hier 87 Menschen an der Pest, und im Jahre 1770 brannten 16 Wohnhäuser mit 21 Scheunen und Ställen ab. Bis zum Jahre 1708 war Haina Sitz der Wangenheimschen Gerichte. Über die Burg- und Bleimühle an der Nesse (letztere unterhalb des „Schlößchens") weiß man nur sehr wenig.

Die beiden kleinen Straßendörfer Ebenheim und Weingarten liegen auf einem Muschelkalkrücken (330-340 m) über dem Nessetal. Um das Jahr 1170 sind hier die Mühlen zu Aldinhagen bei Haina und „Wingarten" überliefert. **Ebenheim** ist aus dem Jahre 1472 als „Eibenhain" überliefert, was bedeutet, daß die Umgebung einst bewaldet war. Im Mittelalter ist hier auch Wein angebaut worden, wie der Ortsname Weingarten erkennen läßt. Ebenheim gehörte einst den Herren von Erffa, die es im Jahre 1472 an Dietrich von Hopfgarten zu Mechterstädt verkauft haben und die Fuldaer Lehnsmannen waren. Die Kirche von Ebenheim ist im Kern noch spätromanisch. Sie wurde im Jahre 1601 neu- und in den Jahren 1730 und 1844 umgebaut. Im Jahre 1842 erhielt sie neue Glocken.

Weingarten, um 1170 „Wingarten" genannt, hat eine ähnliche Geschichte wie Ebenheim. Bobbo von Sonneborn, ein Ministeriale des Klosters Fulda, schenkte sein Allod (Eigengut) in Wein-

129

garten an die reiche Abtei an der Rhön. Später übten die Herren von Hopfgarten in Mechterstädt die Gerichtsbarkeit aus. Im Jahre 1649 war am Ende des Dreißigjährigen Krieges nur noch ein Haus mit einem einzigen Bewohner übrig geblieben. Im Jahre 1757 hatten dann französische Truppen das kleine Dorf ausgeplündert.

Die alte Kirche geht mit ihrem Chorturm und der Apsis auf das 12. Jahrhundert zurück. Im 17. Jahrhundert wurde sie umgebaut und im Jahre 1746 erneuert. Doppelempore, Kanzel und Taufstein stammen aus dem späten 17. Jahrhundert.

Sonneborn ist mit seinen 1400 Einwohnern sowie dem großen Gewerbegebiet „Am Arzbach" (24 ha) der größte Ort im Nessetal und zugleich das jüngste Mitglied in der Verwaltungsgemeinschaft „Nessetal".

Als „Sunnebrunun" ist er im Hersfelder Zehntverzeichnis von 775/786 erstmals nachweisbar. Die älteste Siedlungsgeschichte reicht bis zu den Bandkeramikern vor rund 6000 Jahren zurück, wie zahlreiche Bodenfunde beweisen. Im Hochmittelalter war das Dorf der Stammsitz der Herren von Sonneborn, die im 14. Jahrhundert ausstarben. Danach erwarben es die Herren von Erffa und verkauften es im Jahre 1498 an die Herren von Wangenheim, die hier schon seit dem Jahre 1370 begütert waren. Erst im Jahre 1848 sind die Fronen und Dienstgelder für die adlige Herrschaft abgelöst worden.

Auch die Geschichte Sonneborns ist von Kriegsereignissen mitgeprägt worden. So überfielen im Jahre 1327 die Brüder von Treffurt das Nessetal mit ihren Söldnern, um das Land bis vor die Tore Gothas auszuplündern. Der Vogt des Landgrafen, Friedrich von Wangenheim, schlug die räuberischen Herren bei Treffurt und nahm sie gefangen. In Gotha wurden sie dann wegen Landfriedensbruch hingerichtet. In der Grafenfehde von 1342-1345 und im Sächsischen Bruderkrieg des Jahres 1456 wurde das Nessetal erneut von den Scharen der streitenden Fürsten verwüstet. Während des Bauernkrieges zogen die Sonneborner Bauern im Mai 1525 mit dem Wangenheimschen Haufen nach Gräfentonna gegen den Grafen Philipp von Gleichen (s. S. 148). Wegen ihrer Teilnahme an diesem Zug wurden sie später zu einer hohen Geldstrafe verurteilt. Schwere Plünderungen gab es bei der Belagerung von Gotha während der sog. Grumbachschen Händel im Jahre 1567 durch die Söldner Kurfürst Augusts von Sachsen sowie im Dreißigjährigen Krieg (1618-1648). In letzterem wurde im Jahre 1641 bei einem Überfall kaiserlicher Truppen ein Wangenheim im Schieferschloß erschossen. Im Siebenjährigen Krieg lagerten im Jahre 1757 zwei Wochen lang französische Truppen in Sonneborn und den umliegenden Dörfern.

Wie in der gesamten Umgebung war auch in Sonneborn der Anbau von Waid verbreitet. Seiner Verarbeitung diente eine Waidmühle. Außerdem war hier der Flachsanbau von Bedeutung, so daß bis zu 15 Leineweber die Faserpflanze verarbeite-

„Gelbes Schloß" aus dem 16. Jahrhundert in Sonneborn

ten. Im Hochmittelalter war auch der Weinbau üblich geworden, denn an den Hängen des Steinberges entwickelten sich die Reben ausgezeichnet, und der Wein gedieh gut. Noch das Einwohnerverzeichnis von 1582 nennt zwei Weinmeister, die aber damals wohl mehr über den Ausschank fremden als einheimischen Weins zu wachen hatten.

Die alte gotische Kirche ist im Jahre 1882 bis auf den Chor (Altarraum) abgebrochen worden, nachdem hier 1869 der letzte Gottesdienst stattgefunden hatte. In den Jahren 1897-1898 wurde die jetzige St. Peter- und Paulskirche erbaut, in die der Grabstein des Melchior von Wangenheim (1588) übernommen wurde. Von 1526 bis 1626 war in Sonneborn der Sitz einer Superintendentur, die im Jahre 1926 von Wangenheim wieder hierher verlegt worden ist und für über 30 Kirchgemeinden zuständig ist.

Von den vier Schlössern im Ort steht heute nur noch das schlichte „Gelbe Schloß" aus dem 16. Jahrhundert, das in den Jahren 1661 und 1763 umgebaut wurde. Neben einer schönen Tür enthält es innen noch eine Barocktreppe und verschiedene Stuckdecken. Das Untergut oder „Thümmelsche Schloß" wurde wie das schöne Schieferschloß (auch „Schloß am Weyer" genannt) auf Weisung der SED im Jahre 1948 als „Feudalherrensitz" abgebrochen; von den Steinen wurden Höfe für Neubauern gebaut. Im Untergut lebte seit dem Jahre 1783 der Coburgische Minister a.D. Moritz August von Thümmel (1738-1817), der durch seine amüsante Dichtung „Wilhelmine" und „Die Reise in die mittäglichen Provinzen von Frankreich 1785 und 1886" bekannt wurde. Das Schieferschloß war ursprünglich als Kemnate* Sitz fuldaischer Vögte. Später war es im Besitz der Herren von Wangenheim, die es mit seinen Schießlöchern im starken Unterbau, der von einem Wassergraben umgeben war, umbauten. Der nahe „Weyer" ist eine starke Quelle, deren Wasser eine beständige Temperatur von 8° C hat. In dem „erschröcklichen kalten Winter" von 1621 war er zugefroren und im Jahre 1740 bildete sich ein schmaler Eisrand an der Quelle, wie das Sonneborner Kirchenbuch überliefert. Das Wasser hat früher auch zwei Mühlen getrieben, eine davon in der Mühlstraße.

Seit dem Jahre 1894 gibt es in Sonneborn neben dem Schulbetrieb auch einen Kindergarten. Das Landambulatorium ist im Juli des Jahres 1955 für die Dörfer im Nessetal eröffnet worden. Seit der Wende befinden sich hier eine Arzt- und Zahnarztpraxis sowie eine Rettungswache.

Zur Sonneborner Geschichte gehört auch Nordhofen, d.h. die Höfe im Norden des Ortes. Diese bildeten früher eine eigene Gemeinde, in der von 1195 bis zum Jahre 1362 die Herren von Nordhofen das Sagen hatten. Hier stand auch die St. Nikolaus-Kirche (14. Jh.). Ihr Turm war nach einer Inschrift aus dem Jahre 1580 neu gebaut worden, während die Kirche selbst im Jahre 1692 erneuert wurde. Sie ist in den Jahren 1936/37 jedoch abgebrochen worden, nachdem sie schon seit 1898, also seit dem Neubau der Sonneborner Kirche, nicht mehr genutzt wurde. Bereits früher war Nordhofen der Gemeindeverwaltung von Sonneborn unterstellt worden.

caminata = steinernes Haus

Die Verwaltungsgemeinschaft „Nesse-Apfelstädt-Gemeinden"

Die *Verwaltungsgemeinschaft „Nesse-Apfelstädt-Gemeinden"* umfaßt die vier Orte Apfelstädt (rd. 1200 Einw.) Gamstädt mit Ortsteil Kleinrettbach (rd. 800 Einw.), Ingersleben (rd. 1100 Einw.) und Neudietendorf mit Ortsteil Kornhochheim (rd. 2600 Einw.) mit rund 5700 Einwohnern, die mit der Gebietsreform am 1. Juli 1994 wieder zum Kreis Gotha gekommen sind. Seit alten Zeiten gehörten sie zum Gothaer Land und waren mit der Verwaltungsreform von 1950 dem neugebildeten Landkreis Erfurt eingegliedert worden.

Der Sitz der Verwaltungsgemeinschaft ist *Neudietendorf*. Das Alter dieser Siedlung läßt sich bis zu den Bandkeramikern vor 5000 bis 6000 Jahren zurückverfolgen. Die Herren von Ditendorp sind urkundlich von 1147 bis 1289 bekannt. Seit dem Jahre 1275 erwarb hier das Kloster Georgenthal durch Schenkungen und Kauf ansehnlichen Grundbesitz. Im Einkommensregister der wettinischen Landesherren von 1378 wird „Ditendorf" unter dem Amt Wachsenburg mit Geld- und Naturalabgaben genannt, darunter auch eine Mühle. Die Grafen von Gleichen waren auch hier Lehnsherren und belehnten im Jahre 1407 die Herren von Wittern mit einem Rittergut in Dietendorf. Im Jahre 1711 kam dieser Rittersitz, „Alten Hof" genannt, mit Mühle, Weinberg und Hopfengarten an das Gothaer Herzogshaus. Dann kaufte ihn Graf Gustav Adolf von Gotter für 16 000 Taler und ließ sich hier Häuser bauen und Wollmanufakturen errichten. Nach seinem Tod im Jahre 1762 wurde das Ganze wieder herzoglicher Besitz. Im Jahre 1742 wurde hier eine Herrnhuter Kolonie der pietistischen Brüdergemeine des Grafen von Zinzendorf (1700-1760) gegründet, der sich wiederholt hier aufgehalten hat. Das Zinzendorfhaus mit seinem Kirchsaal von 1779/80 dient jetzt als evangelische Akademie. Schon im Jahre 1947 wurde hier diese Evangelische Akademie Thüringen gegründet, die aber Anfang der 60er Jahre auf politischen Druck des SED-Staates hin aufgelöst werden mußte. Im September des Jahres 1991 erfolgte die Neugründung der Akademie als kirchliche Bildungsstätte. In der Nähe besteht noch der alte pietistische Friedhof mit seinen schlichten, einheitlichen Grabsteinen unter alten Bäumen.

Im Jahre 1847 wurde in Neudietendorf die Thüringer Eisenbahnstrecke Erfurt - Gotha gebaut, die 1867 eine Abzweigung nach Arnstadt erhielt. Später wurde die Eisenbahntrasse über den Thüringer Wald bzw. über Stadtilm ins Saaletal fortgeführt.

Zinzendorfhaus in Neudietendorf

Die jetzige „Aromatique Spirituosenfabrik" wurde im Jahre 1876 gegründet und ist mit ihrem Kräuterlikör in den viereckigen Flaschen weithin bekannt geworden. Die Herstellung des aromatischen Kräuterlikörs geht auf den Apotheker Daniel Thraen (1782-1824) zurück, der zu Anfang des 19. Jahrhunderts eine „Tinctura aromatica composita" aus verschiedenen Heilkräutern auf alkoholischer Grundlage zur Bekämpfung einer Darmepidemie entwickelt hat. Diese aromatische Tinktur wurde seit 1828 in sieben kleinen Familienbetrieben hergestellt, von denen später die Kräuterliköre von Kramer, Lappe und Schultz bis in unser Jahrhundert einen überregionalen Ruf besaßen.

Im Jahre 1922 wurden die Orte (Alt-)Dietendorf und Neudietendorf unter dem jetzigen Namen Neudietendorf vereinigt. Das Gymnasium bietet den Schülern dieser Region erweiterte Bildungsmöglichkeiten. Der Waidverein widmet sich der Waidforschung und veranstaltet seit einigen Jahren ein Waidfest, um das Interesse für die Geschichte dieser Färbepflanze zu wecken bzw. ihre Verwendungsmöglichkeiten bekannt zu machen. Das Gewerbegebiet „Süd" (48 ha) hat dank der günstigen Verkehrslage auch zur Autobahn A 4 dem aufstrebenden Ort neue Entwicklungsmöglichkeiten geboten. Unter anderem hat hier eine große Supermarktfirma ihr Logistikzentrum Thüringen eingerichtet. Der Wohnungsneubau, darunter auch Sozialwohnungen, steht in Neudietendorf nicht an letzter Stelle und wird zügig vorangetrieben.

Der kleine Ortsteil **Kornhochheim** war ein Filialdorf von Sülzenbrücken und wurde im Jahre 1444 kursächsisch, als es die Wettiner von den Grafen von Gleichen gekauft hatten. Es gehörte dann zu den „Unterdorfschaften" des Amtes Wachsenburg. Das Alter der St. Nikolai-Kirche war seit jeher nicht genau bekannt. Sie dürfte aber in ihren Anfängen aus dem 8. Jahrhundert stammen, als Sülzenbrücken schon ein Kirchenort war (741 n. Chr.). Eine gute Quelle im Oberdorf war wohl die Voraussetzung für die Ortsgründung auf der Höhe (260 m) schon in alter Zeit.

Apfelstädt (rd. 1200 Einw.) am gleichnamigen Fluß wird im Jahre 775 in einer Schenkungsurkunde Karls des Großen für das Kloster Hersfeld als „Aplast" erstmals erwähnt. Später wechselte die Schreibweise des Ortsnamens, bis im 15. Jahrhundert „Apfelstet" üblich wurde.

Im Hochmittelalter gehörte der Ort den Grafen von Gleichen, später den Landgrafen von Thüringen. Im wettinischen Einkommensregister von 1378 ist *„das halbe Dorff Apphelste(te)"* beim Amt Wachsenburg mit Geld- und Fleischabgaben verzeichnet. Seit dem Jahre 1215 war das Kloster Georgenthal, das hier einen Mönchs- bzw. Klosterhof besaß, in Apfelstädt begütert. Es geriet des öfteren aber mit der Gemeinde in Streit über die Fischereirechte und die Weidenanpflanzungen an der Apfelstädt. Die Vögte oder die Amtsleute entschieden jedoch stets zugunsten des Klosters. Die Mönchsmühle am Mühlgraben konnte die Gemeinde aber im Jahre 1485 nach einem Streit gegen einen jährlichen Erbzins von zehn Schillingen erwerben. Von 1454 bis 1482 war Apfelstädt dann an die Stadt Erfurt verpfändet worden.

Seit alten Zeiten besaßen die Apfelstädter das Recht, dienstags und freitags im Fluß zu fischen, wo neben Forellen auch Eschen, Weißfische und Schmerlen vorkamen. Die Apfelstädt führte nicht selten Hochwasser und wurde deshalb im Jahre

1860 reguliert. Trotzdem trat sie im Jahre 1871 wieder über die Ufer. Auch der Waidfluß, der von Mühlberg über Sülzenbrücken in die Apfelstädter Flur kommt, wurde in den Jahren 1865-1868 reguliert.

Von der einstigen Marienkirche ist nur noch der 20 m hohe romanische Turm erhalten, in dem der „Traditions-, Männer- und Schützenverein" die „Heimatstube Marienturm" eingerichtet hat. Die aus dem Mittelalter stammende Walpurgiskirche ist im Jahre 1669 ausgebaut worden. Der 43 m hohe Kirchturm stammt aber entsprechend der steinernen Inschrift noch aus dem Jahre 1397. Um 1842 wurde im Apfelstädter Ried eine Torfgräberei betrieben. Eine Mädchenschule wurde erstmals im Jahre 1853 in Apfelstädt eingerichtet.

Nach der Wende im Jahre 1989 hat sich das Ortsbild insbesondere durch die beiden Gewerbegebiete „An der Niederwiese" (35 ha) und „West" am Ortsausgang (11 ha) sowie hier durch das neue Wohngebiet „Gleichenblick" erheblich verändert bzw. erweitert.

Ingersleben (rd. 1100 Einw.) liegt im Tale der Apfelstädt, die hier im Jahre 1859 reguliert wurde und die damals recht fischreich war. Der Ort wird im Jahre 1111 in einer gefälschten Urkunde des Klosters Reinhardsbrunn als „Ingrisliebe" erstmals erwähnt. 1143 wird das Dorf in einer Urkunde des Erfurter St. Peterskloster unter dem Namen „Ingerislyben" erneut genannt.

Aber die Siedlung dürfte wesentlich älter sein, denn hier und im Bereich des Marienthals sind Bodenfunde aus der Bandkeramikerkultur (4./3. Jt. v. Chr.) bekannt. Im Jahre 1948 wurden bei Bauarbeiten für Neubauernhöfe auch frühthüringische Wohnstätten und Gräber (um 500 n.Chr.) entdeckt.

Neben Erfurter Klöstern war in Ingersleben auch das Kloster Georgenthal begütert, u.a. mit einem Weinberg. Lehnsherren waren seit dem 13. und 14. Jahrhundert die Grafen von Gleichen, seit dem Jahre 1385 deren Tonnaer Linie. Im Sächsischen Bruderkrieg wurde Ingersleben 1450 von Truppen des Kurfürsten Friedrich II. geplündert und verwüstet, weil die Grafen von Gleichen den Grafen von Schwarzburg Beistand geleistet hatten. Die Herren von Ingersleben sind bis ins 15. Jahrhundert bezeugt, aber auch andere Edelleute waren hier auf eigenen Rittergütern und Höfen ansässig. Durch einen Erbvertrag kam der Ort im Jahre 1627 an die Grafen von Schwarzburg und 1657 an Sachsen-Gotha unter Herzog Ernst dem Frommen.

Die Mühle von Ingersleben ist seit dem Jahre 1447 durch einen Wiederkaufvertrag bekannt. Im Jahre 1641 wurde sie völlig zerstört, so daß der Pächter lange Zeit keine Abgaben erbringen konnte. Auch eine Ölmühle hat es hier gegeben. Die heutigen Mühlenwerke am westlichen Ortsausgang sind seit 1898 im Besitz der Familie Zitzmann.

Im Jahre 1832 hat die Gemeinde das Fischereirecht an der Apfelstädt von der herzoglichen Kammer erworben. Die Schenke und das Brauhaus mußten sie im Jahre 1630 aus der Not heraus für 2025 Taler an einen Gutsbesitzer verkaufen. Aber 1722 konnte sie dann beide Häuser für 5000 Gulden zurückerwerben.

Die St. Marienkirche geht z.T. noch auf die Mitte des 12. Jahrhundert zurück und ist 1398 ausgebaut worden. Schon 1382 ist hier ein Pfarrer Cunrad de Ingerslebe bezeugt. Der Kirchturm trägt die Jahreszahl 1552 und ist 1951 erneuert worden. Das Kircheninnere ist in den Jahren 1676 bis 1688 mit dem Einbau der Doppelemporen umgestaltet und 1968 restauriert worden. Auf dem nahen Friedhof ist noch eine Reihe alter Grabplatten aus dem 17. und 18. Jahrhundert erhalten geblieben.

Von den einstigen Rittergütern steht noch das im Jahre 1910 zur „Villa" umgebaute Herrenhaus des Ökonomierats Robert Wagner und das Wohnhaus an der Hauptstraße. Letzteres gehörte ursprünglich zu einer mittelalterlichen Wehranlage. Im Jahre 1826 wurde dieses Rittergut mit seinem schönen Renaissanceportal auch als „Schloß" erwähnt. Wirtschaftsgebäude und das große Tor wurden jedoch im Jahre 1947 abgerissen. Daneben liegt noch der gezähnte Rundstein aus einer Waidmühle. Im Gutshaus dieses ehemaligen Ritterguts befindet sich heute ein Heimatmuseum mit interessanten Exponaten zur Ortsgeschichte und einer Sammlung von Siegelstempeln.

Nur wenige Kilometer von Apfelstädt entfernt liegt *Molsdorf* an der Gera, das mit seinem Rokokoschloß bis zum Jahre 1922 zum Gothaer Land gehörte und deshalb mit seiner Geschichte verbunden ist. Es wird um 800 im Hersfelder Zehntverzeichnis genannt und ist vor allem im 18. Jahrhundert durch den Reichsgrafen Gustav Adolf von Gotter (1692-1762) bekannt geworden, der das Dorf und das Wasserschloß im Jahre 1736 erworben hatte. Er ließ das Schloß unter Mitwirkung des weimarischen Landbaumeisters G.H. Krohne zu einem kleinen „Thüringer Versailles" ausbauen und machte es damals zu einem Vergnügungsort des gothaischen Adels. Im Jahre 1826 hat eine Umgestaltung des Parkes vieles zerstört. Der in Gotha gegründete Thüringer Sängerbund hat hier im Jahre 1843 sein erstes Liederfest veranstaltet. Nach 1945 ist das Schloß mehrmals renoviert und 1965 der Öffentlichkeit zugänglich gemacht worden. Seitdem finden hier auch Kammerkonzerte statt. Der Park wird jetzt u.a. mit Neuanpflanzungen wieder im Stil Gotters restauriert. Die alte Brücke im Marienthal zwischen Molsdorf und Ingersleben hat Gotter im Jahre 1752 ebenfalls von Krohne bauen lassen.

Gamstädt (rd. 800 Einw.) liegt an der alten Handelsstraße, der „via regia" bzw. der heutigen Bundesstraße B 7, ungefähr auf halber Strecke zwischen Gotha im Westen und Erfurt im Osten. Der Ort breitet sich auf jungsteinzeitlichen Siedlungsboden aus, wie Bodenfunde hier und bei der Wüstung Hattstädt bezeugt haben. Aber erst seit 1317 ist „Gamstete" urkundlich im Schwarzen Kopialbuch des Klosters Reinhardsbrunn nachweisbar. Im Einkommensverzeichnis der Wettiner von 1378 werden Gamstädt mit Geld- und Naturalabgaben und das „campus Hattenstete" mit den dortigen Gütern und entsprechenden Abgaben (u.a. 20 Fuder Heu) genannt. Wie unterschiedlich die damaligen schriftlichen Überlieferungen waren, beweist eine zweite Handschrift zu diesem Sachverhalt, wo statt dessen „Hatilstete" und in der deutschen Fassung „das velt Hartenstein" erwähnt wird.

Das Gamstädter Rieth und das Hattstädter Rieth wurden im Jahre 1842 zum größeren Teil an die Einwohner verlost bzw. verkauft. Da aber das Rieth nicht saniert werden konnte, weil sich die Besitzer darüber nicht einig werden konnten, waren die Parzellen* fast jedes Jahr überschwemmt und lieferten keinen Ertrag.

* Anteile

Durch die Lage an der großen Heerstraße haben die Kriege in früheren Jahrhunderten dem Dorf viel Schaden und Not gebracht. So lebten im Jahre 1638 von 346 Einwohnern vor dem Dreißigjährigen Krieg nur noch 95 und von 58 Wohnungen standen 31 leer. Nur 13 Pferde und vier Kühe gab es noch, aber kein Schwein und kein Schaf mehr. Im Jahre 1640 wurde Gamstädt von den Soldaten des schwedischen Generals Banér ausgeplündert. Auch der Siebenjährige Krieg über 100 Jahre später brachte neue Einquartierungen und Plünderungen. Mitte September 1757 übernachtete der König Friedrich II. von Preußen in der Gemeindeschenke. Auch der Rückzug der Franzosen nach der Völkerschlacht bei Leipzig im Oktober des Jahres 1813 brachte wieder unruhige Tage ins Dorf. Zum anderen haben Feuersbrünste wiederholt großen Schaden angerichtet. So brannten am 12. Oktober des Jahres 1826 fünf Wohnhäuser mit elf Scheunen und Ställen ab, wobei die Nachbarhäuser stark beschädigt wurden. Die St. Michaeliskirche hatte einen Vorgängerbau aus dem 15. Jahrhundert und war schließlich so baufällig geworden, daß im Jahre 1672 ein neues Gotteshaus errichtet wurde.

Mitte Mai des Jahres 1995 wurde der erste Spatenstich für einen modernen Wohnpark mit 48 neuen Wohnungen getan.

Der heutige Ortsteil **Kleinrettbach** (rd. 200 Einwohner) ist vermutlich später entstanden als das gothaische Nachbardorf Großrettbach. Es könnte auch eine Nebensiedlung gewesen sein, wobei der früher gelegentlich vorkommende Ortsname Wenigen-Rettbach auf eine solche Deutung hinweisen könnte. Aber Genaues weiß man (noch) nicht.

Im Jahre 1308 hatte die Stadt Erfurt die sogenannten Bergdörfer, darunter auch Klein-Rettbach (so die ältere Schreibweise), von Landgraf Albrecht von Thüringen (1240-1308) erworben. Sein Sohn Friedrich I. (1258-1324) forderte schon 1311 die ganze Erwerbung wieder zurück. Nach jahrelangen Fehden mußte er jedoch gegen eine größere Sühnezahlung im Jahre 1314 den Erfurtern den Kauf bestätigen und schloß ein Jahr später einen Landfrieden mit seinen Gegnern ab.

Schon seit dem 12. Jahrhundert besaßen die Erfurter Klöster sowie die Grafen von Gleichen in Kleinrettbach einzelnen Grundbesitz. Davon verkauften die Gleichener Grafen im Jahre 1314 einen Hof und eine Hufe Land an das Erfurter St. Peterkloster. Kleinrettbach gehörte früher zur Erfurter Vogtei Nottleben, seit dem Jahre 1709 dann zum Amt Alach. Mit der preußischen Neuordnung der Verwaltung von 1815 kam die Gemeinde zum Landkreis Erfurt. Um das Jahr 1840 wurden hier 260 Einwohner und 53 Wohnhäuser gezählt. Damals waren auch sechs Leinwand- und ein Baumwollwebstuhl im Ort in Betrieb. Die Kirche war eine Filialgemeinde von Gamstädt und geht auf die St. Gallus-Kapelle zurück, die im Jahre 1737 abgebrochen wurde.

Fast ein Kuriosum stellt die Eingliederung von Kleinrettbach am 1. Juli 1994 in den Landkreis Gotha dar: Nicht zum Anschluß von Kleinrettbach an Grabsleben/Großrettbach ist es gekommen, sondern nach der Verwaltungsgemeinschaft mit Neudietendorf hat es die Einwohner von Kleinrettbach gezogen. Obwohl früher zwischen den Bewohnern von „Groß-" und „Kleinrepsch" ein gutes Verhältnis bestand, haben sich beide Dörfer nach 1945 weitgehend auseinandergelebt. Dazu trugen Entscheidungen der SED bei, welche unter anderem die Gründung einer gemeinsamen Rettbacher landwirtschaftlichen Genossenschaft über die Kreisgrenzen hinweg verhindert haben.

Die Verwaltungsgemeinschaft „Mittlerer Apfelstädtgrund" im Gothaer Burgenland „Drei Gleichen"

Das Gothaer Burgenland „Drei Gleichen" ist mehr als eine Verwaltungsgemeinschaft - Natur und Geschichte bieten hier eine schöne und interessante Landschaft, über die schon viel geschrieben wurde und über die man auch immer aufs Neue schreiben kann, ohne ihrer überdrüssig zu werden. Hier wird mit der folgenden Skizzierung von den sieben Gemeinden der **Verwaltungsgemeinschaft „Mittlerer Apfelstädtgrund"**, die am 21. Mai 1992 gegründet wurde und rund 8500 Einwohner umfaßt, eine Übersicht geboten, die freilich nur Akzente setzen kann.

Drei Burgen, die sich abgesehen von ihrer markanten Lage auf Muschelkalk- bzw. Keuperbergen gar nicht gleichen, hat der Volksmund schon in alten Zeiten den zusammenfassenden Namen „Drei Gleichen" gegeben. Nicht nur die Gebäude der Burgen waren unterschiedlich, sondern jede Burg hatte auch einen anderen Herrn.

Das schon im Jahre 704 erwähnte Dorf **Mühlberg** (rd. 1300 Einw.) mit dem „castellum Mulenberc" bestand schon zu Bonifatius' Zeiten und war später ein Lehen des Erzstiftes Mainz. Im Jahre 1140 erscheint in einer Mainzer Urkunde ein Meinhardus de Muleburg, und in jene Zeit fällt auch die Wiedererrichtung der Radegundiskapelle bei der Burg.

Die Grundmauern der **Mühlburg** wurden vor einiger Zeit von Mühlberger Heimatfreunden wieder freigelegt. Auch der 25 m hohe Turm sowie einige eingestürzte Mauern wurden wieder befestigt, so daß das Burggelände besichtigt werden kann. Der Meinhardsbrunnen auf der Burg erinnert an die Grafen von Mühlburg, deren letzter um das Jahr 1242 verstarb. Danach wird die „Grafschaft Mühlburg" wieder kurmainzisch. Der Ort selbst hatte schon früh Markt- und Braurecht sowie ein Brauhaus, wie die Mainzer Heberolle von 1248/49 ausweist. Auch 14 Acker (ca. 3,5 ha) Weinberge sind darin verzeichnet. In einer Urkunde von 1316, mit der der Ritter Heinrich von Gebesee und seine beiden Söhne mit der Burg belehnt wurden, wird auch ein Amtmann für Mühlberg erwähnt. Die Burg ist wiederholt verpfändet und eingelöst worden. In den Jahren 1351-1357 hat sie die Stadt Erfurt, die von 1362

Karstquelle des Mühlberger Springs mit der schön gestalteten Parkanlage

*links: Mühlburg
rechts: Burg
Gleichen
(Wandersleber
Gleiche)*

bis 1590 auch das Amt Mühlberg beherrschte, aufgekauft. Dazu gehörte auch das Dorf Röhrensee und das Dorf Ringhofen mit dem Siedelhof und den Fischteichen sowie das Erblehngut und spätere Vorwerk Hesserode und die Kapelle zum Heiligen Kreuz. Das Erbbuch des Amtes Mühlburg von 1528/29 gibt einen Überblick über die Verhältnisse in jener Zeit wie auch über die Burgbesatzung und die Rechte des Amtmanns. Im Jahre 1591 besetzte Herzog Wilhelm von Weimar die Burg, die von 1602 bis 1667 unter ernestinischer Herrschaft stand.

Im Dreißigjährigen Krieg starben in den Jahren 1635 bis 1637 rund 280 Menschen an der Pest, und in den Jahren 1640 und 1641 mußten die Einwohner erst vor den kaiserlichen, dann vor den Hatzfeldischen Soldaten fliehen. Selbst die Kirche wurde ausgeraubt. 1697 ist sie dann neu gebaut und dem Evangelisten Lukas geweiht worden; für die Vorgängerin war St. Gallus der Schutzpatron gewesen. Vom 18. Jahrhundert stammen die Doppelempore, die Orgel (1729) und das Gestühl. Im Jahre 1979 wurden die Wandmalereien (Fresco) aus den 14. und 15. Jahrhundert entdeckt und in den Jahren 1978 bis 1986 das gesamte Kircheninnere sachkundig restauriert. Der Kirchhof ist noch ganz ummauert (vermutlich 15. Jh.).

Im Jahre 1816 wurde das Amt Mühlberg preußisch. Amtssitz und Hochgericht mit Galgen waren längst verschwunden und die Burg verfallen. Im Jahre 1803 konnte die Gemeinde das Vorwerk kaufen. Die Ländereien des Schloßguts wurden aufgeteilt, die Frei- und Herrenhöfe nach und nach von Bauern im Ort erworben. Manche alte Toreinfahrt mit Pforte und Sitznischen ist noch zu sehen. Von alten Mühlen ist die Ölmühle, die auf das Jahr 1526 zurückgeht, seit 1751 mit alter Technik im Familienbesitz erhalten geblieben, außerdem die Gölitzenmühle (1665) mit zwei Wasserrädern und das Wasserrad der seit 1333 bekannten Steigmühle. Mühlsteine der Marktmühle und ein alter Waidmühlstein (um 1612) sind auf dem Marktplatz vor dem Rathaus zu sehen.

Eine Sehenswürdigkeit ganz anderer Art ist der *„Spring"*, eine über 7000 Jahre alte Karstquelle mit konstanter Wassertemperatur von 8° C, deren Wasserfluß in trockenen Sommern aussetzt. Seit dem Jahre 1992 steht in einem Fachwerkhaus bei der Springquelle das Feuerwehrmuseum mit Geräten aus dem vorigen Jahrhundert. Geschmückte Brunnen zu Pfingsten, ein Feuerwehrfest im Juni und die Radegundeandacht Mitte August sind in Mühlberg die herausragenden Ereignisse im Jahreslauf, zu denen auch Auftritte der Mühlberger Volkstanzgruppe mit ihren einheimischen Trachten gehören.

Der Mühlburg gegenüber, jenseits der Autobahn A 4 mit ihrer Abfahrt, liegt die stattliche Ruine von **Burg / Schloß Gleichen**, auch Wandersleber Gleiche genannt. Von der Burg sind nur noch die Gebäudereste vom Palas, an der Westseite vom zweigeschossigen Herrenhaus (16. Jh.) sowie vom Küchenhaus und Keller zu sehen. Der viereckige Wehrturm aus dem 13. Jahrhundert wurde im Jahre 1897 durch den Thüringer Waldverein wieder hergestellt und enthält ein kleines Museum zur Geschichte der Burg. Er ist auch ein Aussichtsturm mit Rundblick auf das Gebiet der Drei Gleichen.

Die Burg selbst wurde schon im Jahre 1089 durch Kaiser Heinrich IV. belagert. Vom 12. Jahrhundert bis zum Jahre 1631 gehörte die Burg den Grafen von Gleichen. Nachdem im Jahre 1631 die Gleichenschen Beamten die Burg verlassen hatten, verfiel sie allmählich. Hier war auch der Schauplatz von der schönen Sage des Grafen von Gleichen mit seinen zwei Frauen, wonach er die zweite von einem Kreuzug aus dem Orient mitgebracht haben soll. Die Sage ist vermutlich erst um die Mitte des 15. Jahrhunderts entstanden und seit dem 16. Jahrhundert verbreitet worden. Seit dem 17. Jahrhundert haben Dichter diesen amüsanten Stoff bearbeitet. Vor einigen Jahren wurde er sogar Vorlage für ein wenig erfolgreiches Musical.

Das Vorwerk **Freudenthal** am Fuße der Wandersleber Gleiche war im 18. Jahrhundert ein Absteigequartier der weitverzweigten Räuberbande des „Krummfinger-Balthasar", der jahrelang mit seinen Überfällen Thüringen und Franken in Atem gehalten hat. Ein Duell zwischen den Freiherren von Buttlar und von Bose im Jahre 1717, welcher dabei starb, und die Ermordung eines gothaischen Dragoners im Jahre 1753 brachten dem Obstgarten beim Vorwerk den Namen „Mordgarten" ein. Dagegen stammt das Steinkreuz unterhalb des Vorwerks (?) aus älterer Zeit.

Wandersleben (rd. 1700 Einw.), an der Bahnlinie Gotha - Erfurt gelegen, wird zuerst in einem Besitzverzeichnis des Klosters Fulda aus dem Jahre 802 als „Wantesleiben" erwähnt. Die Geschichte dieser großen Gemeinde ist mit der nahen Burg eng verbunden, deren Herren auch den Ort besaßen. Aber nie hat die Burg der Stadt Erfurt gehört, denn die Grafen von Hatzfeld hatten hier 1639 den Gleichenschen Besitz als Lehen von Kurmainz erhalten. Nach dem Tod des letzten Lehensträgers zog das Erzbistum Kurmainz im Jahre 1679 Wandersleben mit der Burg Gleichen als erledigtes Lehen wieder ein und ließ es durch einen besonderen Amtmann von Erfurt aus verwalten, bis es im Jahre 1806 französisch und im Jahre 1815 preußisch geworden war.

Im Mittelalter hatte der Ort wie auch die Nachbarorte unter den Kriegen und Fehden der Grafen von Gleichen zu leiden. Hinzu kamen die Pestjahre im 14. Jahrhundert, als viele vom „schwarzen Tod" weggerafft wurden. Im Dreißigjährigen Krieg versuchte Graf Hans Ludwig von Gleichen, der im Jahre 1621 der Gemeinde das Schankrecht verliehen hatte, sein Gebiet durch Schutzbriefe vor Plünderungen zu bewahren, freilich mit wenig Erfolg. Seit 1626 gab es immer wieder Einquartierungen und schwere Übergriffe von beiden Kriegsparteien. Ackerbau war kaum noch möglich; die Ernten mehr Mißernten, und die Hungersnot war groß. Gegen Kriegsende (1648) war der Ort weitgehend zerstört. Auch im 18. Jahrhundert gab es wieder Einquartierungen von Truppen, die verpflegt werden mußten.

An der Apfelstädt gab es früher eine Mahlmühle und eine Öl- und Graupenmühle. Letztere wurde im Jahre 1728 abgebrochen und am Apfelstädter Weg wieder aufgebaut, sie war noch bis 1927 in Betrieb. Das Fischereirecht am Gemeindewasser der Apfelstädt wurde von den Grafen an einzelne Fischer verpachtet. Später kaufte es die Stadt Erfurt, von der es die Gemeinde im Jahre 1852 für 100 Thaler erwerben konnte. Damals war der Fluß sehr fischreich.

An das alte Hochgericht mit dem Galgen erinnerte früher die „Henkersbrücke". Der Verwaltungssitz war das Amtshaus, ein ehemaliger Waidhof, bis im Jahre 1848 das Gericht nach Erfurt verlegt wurde. Später war hier lange Zeit eine Haushaltungsschule. Die St. Petri-Kirche ist durch Erweiterungen einer Kapelle im 13. und 14. Jahrhundert entstanden. Im Jahre 1655 brannte der Glockenstuhl ab, und 1671 wurde das Oberteil „um 14 Werkschuh" (ca. 5 m) erhöht, eine runde Turmhaube aufgesetzt und eine Uhr angebracht. Der Innenraum wurde im Jahre 1728 im Rokokostil neu ausgestaltet. Das Mansarddach ist im Jahre 1792 aufgesetzt worden. Eine besondere Kostbarkeit dieser Kirche ist der Flügelaltar mit seinen kunstvoll geschnitzten Figuren (um 1480). Das älteste Gebäude im Ort ist der Wohnturm (13. Jh.), der im Jahre 1983 beim Abbruch eines alten Hauses wiederentdeckt worden ist. Zunächst wurde die Bohlenstube (16. Jh.) gesichert und dann ist der massive, zweigeschossige Turm zum Teil durch Eigenleistungen rekonstruiert worden. An der Hauptstraße sind noch einige Fachwerkhäuser aus dem 16. und 18. Jahrhundert, darunter das Geleitshaus, gut erhalten.

Im 1951 erbauten Kulturhaus der Gemeinde Wandersleben, eines der ersten im Gothaer Land, spielt sich kulturelles und geselliges Leben ab. Seit den 80er Jahren pflegt hier die „Wandersleber Spinnstube" mit Volkstanzgruppe und Chor altes, heimisches Kulturgut. Die Reitsportgemeinschaft „Drei Gleichen e.V." bietet eine Ausbildung im Reitsport und die „aerotouristik" in Zusammenarbeit mit dem Gothaer Flugsportverein u.a. Rundflüge mit Motorseglern.

Auch die dritte Burg der Drei Gleichen, die **Wachsenburg**, gehörte bis zum Jahre 1922 zum Gothaer Land, danach zum Kreis Arnstadt (heute Ilm-Kreis). Der Sage nach soll sie im 10. Jahrhundert vom Hersfelder Abt Meingoth begründet worden sein. Wahrscheinlich gehört sie aber zu den Befestigungen, die auf Grund der Burgenordnung

Mittelalterlicher Wohnturm und Turm der St. Petri-Kirche in Wandersleben

Wachsenburg

König Heinrichs I. aus dem Jahre 926 errichtet wurde. Im 13. Jahrhundert war sie im Besitz der Grafen von Mühlburg und ging um das Jahr 1242 an die Grafen von Käfernburg über. Von ihnen erwarben in den Jahren 1366/69 die Landgrafen von Thüringen Friedrich, Balthasar und Wilhelm die Burg mit der Umgebung (Amt Wachsenburg). Im Sächsischen Bruderkrieg (1446-1451) eroberten die Erfurter im Jahre 1451 die Burg, konnten sie aber nicht erwerben. Schon im Einkommensverzeichnis der Wettiner aus dem Jahre 1378 ist das „castrum Wassinburg" mit 12 abgabepflichtigen Dörfern genau verzeichnet. Im Bauernkrieg sammelte sich im Frühjahr 1525 ein Bauernhaufen vor dem Kloster Ichtershausen, um das Nonnenkloster und die Drei Gleichen als Zwingburgen zu stürmen. Aber dem Gothaer Pfarrer Friedrich Myconius gelang es, die Bauern mit seiner zur Mäßigung auffordernden Ansprache davon abzuhalten. Nur das Kloster wurde nach seinem Weggang geplündert. Später verurteilte Kurfürst Johann von Sachsen auf seinem Strafzug beim Hoftag zu Ichtershausen die Bauern des Amtes Wachsenburg zur Zahlung von 7000 Gulden. Obwohl die Zahlung auf drei Termine in den Jahren 1525 und 1526 aufgeteilt waren, konnten viele Bauern ihren Anteil nicht aufbringen und die Amtmänner mußten bis zum Jahre 1529 immer wieder um Terminaufschub bitten.

Im Jahre 1640 kamen die Wachsenburg und das gleichnamige Amt an das Herzogtum Sachsen-Gotha unter Ernst dem Frommen, der die Burg erneuern und den 95 m tiefen Brunnen von Bergleuten anlegen ließ. Sein Enkel Friedrich II. ließ die Wachsenburg in den Jahren 1699-1701 befestigen und mit Gothaer Militär besetzen. Im Jahre 1789 wurde sie erneut restauriert und später zeitweilig auch als Gefängnis genutzt. Seit dem Jahre 1898 wurde hier ein Museum eingerichtet, das bis zum Jahre 1945 wertvolle Sammlungen (Waffen und Uniformen, Trachten) enthielt. Der große Hohenlohe-Turm ist um 1900 gebaut worden. Von 1965 bis 1969 wurden restauratorische Umbauten vorgenommen und mit der Einrichtung des jetzigen Hotel-Restaurants abgeschlossen.

Von der Wachsenburg führt auf dem Kamm der Schloßleite der Gustav-Freytag-Weg zur Mühlburg. Die beiden nahen Gemeinden *Haarhausen* und *Holzhausen* (je rd. 400 Einw.) gehörten früher ebenfalls zum Gothaer Land und liegen auf altem Siedlungsgebiet. So ist bei Haarhausen in den Jahren 1979-1986 eine umfangreiche germanische Töpferei mit Resten von drei Töpferöfen (3. Jh.) freigelegt und erforscht worden, wo Drehscheibenkeramik mit römischen Stilformen hergestellt wurde.

Mit dem Sitz in Günthersleben ist die Verwaltungsgemeinschaft „Mittlerer Apfelstädtgrund" (rd. 8500 Einw.) im Mai 1992 gegründet worden. Sie umfaßt neben den schon behandelten Orten Mühlberg und Wandersleben noch die fünf Gemeinden Grabsleben, Günthersleben, Schwabhausen, Seebergen und Wechmar.

141

Nicht weit von den Drei-Gleichen-Orten Mühlberg und Wandersleben liegt **Wechmar** (rd. 1700 Einw.) an der Apfelstädt. Der aktive Heimatverein (gegr. 1982) mit seiner Trachtengruppe hat sich vor allem um die Erhaltung des Bachhauses (um 1600), der Urväterheimat der Thüringer Musikerfamilie Bach, verdient gemacht. Hier in Wechmar lebte nämlich der Urahn Johann Sebastian Bachs, der Bäcker Veit Bach (gest. 1619). Dessen Enkel Christoph Bach, der wie sein Vater Hans ein Spielmann war, war der Großvater des berühmten Thomaskantors. Seit dem Jahre 1885 wird die Wechmarer Bachgeschichte erforscht und gepflegt. Dabei waren die musikalischen Bachfeste in den Jahren 1935, 1950 und 1985 besondere Höhepunkte. Schließlich konnte hier im Jahre 1994 das sehenswerte Bachmuseum eröffnet werden. Damals fand hier das erste Bundestrachtenfest in den neuen Bundersländern statt.

Für die frühe Siedlungsgeschichte Wechmars war das im Jahre 1937 beim Kiesabbau entdeckte und erschlossene Gräberfeld der Schnurkeramiker- und Glockenbecherkultur sowie über 250 Brandgräber der elbgermanischen Kultur mit römischen Importwaren eine Sensation, welche die archäologische Forschung noch lange beschäftigt hat.

Die schriftliche Überlieferung Wechmars setzt im Jahre 786 mit der Erwähnung von „Wehmare" im Hersfelder Zehntverzeichnis ein. Kaiser Otto II. hielt hier einen Hoftag ab, und im Jahre 1086 hielt Kaiser Heinrich IV. über den aufständischen Markgrafen Ekbert II. von Meissen ein Fürstengericht. Seit dem 12. Jahrhundert waren erst die Grafen von Käfernburg, ab 1342 bis 1631 die Grafen von Gleichen die Herren des Ortes. Von 1140 bis ins 14. Jahrhundert waren hier die Herren von Wechmar meist gräfliche Burgmannen. Damals gab es auch Waid- und Weinanbau, und die Gemeinde besaß in Georgenthal als Forst das Wechmarer Holz (430 ha), das Herzog Wilhelm von Sachsen im Jahre 1470 den Grafen von Gleichen als Lehnsherrn des Ortes verlieh. Von den sieben adligen Gütern wurde der größte Teil im späten 18. und im 19. Jahrhundert aufgeteilt. Davon sind noch die Gebäude des ehemaligen Rittergutes Weidensee erhalten geblieben.

Der 68 m hohe Turm der St. Viti-Kirche mit seinem spitzen Dach überragt weithin sichtbar das Dorf. Das Gotteshaus ist in den Jahren 1842/43 mit schönen Glasfenstern und umlaufenden Emporen gebaut worden und gilt als letzter und größter kirchlicher Zentralbau des 19. Jahrhunderts im Thüringer Land.

Der Stausee im Flurteil „Im See" bei der Straße nach Mühlberg bzw. unterhalb des Röhnberges ist 1978 bis 1981 angelegt worden (1,2 Mio m^3 Stauraum Er dient der Bewässerung landwirtschaftlicher Flächen und wurde bis zum Jahre 1990 auch zur Fischzucht genutzt. Das Schwimmbad im Ort hatte sich im Jahre 1936 der Wechmarer Turnverein geschaffen. Mit dem Gewerbegebiet „Oberried" (35 ha), ist Wechmar noch näher an die Nach-

Bachhaus in Wechmar (um 1600)

bargemeinde Günthersleben gerückt. Zwischen beiden Orten haben sich hier zahlreiche mittelständische Betriebe etabliert.

Wie in der Gegend allgemein haben auch in **Günthersleben** die (Linien-) Bandkeramiker schon vor ca. 6000 Jahren gesiedelt. Als „Gunderichsleba" wird der Ort in einer Fuldaer Klosterurkunde zwischen 780/800 erstmals schriftlich überliefert, schon lange vorher war er wohl von einem Gunderich gegründet worden. Seit dem Jahre 1156 treten hier die Herren von Günthersleben bis ins 14. Jahrhundert auf. Bereits seit dem 12. Jahrhundert gehört der Ort zur Untergrafschaft Gleichen, die im Jahre 1631 an die Fürsten von Schwarzburg-Sondershausen kam, aber unter gothaischer Lehnshoheit blieb.

Die selbständigen Handwerker im Ort bildeten im Jahre 1851 eine gemeinsame Innung mit eigenem Statut. Damals wanderten zahlreiche Einwohner meist über Bremen, z.T. heimlich, nach Amerika aus, um hier ein neues Leben anzufangen und auch besser verdienen zu können.

Die St. Petri-Kirche in Günthersleben geht auf ein romanisches Bauwerk zurück. Sie wurde im Jahre 1694 auf Kosten des Gerichtsherren und Münzmeisters Heinrich Bonhorst umgebaut und im Jahre 1810 verändert. Auch das schlichte Wasserschloß hat Heinrich Bonhorst im Jahre 1691 bauen lassen. Es wurde nach der Bodenreform im Jahre 1948 mit den dazugehörigen Wirtschaftsgebäuden abgebrochen. Später ist dann „die Insel" zu einem Erholungsort mit dem Inselcafé (1974), Grünflächen und einem Gondelteich, ausgebaut worden.

Schwabhausen (rd. 700 Einw.) liegt westlich von Günthersleben und Wechmar an der Bundesstraße B 247 nahe der Autobahn A 4 mit der Autobahnausfahrt Gotha und zwischen der Kreisstadt Gotha und Ohrdruf in einer günstigen Verkehrslage. Hier hat sich auch das Gewerbegebiet „Hinter den Gärten" (15 ha) gut entwickelt.

Der Ort wird im Hersfelder Zehntverzeichnis aus dem Zeitraum 775/786 als „Suabehusun" erstmals erwähnt. Im Mittelalter gehörte er den Grafen von Käfernburg-Schwarzburg. Im Jahre 1393 erhielt Graf Ernst von Gleichen als Lehnsherr der Wettiner den Ort, der als Afterlehen den Herren von Stutternheim verliehen war. Von ihnen kauften die Grafen von Gleichen 1453 Schwabhausen ab. Nach deren Aussterben (1631) fiel es mit der Obergrafschaft Gleichen an die Herren von Hohenlohe-Langenburg und stand seit 1640 unter gothaischer Oberhoheit.

Die Brandkatastrophe von 1686 hatte auch die Dreifaltigkeitskirche schwer beschädigt. Sie wurde erst in den Jahren 1701/02 wieder aufgebaut. Der aus dem Mittelalter stammende Turm wurde im Jahre 1719 fertiggestellt. Eine Kostbarkeit ist der spätgotische Flügelaltar (um 1500), der im Mittelschrein Maria mit dem Kinde und die Apostelfiguren zeigt, während die Außenflügel bemalt sind. Im Jahre 1986 ist die Innenausmalung der Kirche erneuert worden.

Beim ehemaligen Rittergut sind noch die Reste einer Wasserburg mit dem kreisförmigen Graben und einer Brücke aus dem 18. Jahrhundert sowie das Gutshaus (19. Jh.) des früheren „Pforteschen Guts" erhalten. Letzteres fiel mit seinen 90 Hektar Wirtschaftsfläche übrigens nicht unter die Bodenreform. Im Jahre 1952 wurde es von der LPG übernommen, die Gebäude sind aber bald wieder aufgegeben worden.

Später wurde hier die „Milchfabrik" Schwabhausen mit 2000 Rindern aufgebaut, die sowohl bei der Milcherzeugung als auch bei den hier geborenen und verkauften Kälbern beste Leistungen erzielte. Jetzt betreibt die „Agrargenossenschaft e. G." hier Ackerbau und Viehwirtschaft.

Fast vergessen ist der Kollerstädter Grund südlich von Schwabhausen mit seinen Steilhängen an der Apfelstädt, die hier eine Muschelkalkschwelle durchbricht. Bis zum Jahre 1604 bestand hier ein gräflich-gleichensches Vorwerk mit umfangreichem Grundbesitz. Die Mühle hatte sich noch bis ins 19. Jahrhundert hinein erhalten. Der größte Teil des Gutslandes ist dann wohl zum Truppenübungsplatz Ohrdruf gekommen und nach 1945 von der Sowjetarmee genutzt worden. Wegen der scharfen, unfallträchtigen Kurven, mit denen früher die alte Fernverkehrsstraße F 247 in das Flußtal und nach Ohrdruf führte, ist die heutige Straßenführung von der Höhe 376 an in Richtung Hohenkirchen verlegt worden.

Seebergen (rd. 1400 Einw.) liegt am Ostabhang des Großen Seebergs (406 m), nur wenige Kilometer von Günthersleben entfernt. In alten Beschreibungen des Gothaer Landes wird man es vergeblich suchen, weil es früher zum Fürstentum Schwarzburg-Rudolstadt gehörte. Erst im Jahre 1823 kam es durch einen Tausch von Exklaven zum Herzogtum Sachsen-Gotha-Altenburg. Wie die Nachbarorte liegt auch Seebergen auf altem Siedlungsboden. Im Jahre 1958 ist im „Mühlfeld" ein Werkstattverwahrfund als Zeuge bandkeramischer Kultur ausgeackert worden. Im Sommer des Jahres 1994 wurden dann bei Bauarbeiten an der Wechmarer Straße vier Gräber entdeckt, deren Beigaben (Steinbeile, Keramik) für diese 6000 Jahre alte Siedlungsstelle aufschlußreich sind.

Urkundlich wird der Ort „seberge" erst im Jahre 1240 in einer Urkunde Graf Heinrichs von Schwarzburg überliefert. Seit altersher besaß Seebergen seinen Gemeindewald (rd. 150 ha) nördlich von Tambach-Dietharz. Ansprüche des Klosters Georgenthal darauf wies der Graf im Jahre 1246 zugunsten seines Dorfes zurück. Wegen einer Koppelweide im Rieth hatte Seebergen mit dem Nachbarort Siebleben im 15. Jahrhundert Streit, der schließlich im Jahre 1643 durch eine Teilung beigelegt wurde. Nach einem Büchsenschießen im Jahre 1615 hat sich später eine Schützengesellschaft entwickelt, die im Jahre 1785 vom Fürsten genehmigt worden ist. Nach der Wende des Jahres 1989 ist sie als „Seeberger Schützenverein 1785" wieder gegründet worden.

Die spätgotische St. Georgenkirche geht nach einer Inschrift am Turm auf das Jahr 1511 zurück. Die Innenausstattung mit umlaufenden, bemalten Emporen und die Kanzel stammt aus dem frühen 17. Jahrhundert. Das Gotteshaus ist von einer teils erhalten gebliebenen, teils erneuerten Wehrmauer mit Schießscharten umgeben. Hier sind noch alte Grabsteine, z.T. mit figürlichem Schmuck (17. u. 18. Jh.), sehenswert, ebenso die beiden Kreuze (1663, 1676) auf dem Kreuzerhügel beim Friedhof sowie auf den Bildstock von 1571 an der Straße nach Günthersleben. Die Gemeindeschenke, die im Jahre 1901 umgebaut wurde, zeigt an den Hoftüren alte Inschriften aus den Jahren 1535 und 1683.

Grabsleben (rd. 700 Einw.) liegt mit dem Ortsteil *Großrettbach* an der Straße nach Neudietendorf, etwas abseits davon liegt der Ortsteil *Cobstädt*. Nach der schriftlichen Überlieferung ist Großrettbach die älteste der drei Siedlungen und wird 775/786 im Hersfelder Zehntverzeichnis als „Rutibah" erwähnt. Grabsleben wird erst im Jahre 1197 in einer Urkunde des Landgrafen Hermann I. „Graveslebe" genannt; Cobstädt folgt im Jahre 1199 mit einem Walter von „Cobinstete" als Zeuge in einer Ichtershäuser Klosterurkunde. Grabsleben und Cobstädt gehörten zu den Freiwalddörfern, die ihren markgenossenschaftlichen Waldbesitz im Georgenthaler Forst gegen die Ansprüche des Klosters verteidigen mußten. Im Jahre 1306 bestätigte Landgraf Dietrich, der Bruder des Landgrafen Albrecht von Thüringen, dem Kloster den Freiwaldbesitz und schenkte den Mönchen noch zwei Hufen Land in Grabsleben dazu. Noch bis zum Jahre 1525 zinste die Gemeinde an das Kloster, gehörte aber wie auch Großrettbach zum Amt Gotha, denn nach dem Einkommensverzeichnis der Wettiner von 1378 mußten „Grabisloubin" und „Retebeche" Geld- und Naturalabgaben an das Amt abliefern. Vom mittelalterlichen Waidanbau zeugt heute noch der Waidstein in der Schenkstraße.

Im Dreißigjährigen Krieg hatten die drei Orte wie anderwärts auch schwer zu leiden. Im Jahre 1638 lebten so in Grabsleben nur noch 72 von früher 300 Einwohnern, in Cobstädt 15 von ehemals 120 Einwohnern und in Großrettbach lebte zu der Zeit gar niemand mehr von den ehemals 360 Einwohnern. Der gesamte Viehbestand war auf nur noch eine Kuh in Grabsleben zusammengeschmolzen. In den Jahren 1639 und 1640 wurden die Gemeinden erneut geplündert, obwohl kaum noch etwas zu holen war. Herzog Ernst der Fromme hat den Wiederaufbau nachhaltig gefördert. Es war dann das Jahr 1813, als fliehende Franzosen nach der Völkerschlacht bei Leipzig das nahe der Heerstraße liegende Grabsleben plünderten.

Die Grabsleber Kirche St. Maria Magdalena wurde im Jahre 1696 auf den Grundmauern des wegen Baufälligkeit abgebrochenen Vorgängerbaus neu errichtet. Ihr Turm ist im Kern noch spätromanisch. Das Kircheninnere mit Doppelempore und Deckengemälde wurde im 18. Jahrhundert erneuert. Die St. Gotthard-Kirche in Großrettbach wurde im Jahre 1821 abgerissen und neu aufgebaut. Am ältesten ist wohl die Kirche in Cobstädt, in die Grabsleben als Filial inkorporiert* war. Sie ist durch Erweiterung einer älteren Kapelle nach der Reformation ausgebaut worden. Vor dem Bauernkrieg wohnten Mönche in einigen Häusern bei der Kirche und gingen auf dem „Pfaffenstieg" zum Mönchhof in Tüttleben. Im Jahre 1525 brannten die Cobstädter Bauern diese Häuser nieder und verwüsteten den Fischteich, der später von der Gemeinde angekauft und am Rande mit jungen Erlenstämmen zur Holzgewinnung bepflanzt wurde. Noch vor dem Zweiten Weltkrieg existierte hier eine Gaststätte mit einer Obstweinkelterei. Sie betrieb auch eine Bienenzucht und war insbesondere durch ihren Honigwein weithin bekannt.

unterstellt

Seit dem Jahre 1991 wird alljährlich am 11. November in Grabsleben das Martinsfest mit einem Martinsspiel und Laternenumzug der Kinder zum Martinsfeuer mit einem reitenden St. Martin an der Spitze gefeiert.

Im vorigen Jahrzehnt sind drei Wüstungen in der Umgebung von Grabsleben erforscht worden, die nur noch dem Namen nach bekannt waren: Groß- und Kleinwechs sowie Mattern. Diese mittelalterlichen Siedlungen auf schlechten Böden sind schon seit Anfang des 12. Jahrhunderts nachweisbar und wurden im Jahre 1458 als Wüstungen bezeichnet.

Die Verwaltungsgemeinschaft „Fahner Höhe"

Mit der Gebietsreform sind am 1. Juli 1994 die Gemeinden Großfahner (rd. 900 Einwohner), Gierstädt mit Ortsteil Kleinfahner (rd. 900 Einw.), Burg- und Gräfentonna (rd. 2900 Einw.), Döllstädt (rd. 1100 Einw.) und Dachwig (rd. 1600 Einw.) zum Kreis Gotha gekommen und wurden zum 10. Oktober 1995 per Dekret zur *Verwaltungsgemeinschaft „Fahner Höhe"* mit insgesamt rund 7400 Einwohnern am Nord- und Nordwestrand der Fahnerschen Höhe zusammengeschlossen. Sitz der Verwaltungsgemeinschaft ist die Gemeinde Tonna mit den Ortschaften Gräfentonna und Burgtonna.

Mit Ausnahme Dachwigs gehörten diese Gemeinden schon früher zum Gothaer Land und waren im Jahre 1950 den Nachbarkreisen zugeschlagen worden. Dagegen ist der früher ebenfalls gothaische Marktflecken Herbsleben, der in der Residenzstadt Gotha durch seine Frühkartoffeln und seinen Spargel bekannt war, zum Hainichkreis gegangen. Die „neuen" gothaischen Gemeinden nehmen das nordöstliche Territorium des Kreises Gotha zwischen dem Tonna-Bach im Nordwesten und dem Jordanbach im Nordosten ein. Nördlich der unter dem alten Namen „Tonna" vereinigten Gemeinden Burg- und Gräfentonna fließt der Tonna-Bach in die Unstrut, einige Hundert Meter östlich davon erreicht die Kreisgrenze an der Unstrut den nördlichsten Punkt.

Wenn man von Ballstädt durch das enge Tal des Tonna-Baches zwischen der Fahnerschen Höhe und dem Ausläufer der Großen Harth bzw. des Hainichs nach Burg- und Gräfentonna fährt, wird man kaum auf den Gedanken kommen, daß sich vor den Eiszeiten (Kaltzeiten) des Pleistozäns, also vor ein bis 0,5 Mill. Jahren, die Wasser der Apfelstädt und der Hörsel hier hindurchgezwängt und in einen Eisstausee ergossen haben. Paläogeographische Untersuchungen der Sedimente und ihrer Schotterzusammensetzung, die weiträumig zwischen dem Thüringer Wald und der Unstrut in den 50er und 60er Jahren unseres Jahrhunderts auf Grund früherer Analysen und Hypothesen durchgeführt wurden, haben dieses Urstromtal der Ur-Apfelstädt durch die Burgtonnaer bzw. Ballstädter Pforte erkennen lassen. Spätere Eisbarrieren bzw. Bodenbewegungen haben diese Ur-Apfelstädt zunächst nur noch bis zum Nessetal, später aber mit der Ohra nach Osten zur Gera umgelenkt. Die Leina-Hörsel bog vor den Aufschotterungen am Boxberg in nordwestliche Richtung in die Hörselgauer Mulde ab, wobei sich das heutige Leina-Hörsel-System herausgebildet hat. Eine relativ flache Schwelle (287 m) zwischen Hausen (277 m) und Ballstädt (270 m) trennt heute die Nesse vom Tonna-Bach und bildet hier eine Wasserscheide zwischen Weser und Elbe.

Als die Gemeinden *Burg- und Gräfentonna* am 1. Juli 1994 wieder zum Kreis Gotha kamen, einigten sich ihre Gemeindevertreter auf eine gemeinsame Verwaltung unter den Namen „Tonna", der später auch der Sitz der Verwaltungsgemeinschaft „Fahner Höhe" werden sollte.

Unter den Namen „Tunnaha" wird schon in der zweiten Hälfte des 8. Jahrhunderts einer der beiden Ortsteile in einer Urkunde (750/802) erwähnt, wodurch das Kloster Fulda von einer Edelfreien namens Ymma* Güter aus dem Ort erhielt. Im Jahre 875 überläßt Kaiser Ludwig der Deutsche seine Besitzungen in der Mark Eiterfeld (Rhön) dem Kloster Fulda im Tausch gegen Fuldaer Güter in Tonna. Ein Graf Erpho (auf dem Erffa-Berg ?) vermachte um 860 seinen Tonnaer Besitz dem Kloster Fulda. Im Jahre 874 wird dann Burgtonna mit Bufleben in einer Urkunde genannt, mit der ein Zehntstreit des Erzbischofs von Mainz mit dem Kloster Fulda beigelegt wurde.

Beide Ortschaften gehen auf weit frühere Siedlungen zurück, wie zahlreiche Bodenfunde bewiesen haben. Der „Schaber von Burgtonna", der nach dem ersten Weltkrieg im ehemaligen Wolffschen Steinbruch gefunden wurde, gilt bis heute als das älteste Zeugnis, das man von Menschen im Gothaer Land gefunden hat: Er wird in die Altsteinzeit (100 000 v. Chr.) datiert und stammt von einer Freilandstation, wo sich Menschen von der Jagd und von Wildfrüchten ernährt haben. Aus der Mittelsteinzeit (ca. 6000 v. Chr.) liegen Steinwerkzeuge von einem Wohnplatz am Lohberg bei Gräfentonna vor. Auch die Jungsteinzeit und die nachfolgenden Kulturen sind hier mit Bodenfunden, darunter auch Gräber, bezeugt. In der Jubiläumsschrift „1080 Jahre Burgtonna" (1954) beschreibt der bekannte Gothaer Frühgeschichtsforscher Hermann Kaufmann diese älteste Siedlungsgeschichte von Tonna. Schon im Jahre 1820 hatte Chr. A. Vulpius, Goethes Schwager, in den „Curiositäten... für gebildete Leser" über die Entdeckung eines Doppelgrabes der späteren Römischen Kaiserzeit (3.Jh.) bei Burgtonna berichtet.

Im Mittelalter ist die Geschichte der beiden Tonna-Gemeinden von den Herren von Tonna, den späteren Grafen von Gleichen geprägt worden. Um das Jahr 1100 wird Erwin (I.) von Tonna in einer Urkunde Graf Ludwigs des Springers für das Kloster Reinhardsbrunn genannt. Vorher war Erwin I. Zeuge in zwei Urkunden des Mainzer Erzbischofs Ruthard für das Erfurter Peterskloster; 1115 starb er im Kloster Reinhardsbrunn. Seit dem Jahre 1162 nannte sich Erwin II. von Tonna auch nach seiner Burg und Herrschaft bei Wandersleben „von Gleichen", die ihm vermutlich vom Mainzer Erzbischof verliehen worden war. Aber bis zum Jahre 1590 blieb Gräfentonna, das so im Jahre 1290 erstmals erwähnt wird, Residenz und Kanzleiort der Grafen. Hermann I. von Gleichen und Tonna konnte im Jahre 1335 Burgtonna von Landgraf Friedrich II. mit allen Rechten abkaufen und es als Lehen erhalten.

Die Zinsen der drei Mühlen im Ort Burgtonna verkaufte hier ein Heinrich Wendephaphe im Dezember 1337 dem Kloster Reinhardsbrunn. Dieses überließ dann im Jahre 1366 zwei dieser Mühlen einem Herrn von Pferdingsleben im Tausch gegen Einkünfte aus diesem Ort. 1375 erschien Kaiser Karl IV. mit seinem Sohn Wenzel und seinem Heer zwischen beiden Orten und verfügte am 6. September einen einjährigen Waffenstillstand zwischen Landgraf Friedrich III. und dem Mainzer Erzbischof Adolf von Nassau, auf dessen Seite Graf Ernst I. von Gleichen stand.

Die Burg von Burgtonna auf dem Berg nach Ballstädt zu war schon im Jahre 1249 im thüringisch-hessischen Erbfolgekrieg zerstört worden. Weitere Kriege und Fehden, an denen die Grafen von Gleichen beteiligt waren, brachten wieder viel Not ins Land. Im „feurigen Jahr" 1450, wo viele Dörfer im Sächsischen Bruderkrieg (1446-1451) in

Emma

Steinaxt von Burgtonna aus der Mittelsteinzeit (8. - 5. Jt. v. Chr.)

Flammen aufgingen, blieben auch die Tonna-Orte nicht verschont. Zwar wurden beide wieder aufgebaut, aber die Nachbardörfer Oestertonna und Reifenheim blieben wüst.

Trotz allem gedieh hier noch im 15. Jahrhundert der Wein- und Waidbau. Die guten Weinlagen waren meist im Besitz der Klöster Reinhardsbrunn und Georgenthal, so bei Gräfentonna am Sommerberg und bei Burgtonna zwischen dem Ort und dem Kalkberg. Noch bis weit in das 19. Jahrhundert hinein wurde in Burgtonna Waid angebaut, so im Jahre 1838 auf 18 Acker Land (ca. 4,5 ha), und eine Waidmühle stand hier noch im Jahre 1867.

Der Bauernkrieg von 1525 in Thüringen führte hier zu einem Höhepunkt, als etwa 200 bewaffnete Bauern aus zahlreichen umliegenden Dörfern vor Gräfentonna zogen, um ihre Forderungen bei Graf Philipp von Gleichen durchzusetzen. Der Graf verhielt sich ausweichend, so daß die Bauern Verstärkung von Langensalza holten und das Schloß besetzten. Nun gab der Graf nach. Die Bauern öffneten das Gefängnis, fischten die Teiche leer und leerten auch die Vorratskeller. Sie schickten einen Boten mit der Forderung nach Ohrdruf, wo die Gleichenschen Bürger ebenfalls gegen das Kloster und die Ratsherren vorgehen sollten. Dort aber verlief der „ufrohr" anders (s. S. 72).

Kriege, Krankheiten und Katastrophen wie Unwetter, Überschwemmungen und Brände brachten früher immer wieder große Not über die Dörfer. An der Kirche von Burgtonna erinnert eine Inschrift an die Unwetterkatastrophe am 17. Mai 1558, bei der 46 Personen ertranken, 40 Gebäude teils fortgeschwemmt, teils zerstört und das Dorf von dem plötzlichen Hochwasser verwüstet worden war. Damals hatten sich schwere Regengüsse von den umliegenden Höhen in den Tonna-Bach ergossen, dessen Fluten sich durch das enge Tal in das Dorf wälzten. Auch aus späterer Zeit sind ähnliche Hochwasserkatastrophen überliefert, von denen der Wolkenbruch mit Hagel am 25. August 1859 wohl ein Jahrhundertunwetter war. In den Jahren 1582 und 1597 sowie 1625 und 1635-37 starben Hunderte von Menschen an der Pest. Dazu kamen die Leiden im Dreißigjährigen Krieg, durch die die Zahl der Bewohner und die Viehbestände auf ein Bruchteil des Vorkriegsstandes zurückgingen.

Beim Tode des letzten Grafen von Gleichen im Jahre 1631 gehörten folgende neun Gemeinden zur Herrschaft Tonna: Aschara, Bienstädt, Burgtonna, Döllstädt, Eckartsleben, Eschenbergen (anteilig), Gräfentonna, Illeben und Töttelstädt. Dieses Gleichensche Territorium fiel zunächst an Christian Schenk von Tautenburg, aber schon im Jahre 1640 nach dessen Tod an die Grafen von Waldeck-Pyrmont, von denen es Herzog Friedrich I. von Sachsen-Gotha und Altenburg im Herbst 1677 durch Kauf erwarb. Seitdem bestand es bis zum Jahre 1830 als Amt Tonna, dann als Justizamtsbezirk und seit 1879 als Amtsgerichtsbezirk Tonna beim Landratsamt Gotha.

Herzog Friedrich I. ließ in den Jahren 1678 bis 1684 mitten in Gräfentonna ein neues Schloß bauen und noch kurz vor seinem Tode (1691) den Grundstein für einen Kirchenneubau legen. Dieser Neubau war im Grunde eine Restaurierung und Erweiterung der alten, baufällig gewordenen Hofkirche der Grafen von Gleichen, die hier seit 1525 ihre Grablege im Untergeschoß des Turmes haben. Der 8,5 m hohe Kreuzaltar stammt aus der einstigen Wallfahrtskirche von Grimmenthal bei Meiningen und ist ein Werk des Bildhauers und Bildschnitzers Hans Nußbaum, der es um das Jahr 1512 in Bamberg geschaffen hat. Herzog Ernst der Fromme hat das Kunstwerk aus dem später aufgeteilten Erbe der Grafen von Henneberg (1583 ausgestorben) erhalten und es im Jahre 1646 in der Schloßkirche auf dem Friedenstein aufstellen lassen. Ein halbes Jahrhundert später haben Sohn und Enkel des Herzogs den Altar bei der Umgestaltung der Kirche im Barockstil entfernen lassen. Im Jahre 1692 wurde der kostbare, figurenreiche Kreuzaltar in der umgebauten Peter- und Paulskirche aufgestellt.

Bis heute erhalten geblieben ist aber nur die alte Kettenburg in Gräfentonna, der einstige Stammsitz der Grafen von Gleichen. In den wohl aus dem 12. Jahrhundert stammenden Grundmauern hatte die starke Wasserburg 1375 und 1450 zwei Belagerungen überstanden und wurde Anfang des 16. Jahrhunderts sowie 1555 ausgebaut. Der viereckige, 35 m hohe Turm mit seinen bis zu zwei Meter dicken Mauern ist heute noch eindrucksvoll. Von 1761 bis 1859 war die Burg Amtssitz, dann wurde sie zu einer Strafvollzugsanstalt (Zuchthaus seit 1861) umgebaut, die im Jahre 1991 aufgegeben wurde. Nun wird sie für eine andere Nutzung umgestaltet.

Die Gebäude der alten Domäne wurden nach der Bodenreform im Jahre 1948 abgebrochen. In den Jahren 1957 bis 1960 wurde am Fahnerschen Weg die Juri-Gagarin-Schule gebaut. Der Architekt H. Wenzel hat dabei an das dreigeschossige Hauptgebäude zwei Flügel für die Klassenräume unterschiedlich angesetzt und mit den Nebengebäuden einen ungewöhnlich asymmetrischen Gebäudekomplex geschaffen.

Seit den 50er Jahren hatte sich hier eine starke LPG entwickelt, die sich später als Großbetrieb mit den Betriebsteilen in Nägelstedt und Vargula auf Getreideanbau und Rindermast spezialisiert hat. In Burgtonna entwickelte sich in Zusammenarbeit mit der LPG im nahen Aschara eine Milchviehanlage. Hier soll das alte Rittergutshaus nach historischen Fotos und Erinnerungen älterer Bürger wiedererstehen, um darin Wohnungen auszubauen. Mit der Errichtung eines Heimatmuseums ist inzwischen schon begonnen worden. Dabei pflegt der Heimatverein Tonna Geschichte und Brauchtum der Gemeinde, während sich der Reitverein Burgtonna seit dem Jahre 1987 dem Pferdesport widmet.

Die Einheitsgemeinde Tonna hat ein Gewerbegebiet „Am Steinbruch" (rd. 20 ha) ausgewiesen, dessen Verkehrslage an Straße und Schiene zur nahen Landeshauptstadt Erfurt sowie nach Bad Langensalza - Mühlhausen sehr günstig ist. Zur Zeit entsteht an der „Fasanerie" ein neues Wohngebiet mit über 100 Häusern, um die Nachfrage auf diesem Sektor befriedigen zu können. Die alte Fasanerie war das beliebte Ziel der täglichen Spaziergänge von Carl Maria von Weber (1786-1826), als

„Kettenburg" in Gräfentonna (14.-16. Jh.), der einstige Stammsitz der Grafen von Gleichen

er vom 31. August bis zum 20. Dezember 1812 Gast des Gothaer Herzogs August im „neuen Schloß" war und hier auch mit dem Amtsphysikus Dr. Haage gern vierhändig Klavier gespielt hat.

Großfahner (rd. 900 Einw.) liegt am Nordabhang der Fahnerschen Höhe mit ihrem Laubwald. Der Ort wird erstmalig im Hersfelder Zehntverzeichnis 775/786 als „Fanre", später um das Jahr 860 als „Nortfanere" erwähnt, während mit „Ostfanere" wohl das heutige Kleinfahner gemeint sein dürfte. Die Erklärung des Ortsnamen fällt selbst Fachleuten schwer, die es mit „Fahne"* in Verbindung bringen. Aus dem Althochdeutschen wäre es als ein „Fahnenträger" zu erklären, der als Edelfreier der Ortsgründer lange vor der ersten schriftlichen Erwähnung gewesen sein könnte. Die Herren von Fahner**, Erbkämmerer der Landgrafen von Thüringen, zogen 1227 mit Ludwig IV. zum Orientkreuzzug nach Italien. Im Jahre 1370 wurden die Brüder Otto und Kaspar von Vanre von Landgraf Friedrich III. mit dem Schloß Großvanre belehnt. Danach (1412) erhalten die Herren von Seebach den Ort als Mitlehen, später als alleiniges Lehen mit der Gerichtsbarkeit über Groß- und Kleinfahner sowie Gierstädt als Seebachsche Gerichte, die sie im Jahre 1839 an die herzogliche Justizverwaltung abtraten.

Die Klöster Fulda und Georgenthal besaßen auch hier Grundbesitz und Einnahmen in Form von Zinsen. Aus dem 17. Jahrhundert stammte das Seebachsche Schieferschloß, das leider im Februar des Jahres 1948 abgebrochen wurde, um daraus Baumaterial für Neubauernhöfe zu gewinnen. Es war ursprünglich von einem Wassergraben mit zwei steinernen Brücken umgeben. Um 1680 waren die Innenräume barock umgestaltet worden, wobei der Rittersaal dem Festsaal des Gothaer Schlosses Friedenstein ähnlich war. Anfang des 18. Jahrhunderts erhielt der sogenannte Rosa-Saal eine Ausgestaltung im heiteren Rokokostil. In den ersten Nachkriegsjahren nach 1945 hatte das Schloß einer größeren Zahl von Vertriebenen und Flüchtlingen als erste Notunterkunft gedient. Später ist hier in Großfahner ein sozialistisches Kulturhaus gebaut wurden, der jetzige „Schloß-Gasthof". Er setzt jedoch nicht den dominanten Akzent im Ortsbild, den früher das dreigeschossige Schieferschloß mit seinem hohen Dach und dem Turm an dieser Stelle geboten hat.

Geblieben ist aber die Peter- und Paulskirche, die im Jahre 1646 zwar niedergebrannt war, aber nach dem Westfälischen Frieden im Jahre 1653 erst wieder aufgebaut und 1713 restauriert wurde. Der alte Kirchturm mußte im Jahre 1873 abgebrochen werden. Danach wurde der jetzige Turm errichtet.

* Panier
** Vanre

Schloß Großfahner (nach Lehfeldt 1891)

Alte Streitigkeiten mit der erfurtischen Nachbargemeinde Dachwig um die Flurgrenze wurden im Jahre 1719 bereinigt. Das Gemeinderieth (ca. 50 ha) wurde im Jahre 1838 unter die Bauern im Ort aufgeteilt. Im Jahre 1858 wurde dann die Separation, d.h. die Zusammenlegung der damals sehr kleinen Ackergrundstücke, beendet. Die 1861 eingerichtete Gewerbeschule ging bald wieder ein, aber 1865 wurde ein neues Schulhaus gebaut. Die beiden Wassermühlen am Jordanbach, der von der Fahnerschen Höhe herunter durch das Dorf floß, sind inzwischen vom Dachwiger Speicher (siehe Seite 155) überflutet worden.

Seit dem Jahre 1830 war für das Amt Tonna das Landratsamt in Gotha zuständig. Mit der zweiten Verwaltungsreform von 1952, mit der das Land Thüringen in drei Bezirke aufgeteilt worden war, kam auch Großfahner ebenso wie Kleinfahner, Gierstädt und Döllstädt an den neuen Kreis Erfurt-Land und kehrte im Jahre 1992 wieder zum Gothaer Land zurück.

In Großfahner war wie in den Nachbargemeinden seit alter Zeit der Obstbau zu Hause. Beschaulich ist jetzt der Teich mitten im Ort, dessen Ufer mit Weidengeflecht befestigt sind; seine Umgebung ist mit Sitzgruppen zu einer neuen Grünanlage gestaltet worden. Für eine bessere Wohnqualität wird das neue Wohngebiet „Am Wieschen" sorgen, dessen Aufbau im Gange ist.

Gierstädt ist heute mit seinem Ortsteil **Kleinfahner** (zusammen rd. 900 Einw.) das Zentrum des thüringischen Obstbaues auf der Fahnerschen Höhe, der auf eine rund 300jährige Vergangenheit zurückblicken kann. Die bekannte Verordnung der Herren von Seebach aus dem Jahre 1722 im benachbarten Großfahner, welche die Brautleute verpflichtete, bei ihrer Hochzeit in der Gemeinde einen Obstbaum zu pflanzen, geht wohl auf einen älteren Brauch zurück, zumal schon die Landesordnung Herzog Ernsts des Frommen von 1665 seinen Dörfern die Anpflanzung von Bäumen zur Pflicht machte.

Als der junge Johann Volkmar Sickler (1741 bis 1836), ein Gastwirtssohn aus Günthersleben bei Gotha, als Pfarrsubstitut* des Pfarrers Reibstein (gest. 1771) nach Kleinfahner kam, fand er in dem Rittergutsbesitzer und Naumburger Dompropst Fr. W. Seebach (1728-1809) einen Mann, der sehr an der Förderung von Landwirtschaft und Obstbau interessiert war. Dieser hatte im hier Jahre 1753 eine Stahlschmiede gegründet, wo Pflugschaare, Sensen und Sicheln sowie Feilen und anderes Kleingerät hergestellt wurden. Er und Sickler führten zur Steigerung der Obsterträge neue Sorten ein. Sogar aus Paris, wo später Sicklers Sohn Hauslehrer war, ließ man sich Samen und Setzlinge schicken. Wuchsen in den Fahnerdörfern bisher nur Äpfel, Birnen und Zwetschgen, so kamen nun auch Kirschen dazu. Dabei wurde Sicklers eigene Züchtung „Mosler schwarze Herzkirsche" eine ertragreiche Spitzensorte. Auch eine Baumschule und eine Obstdarre für die Dörrobstgewinnung legte Sickler an, der hier als „Vater, Hausherr und Landmann und vollkommen ein Glied der Gemeinschaft" ganz im Obstbau aufging. Seine praktischen Erfolge und die daraus gewonnenen Erkenntnisse verallgemeinerte er und bereicherte damit das theoretische Wissen seiner Zeit. Der fleißige Pfarrer veröffentlichte dieses Wissen in zahlreichen Büchern und Zeitschriften, von denen die 22 Bände seines „Teutschen Obst-Gärtners" (1804-1810) am bekanntesten geworden sind.

* Gehilfe

Dazu kam u. a. ein „Garten-Lexicon" für den Kleingärtner und ein Fachwörterbuch. Sein Ruf als tüchtiger Pomologe drang bis nach London, wo ihn die Royal Horticultural Society zu ihrem Mitglied berief. Auch der Ökonomischen Societät in Leipzig und der Erfurter Gemeinnützigen Akademie der Wissenschaften gehörte er an. Freilich brachten die napoleonischen Kriege gleich nach der Schlacht bei Jena und Auerstedt im Jahre 1806 schwere Rückschläge, als beispielsweise im Oktober 1806 die Soldaten des Marschalls Ney hier biwakierten und dabei viel verwüsteten. Aber der Obstbau ging weiter. Insbesondere die örtlichen Vereine, die vor rund einhundert Jahren in den Fahnerdörfern gegründet worden waren und sich im Jahre 1902 im Obstbauverein „Fahner Höhe" zusammengeschlossen haben, vermittelten neue Erkenntnisse und Methoden für Anbau, Züchtung und Vermarktung.

Nach dem Zweiten Weltkrieg wurde aus der örtlichen LPG die Kooperationsgemeinschaft „Fahner Obst" gegründet (1966), die sich 1975 in Gierstädt als „LPG Fahner Obst" konstituierte. Nach der Wende 1989 organisierte sich dieser Betrieb neu: Die „Fahner Obst e.G." gliedert sich heute in die „Fahner Obstbau GmbH" mit Produktiv- und Absatzgenossenschaften und in die „Fahner Frucht. Handels- und Verarbeitungsgesellschaft", die auch die großen Handelsketten beliefert. Ein zweites Standbein beim Fahnerschen Obstbau ist der Gewerbepark „Fahner Höhe AG" (17 ha) mit seinen verschiedenen Serviceangeboten und -leistungen. Von den gegenwärtig 1150 ha Obstflächen sind seit dem Jahre 1991 über 150 ha mit neuen Sorten angepflanzt worden. Dabei überwiegen gegenüber früheren Zeiten heute die Flächen mit Apfelbäumen bei weitem. Das Gierstädter Blütenfest, das seit über 200 Jahren im April/Mai gefeiert wird, zieht alljährlich immer wieder viele Besucher aus nah und fern an.

Über die frühe Geschichte von Gierstädt weiß man nicht allzuviel, weil schriftliche Zeugnisse fehlen. Erwähnenswert ist die St. Bonifatiuskirche, die im Jahre 1844 nach Plänen des Gothaer Hofbaurats Gustav Eberhard (1808-1880) gebaut wurde. Übrigens besitzt Gierstädt seit dem Jahre 1923 auch ein schmuckes Freibad, für dessen Erhalt viel getan wird.

Der Ortsteil **Kleinfahner** (rd. 350 Einw.) wird bereits in einem Schenkungsverzeichnis des Klosters Fulda vor dem Jahre 900 als „Ostfanere" erwähnt. Im Laufe der Jahrhunderte haben auch hier die Besitzer gewechselt: Seit dem 14. Jahrhundert erscheinen die Herren von Vanere, seit 1437 traten dann die Herren von Seebach an ihre Stelle, die als Rittergutsbesitzer auch die Gerichtsbarkeit bis 1839 in Gierstädt und anderen Fahnerorten ausgeübt haben.

Die St. Viti-Kirche in Kleinfahner wurde im Jahre 1865 errichtet. Am Pfarrhaus daneben, das im Jahre 1721 gebaut wurde, erinnert eine Gedenktafel an das Wirken des Pfarrers und großen Pomologen Sickler, der hier ein halbes Jahrhundert lang so erfolgreich den Obstbau entwickelt hat.

Am Müllersberg im Osten von Kleinfahner steht eine weithin sichtbare Windmühle, die im Jahre 1987 anstelle einer älteren, abgebrannten Mühle wieder mit viel Mühe aufgebaut wurde, zur Zeit aber nicht betriebsfähig ist. Sie sollte zunächst vor weiterem Verfall gesichert werden, da es nur noch wenige technische Denkmale dieser Art gibt. Eine alte Tradition der Spinnstubenabende wird seit kurzem auch wieder in Kleinfahner gepflegt.

Döllstädt (rd. 1100 Einw.) ist in zwei Urkunden des Klosters Fulda von 750/779 erstmalig schriftlich überliefert: Einmal übertrug ein Ymmo, das andere Mal ein Balderich dem Kloster Fulda Güter in „Tullenestat". Im Jahre 874 bestätigte dann Kaiser Ludwig der Deutsche diese Fuldaer Besitzungen und Zinsrechte. Freilich reicht die Vergangenheit des Ortes viel weiter zurück, denn schon vor rd. 6000 Jahren gab es hier Siedlungsstätten der Bandkeramiker.

Seit dem 12. Jahrhundert treten in Döllstädt die Herren von Tullestete als Zeugen bei Hersfelder, später auch bei Georgenthaler und anderen Klosterurkunden bis ins 14. Jahrhundert auf, oder sie überlassen den Klöstern Teile ihres Grundbesitzes. Schon im Jahre 1212 hatten diese Herren von Döllstädt ihr Dorf mit der Gerichtsbarkeit an die Herren von Salza verkauft. Im thüringisch-hessischen Erbfolgekrieg hatten die neuen Herren um 1248 die Steinburg (auch Steinfurt genannt) zum Schutz ihrer Untertanen bauen lassen. Im Streit mit seinem Mainzer Rivalen Heinrich von Virneburg belagerte im Jahre 1335 Erzbischof Balduin von Trier die Burg vergeblich. Hermann von Salza überließ im Jahre 1407 wohl krankheitshalber drei Teile der Döllstädter Burg den Grafen von Gleichen, im Jahre 1409 starb er schon. Nun entbrannte zwischen Landgraf Friedrich IV., dem das letzte Viertel der Burg gehörte, und den Grafen von Gleichen ein Streit, bis im Jahre 1410 die Grafen dieses Viertel von ihrem Lehnsherrn abkaufen konnten. Im Sächsischen Bruderkrieg wurde in den Jahren 1449/50 die Steinburg wieder belagert und dabei das Dorf niedergebrannt.

Die Anfänge des Zisterzienser-Nonnenklosters, das (vermutlich) die Herren von Salza gestiftet haben, sind unbekannt. Im Jahre 1289 wird es in einer Papsturkunde zum ersten Mal erwähnt, 1291 wiederum in einem Schriftstück des Zisterzienser-Nonnenklosters Ichtershausen. Abt und Konvent des Klosters Reinhardsbrunn verkauften im Jahre 1295 in ihrer Notlage einen Hof, verschiedene Grundstücke, darunter einen Wald und einen Weinberg, sowie Zinseinkünfte an das Döllstädter Kloster, das offenbar vermögend war. Das beweist auch der Kauf von Grundbesitz in Herbsleben im Jahre 1319 für stolze 280 Silbermark, den das Döllstädter Kloster vom hessischen Zisterzienser-Nonnenkloster Heida bei Melsungen erwarb. Größere Zuweisungen machte im Jahre 1380 Hermann von Salza u.a. zum Unterhalt seiner Nichte Elsa, die in das Kloster in Döllstädt eingetreten war. Nach dem Bauernkrieg im Jahre 1525 zogen jedoch die Grafen von Gleichen das Kloster ein (1529). Der Grundbesitz wurde ein Kammergut, das im Jahre 1637 die Grafen von Waldeck erbten, die es später wiederum an Herzog Friedrich I. von Sachsen-Gotha-Altenburg verkauften. Damals gehörten auch „67 Acker wüste Weinberge" (ca. 17 Hektar) dazu. Vom Kloster, das am Nordende des Dorfes beim späteren Domänengut lag, ist heute nichts mehr erhalten. Dies trifft auch auf die alte Burg Steinfurt* zu, die zuletzt im Besitz der Grafen von Gleichen gewesen war. Außer diesem Gutshof gab es in Döllstädt noch drei Rittergüter: Das Polentz-Gut, das Schadesche oder Schloßgut, das die Grafen von Gleichen ihrem Amtmann Schade überlassen hatten, und das Knoblochsche Gut.

Die St. Peter- und Paulskirche stammt noch von 1380, wurde aber in den Jahren 1542/43 umgebaut

* Steinforst

und ist 1859 erneuert worden. Nach 1600 wurden eigens für die Familie der Gutsherren besondere Stühle in der Kirche eingebaut. Von der Orgel, die hier in den Jahren 1712/13 der bekannte Thüringer Orgelbaumeister G.H. Trost (1673-1759) eingebaut hat, sind nur noch der Orgelprospekt sowie Teile von einigen Registern erhalten. Im 19. Jahrhundert ist sie umgebaut und im Jahre 1981 repariert worden. Der Flügelaltar aus dem Jahre 1981 ist eine Kopie des Isenheimer Altars des Matthias Grünewald von Gerd Walter. Am Südportal sind die Wappen der Grafen von Gleichen und derer von Knobloch (Baumeister der Kirche ?) von 1542 eingelassen.

Im Jahre 1889 hat Döllstädt Anschluß an die Bahnstrecke nach Herbsleben, die im Jahre 1891 nach Bad Tennstedt verlängert wurde, und im Jahre 1897 von Erfurt über Kühnhausen nach (Bad) Langensalza-Mühlhausen erhalten.

Nach der Wende 1989 hat sich im Ort manches gewandelt. Neben zwei Gewerbegebieten, die das Wirtschaftsleben der Gemeinde bereichern, ist auch ein neues Wohngebiet „Im Teich" im Entstehen begriffen. In dessen Nähe liegt das Naturdenkmal „Döllstädter Teich".

Dachwig (rd. 1600 Einw.) im äußersten Nordosten des Landkreises Gotha liegt auf urgeschichtlichem Siedlungsboden, wie zahlreiche Funde aus der Jungsteinzeit vor rund 6000 Jahren erkennen lassen. Bei der Anlage des Wasserspeichers (1974 bis 1976) wurden rund 200 verschiedene Siedlungsobjekte (Häuser, Gräber, Befestigungsanlagen) freigelegt, die von der Kultur der Schnurkeramiker und jüngerer Gruppen zeugen.

Die erste urkundliche Überlieferung beginnt in Dachwig mit dem Hersfelder Zehntverzeichnis von 775/786 als „Dachebeche". Ein Gütertausch Kaiser Ottos II. mit dem Erzstift Magdeburg, später mit dem Kloster Fulda, im 10. Jahrhundert macht die Bedeutung Döllstädts deutlich. Im Jahre 1293 verkauft Landgraf Albrecht von Thüringen das Blutgericht und verschiedene Einnahmen an den Vizedomus (Statthalter) von Erfurt, und im Jahre 1305 kaufen sich hier die Herren von Heldrungen an. Deren Güter erwirbt dann im Jahre 1327 die Stadt Erfurt, die hier 1349 auch Besitz der Herren von Herbsleben und des Klosters Ichtershausen aufkauft. Im Jahre 1485 belehnt Friedrich der Weise, Kurfürst von Sachsen, die Stadt Erfurt mit Dachwig, das der Vogtei (Amt und Gericht) Walschleben zugewiesen wird. 1709 kommt der Ort im Zuge der Neuordnung der kurmainzischen Verwaltung zum Amt Gispersleben. Nachdem 1815 das Erfurter Gebiet preußisch geworden war, gehörte Dachwig bis zum Jahre 1994 dem Landkreis Erfurt an.

Im Dreißigjährigen Krieg hatte der Ort viel unter Einquartierungen und Plünderungen zu leiden. Dazu kamen die vielen Toten des Pestjahres 1625, so daß von 1140 Einwohnern bei Kriegsbeginn am Ende nur noch 28 Familien mit 109 Angehörigen überlebt haben. In den letzten Tagen des Zweiten Weltkrieges sind 56 Wohn- und Wirtschaftsgebäude sowie die Schule durch Brandbomben zerstört worden. Deshalb mußte in den Jahren 1950/51 ein moderner Schulbau errichtet werden, zu dem die Dachwiger Einwohner mit viel Eigenarbeit beigetragen haben. Unter anderem wurden durch die Arbeiter der Ziegelei rund 20 000 Ziegelsteine bereitgestellt. Im Jahre 1972 ist beim Stadion ein sogenanntes Mehrzweckgebäude mit medizinischen Einrichtungen und einer Gaststätte gebaut worden.

Eine kulturgeschichtliche Sehenswürdigkeit ist in Dachwig das Dorfmuseum, das im Jahre 1975 im Bauernhof des Dachwiger Ehepaares Martin zur 1150-Jahrfeier der Gemeinde eröffnet werden konnte. Heute ist in zehn Räumen bäuerliche Haushaltskultur sowie im Hof und in der Scheune alte Landtechnik zu sehen.

Vor 20 Jahren wurde zwischen Dachwig und Großfahner der Jordanbach, der beim Dorf die Ober- und Niedermühle trieb, zu einem rund 100 ha großen See für die landwirtschaftliche Beregnung von Ackerflächen angestaut, der zu einem interessanten Naturschutzgebiet „Speicher Dachwig" geworden ist. Leider hat eine Botulismusinfektion* im Speicher 1994/95 zum Tod vieler Wasservögel geführt. Hier soll jetzt ein kleiner Laubwald (2 ha) durch Anpflanzung entstehen.

Das Gewerbegebiet „Ochsenland" (15-18 ha) und das künftige Wohngebiet „Am Kornbach" (5 ha) machen diese Landgemeinde mit ihrem beliebten Freibad, den zahlreichen, schön hergerichteten alten Fachwerkhäusern und den sechs sanierten Wohnblocks aus der Zeit vor der Wende sowie dem schön gestalteten Kirchplatz immer attraktiver.

Dorfmuseum in Dachwig

* *bakterielle Vergiftung*

Literatur im Überblick

Über diesen Literaturüberblick hinausgehend besitzt die Forschungs- und Landesbibliothek Gotha einen großen Bestand an landes- und heimatkundlicher Literatur. Auch das Thüringische Staatsarchiv Gotha und das Museum für Regionalgeschichte Gotha bieten mit ihren Fachbibliotheken weitere wertvolle Literatur.

Thüringen
Akten zur Geschichte des Bauernkrieges in Mitteldeutschland. Bd. 2 (1518-40). Jena 1942.
BECHSTEIN, F.: Wanderung durch Thüringen. Leipzig 1850.
FROMM, G.: Eisenbahnen in Thüringen. Daten und Fakten. Bad Langensalza 1992.
HEBELER, W. und H. MÜLLEROTT: Denkmale des Waidanbaus in Thüringen (Karte). Erfurt 1989.
HECKMANN, H. (Hrsg.): Thüringen. Historische Landeskunde. 3. Aufl. Würzburg 1991.
HOFF, K. E. A. V. und C. W. JACOBS: Der Thüringer Wald - besonders für Reisende geschildert. Leipzig 1807 (Reprint 1989).
HOPPE, W. u. G. SEIDEL (Hrsg.): Geologie von Thüringen. Gotha/Leipzig 1974.
KAISER, E.: Das Thüringer Becken zwischen Harz und Thüringer Wald. Gotha 1954.
KAISER, E.: Thüringerwald und Schiefergebirge. Gotha 1955.
LEHFELDT, P.: Bau- und Kunstdenkm. Thür., H. X, Amtsgerichtsbez. Tonna. Jena 1891.
LUDWIG, O.: Der Rennsteig. Ein Wanderbuch. Rudolstadt 1988.
MÜLLER, J.: Wirtschaftskunde des Landes Thüringen. Weimar 1928.
MÜLLEROTT, H.: Quellen zum Waidanbau in Thüringen. Arnstadt 1992.
PATZE, H.: Die Entstehung der Landesherrschaft in Thüringen. Köln, Graz 1962.
POSSE, O.: Die Wettiner Genealogie des Gesamthauses. 2. Aufl. Leipzig 1994.
Registrum Dominorum Marchionum Missnensium. Verzeichnis der den Landgrafen in Thüringen und Markgrafen zu Meissen jährlich in den wettinischen Landen zustehenden Einkünfte (von) 1378. Leipzig, Berlin 1933.
Rennsteigwanderung. Auf Deutschlands bekanntestem Höhenweg. Ostfildern, Bln. 1995.
SCHULTZE, J. H., u. a.: Die naturbedingten Landschaften der DDR. Gotha 1955.
Talsperren in Thüringen. (Hrsg.: Thüringer Talsperrenverwaltung). Weimar 1993.
Terra. Unser Land Thüringen. Stuttgart 1991.
Thüringen. Hdb. d. hist. Stätten Dtlds. Bd. 9, 2. verb. u. erg. Aufl., Stuttgart 1989.
Thüringer Wald und nördliches Vorland. Kleiner Exkursionsführer. Geographische Bausteine, Neue Reihe, H. 35. 2. Aufl. Gotha 1991.
WOLLMANN, G., und H. ROOB: Bibliographie zur thüring. Siedlungskunde Gotha 1967.

Gothaer Land
BECK, A.: Geschichte der gothaischen Landstädte, Marktflecken und Dörfer in alphabetischer Ordnung. Teil 1-2. Gotha 1875-1876.
Beiträge von der Waidtagung am 19. 9. 1987 in Pferdingsleben bei Gotha. Gotha 1988.
Bonifatius und die Wiege der Grafen von Käfernburg im mittl. Thür. Wald. Arnstadt 1994.
BRATHER, H.-S.: Der räumliche Umfang der Gothaischen Ämter (16.-17. Jh.). In: Der Friedenstein. Gotha 1962, S. 87-98.
BRÜCKNER, J. G.: Sammlung verschiedener Nachrichten zu einer Beschreibung des Kirchen- und Schulenstaates im Herzogthum Gotha. Teil 1-3. Gotha 1753-1768.
Denkmale des Kr. Gotha. 2. Aufl. Gotha 1990.
GERBING, L.: Die Flurnamen des Hzgt. Gotha und die Forstn. des Thür. Waldes. Jena 1910.
HESS, H.: Der „Freiwald" bei Georgenthal. In: Zeitschr. d. Vereins für thür. Gesch. und Altertumskd. N. F., 10, Jena 1897, S. 284-315.
HESS, H.: Der Thüringer Wald in alten Zeiten. Gotha 1898.
HOFMANN, P. A.: Die wirtschaftliche Entwicklung der Gebiete des Thür. Stadt- und Landkr. Gotha 1815-1914. Frankf. a. M. 1930.
KOHLSTOCK, P.: Entdeckungsreisen in der Heimat. 2. Aufl. Gotha 1926 (30 Wanderh.).
KREIBE, L.: Die Wüstungen im Kreis Gotha. In: Gothaer Mus.-H. Gotha 1980, S. 35-59.
KRÄHAHN, G.: Die Drei Gleichen (Thüringer Landschaften, H. 5). Gotha 1993.
MÜLLER, D. W.: Die ur- und frühgeschichtliche Besiedlung des Gothaer Landes. In: Alt-Thüringen. Weimar 17, 1980, S. 19-180.
Die Nesse. Entwicklung eines Gewässers. Jena 1994.
Die Nessetalbahn. Dokumente und Geschichten. Bad Langensalza 1991.
Rund um die Käfernburg. Streiflichter aus dem Kirchenkr. Ohrdruf. Weimar, Jena 1994.
Thüringen. Geschichte und Geschichten. Westl. Teil. Gotha 1990.
SCHMIDT-EWALD, W.: Der Gütererwerb westthüringischer Klöster im Mittelalter. In: Forschungen zur thüringischen Landesgeschichte. Weimar 1958, S. 115-149.
TÜMMLER, H.: Die Geschichte der Gf. von Gleichen v. ihrem Ursprung bis zum Verkauf d. Eichsfld., ca. 1100-1294. Neustadt-O. 1929.
WANGENHEIM, H. A. v.: Regesten und Urkunden zur Gesch. des Geschlechts von Wangenheim und seiner Besitzungen (1. T., bis 1533). Hannover 1857. (2. T., b. 1871). Göttingen 1872.

ZEYSS, E.: Beiträge zur Gesch. der Grafen von Gleichen und ihres Gebiets. Gotha 1931.

Einzelne Städte
BÖTTCHER, J.: Geschichte Ohrdrufs. Ohrdruf 1955. 1960 (4 Bände).
CRAMER, P., u. a.: Truppenübungsplatz Ohrdruf. Zella-Mehlis, Meiningen 1995.
125 Jahre Kur- und Erholungsort Friedrichroda. Friedrichroda 1962.
FISCHER, L.-P., u. a.: Rund um Friedrichroda und Tabarz (Wanderungen durch Thüringen, H. 1). Gotha 1990.
FISCHER, L.-P., u. a.: Rund um Friedrichroda und Tabarz (Wanderungen durch Thüringen, H. 4). Gotha 1992.
GOLLHARDT, W.: Tambach. Beitr. zur Siedlungsgeogr. des Thür. Waldes. Plauen 1931.
Gotha. Das Buch einer deutschen Stadt. Gotha 1928-1937 (2 Bände).
GÖRTLER, W., K. P. HERR und H. ROOB: Gotha (Thüringen. Landschaften, Städte, Wanderungen). Gotha 1996.
Der Gothaer Park. Seine Geschichte und Natur. Gotha 1993.
KÜRTH, F.: Friedrichroda - Tabarz - Finsterbergen - Waltershausen. Leipzig 1960.
RASCHKE, H.: Gotha. Die Stadt und ihre Bürger. Horb 1993.
ROOB, H.: Gotha. Ein historischer Führer. Sigmaringendorf 1991.
SCHMIDT, L., und S. LÖFFLER: Geschichte der Stadt Waltershausen von den Anfängen bis zum ersten Weltkrieg. Waltershausen 1959.

Zeitschriften/Periodica
Abhandlungen und Berichte des Museums für Naturkunde Gotha (ab 1965: Museum der Natur Gotha). Gotha 1963ff.
Alt-Thüringen. Jahresschr. des Museums für Ur- und Frühgeschichte Thüringens. (Hrsg. G. BEHM-BLANCKE). Bd. 1ff. 1953/54ff. Weimar 1955ff.
Aus den coburg-gothaischen Landen. Heimatblätter. Gotha 1903-1912 (8 Hefte).
Der Friedenstein. Monatsblätter des Kulturbundes, Kreisleitung Gotha. Gotha 1954-1963.
Gothaer Museumsheft. Beiträge zur Regionalgeschichte. Museum für Regionalgeschichte und Volkskunde Gotha. Gotha 1964ff.
Aus der Heimat. Friedrichroda 1897-1900 (3 Jahrgänge).
Rund um den Friedenstein. Heimatbeilage des Gothaischen Tageblattes. Gotha 1924-1940.
Zeitschrift des Vereins für thüringische Geschichte und Altertumskunde. Jena 1852-1943, 1993f. - Inhaltsverzeichnis zu den Bänden 1-50 (1852-1996). Jena 1996.

Register von Orten und anderen geographischen Objekten

Die Ortsnamen sind in normaler Schrift; andere geographische Objekte sind *kursiv* gesetzt.

Alach 113ff.; 136
Alte Ausspanne 78
Altenbergen (Catterfeld-) 21; 66; 92; 97f.
Apfelstädt 132; 135; 140ff.
Apfelstädt (Fluß) 8ff.; 19; 25;78ff.; 92ff.; 133ff.
Arnstadt 9; 15f.; 21; 25; 36; 48; 69; 73; 93; 132; 140
Aschara 148f.
Aspach 96; 101ff.
Asse 101; 103f.
Auerstedt 34; 152

Bad Langensalza s. Langensalza, Bad
Bad Salzungen s. Salzungen, Bad
Bad Tennstedt s. Tennstedt, Bad
Ballstädt 11; 120; 146f.
Ballstädter (Tonnaer) Pforte 129; 146
Behringen 48
Berlach 18; 60; 105
Berlin 16; 37; 41; 56
Bienstädt 108; 110; 114; 148
Bienstädter Warte 111
Blütengrund 12; 121
Boilstädt 28; 46; 57; 61
Boxberg 45; 60; 98; 100; 146
Brocken 91
Bromacker 8; 78
Brotterode 91
Brüheim 125ff.
Buchenwald 46; 70; 73; 75; 94
Bufleben 117ff.; 126; 147
Burg Gleichen 10; 139
Burgtonna 15; 18f.; 28; 121; 146ff.

Cabarz (OT v. Tabarz) 89
Catterfeld (Altenbergen) 21; 92ff.
Cobstädt 144f.
Coburg 30; 32; 36; 57; 91
Crawinkel 9; 16; 48; 73ff.
Cumbach 67f.

Dachwig 154f.
Dietharz (Tambach-) 15; **78ff.**; 93
Döllstädt 26; 48; 97; 146; 148; 151; 153f.
Drei Gleichen 10; 16f.; 27; 45; 91; 137; 139f.

Ebenheim 126; 129
Eckartsleben 148
Ehrenstein 71
Eisenach 11; 16; 22f.; 26f.;30; 37; 49; 52; 56; 63f.; 72; 82; 85; 88; 93; 101ff.; 121; 124
Elbe 8; 53; 146
Emleben 95f.
Emse 8; 106f.
Engelsbach 97ff.
Erffa (Friedrichswerth) 32; 103f.; 117; 126; 129f.

Erfurt 11; 15f.; 22ff.; 35; 42; 50; 61; 93; 96; 104; 108; 111ff.; 123ff.; 132ff.; 149; 154
Erfurt (Bezirk) 48
Erfurt-Land (Altkreis) 108; 113
Ernstroda 64; 67; 97
Eschenbergen 108ff.; 148
Ettersberg 91

Fahnersche Höhe 11f.; 48; 108ff.; 121; 129; 146; 150f.
Falkenstein 78ff.
Finsterbergen 8; 37; 39; 40; 64ff.; 81; 97ff.
Fischbach 106; 120
Flößgraben 95
Flutgraben 118; 121
Frankfurt a. Main 28; 35; 37
Freudenthal 139
Freyburg 22
*Friedenstein (Schloß) 17; **33f.**; 40; 53; 57; 75; 91; 128; 149f.*
Friedrichroda 8; 15; 16; 22; 25; 36; 39ff.; **62ff.**; 85; 88ff.
Friedrichswerth (s.a. Erffa) 32; 36; 43; 60; 83; 103; 125ff.
Friemar 11; 19; 108ff.
Friemarer Stausee 11
Fröttstädt 19; 85; 101ff.
Fulda 21; 102; 108; 117ff.; 123ff.; 139; 147; 150ff.

Gamstädt 132; 135f.
Georgenthal 11; 15; 25; 32f.; 59; 67; 77; 79; 82; 84; 92ff.; 142
Georgenthal (Amt) 7; 27; 77; 79; 97f..
Georgenthal (Kloster) 15; 25ff.; 60f.; 67; 78f.; 93ff.; 108ff.; 113; 117; 120; 132ff.; 144; 148; 150; 153
Gera (Bezirk) 48
Gera (Fluß) 9; 11; 135; 146
Gierstädt 12; 17; 111; 146; 150ff.
Goldbach 117; 121ff.
Gospiteroda 97; 100
Gotha 7ff.; 14ff.; 22ff.; 31ff.; **52ff.**; 63; 65; 71f.; 78ff.; 83; 85; 88; 90ff.; 100ff.; 113ff.; 123ff.; 130; 132; 135ff.; 139; 143; 145f.; 148; 151; 154
*Gothaer Land **7ff.**; 52; 68; 72; 77; 98; 106f.; 110; 123f.; 132; 135; 140ff.; 146; 151*
Gothaer Talsperre 78; 80
Grabsleben 136; 141; 144f.
Gräfenhain 73; 77; 93; 95
Gräfenroda 16
Gräfentonna 15; 19; 27; 48f.; 125; 130; 146ff.
Grenzwiese 91
Grimmenstein (Schloß) 23; 25; 29; 30; 53
Große Harth 98; 146
Großenbehringen 27; 126
Großfahner 48; 146; 150f.
Großrettbach 136; 144f.
Großwechs (Wüstung) 145
Günthersleben 48f.; 141; 143; 144; 151

Haarhausen 141
Haina 11; 18f.; 126; 128f.
Hainaer Holz 128
Hainich 146
Harz 20; 91
Hattstädt (Wüstung) 135
Hausen 120; 146
Hauthal (Wüstung) 123
Heilige Lehne 18
Herbsleben 32; 146; 153f.
Herrenhof 73; 93f.
Herrschaft Tonna 110; 148
Hesserode (Wüstung) 138
Heuberg (-haus) 8; 66; 70; 120
Hildburghausen 34; 36; 69
Hochheim 79; 123f.
Hohe Straße 15, 22
Hohenkirchen 73; 93ff.; 144
Hoher Meißner 91
Holzhausen 141
Hörsel 8; 11; 19; 88; 97; 100ff.; 107; 146
Hörselberge 15; 107; 129
Hörselgau 82; 85; 101ff.; 146

Ichtershausen (Kloster) 7; 16; 25; 27; 83; 141; 148; 153f.
Illeben 27; 148
Ilm-Kreis 140
Ilmenau 16
Immertalsausee 109
Ingersleben 11; 132; 134f.
Inselsberg, Großer 8; 70; 89ff.; 107

Jena 26; 29; 34; 52; 69; 97; 152
Jonastal 9
Jordanbach 146; 151; 155

Kandelaber (b. Catterfeld-Altenbergen) 98
Kindel 103; 126
Kindleben (Wüstung) 57
Klein-Tabarz (OT v. Tabarz) 89
Kleiner Inselsberg s. Grenzwiese
Kleinfahner 48; 146; 150ff.
Kleinrettbach 132; 136
Kleinschmalkalden 70
Kleinwechs (Wüstung) 145
Kornhochheim 132f.
Krahnberg 10; 103; 123
Kranichmoor 96
Kühnhausen 110; 154
Kurmainz 139; 154
Kyffhäuser 129

Langenhain 86; 88ff.
Langensalza, Bad 16; 27; 48; 117; 123ff.; 148ff.
Laucha 8; 88f.; 101ff.
Lauchagrund 88; 91
Leina 16; 18; 45; 61; 97; 99f.; 105; 114

157

Leina (Fluß) 8; 66f.; 97; 99f.; 121; 146
Leinakanal 95; 97;110; 118; 121
Leipzig 22; 35; 113; 136; 145
Leuchtenburg 89; 91
Luisenthal 8; 25; 63; 73; 75f.; 94

Magdeburg 22; 35; 117; 154
Marburg 23
Marienglashöhle 8; 62
Marienthal 134f.
Mechterstädt 27; 42; 88; 101; 106; 129
Meiningen 34; 36; 63; 69f.; 91; 148
Metebach 32; 101; 103f.
Mittelwassergrund 81
Molschleben 11; 28; 108f.
Molsdorf 67; 127; 135
Mühlberg 7; 15; 21; 29; 71; 73; 134; 137f.; 141f.
Mühlberger Spring 138
Mühlburg 11; 21; 73; 137f.
Mühlhausen 16; 27; 116; 119; 149; 154

Nägelstedt 149
Nauendorf 77; 95
Nazza 36
Nesse 11; 19; 24; 27; 108f.; 117; 120f.; 146
Nesselberg 68
Nesselberghaus 70
Nesselhof 78
Neudietendorf 15; 28; 111; 132f.; 136; 144
Neue Ausspanne 70
Neuenburg 22
Neufrankenroda 32; 101; 103
Nordhofen 131
Nottleben 11; 108; 113; 116; 136

Oberhof 8; 16; 40; 52; 68f.; 73f.
Oesterbehringen 125
Oestertonna (Wüstung) 148
Offhausen (Wüstung) 110f.; 114
Ohra (Fluß) 8f.; 11; 15; 24; 71; 74f.; 146
Ohrdruf 9ff.; 15; 21; 24ff.; 32; 36f.; 41f.; 46; 63; 66; 71ff.; 80; **92ff**; 103; 143f.; 148
Ohrdrufer Muschelkalkplatte 9; 10; 12

Paris 108; 123; 128; 151
Paulfeldteich 99
Petriroda 96
Pferdingsleben 28; 108; 111; 113f.; 147
Pfullendorf 120
Plaue 9

Reichenbach 125
Reinhardsbrunn (Amt) 7; 36; 66; 89
Reinhardsbrunn (Kloster) 15; 22ff.;30; 60ff.; 66ff.; 78; 82; 86ff.; 92ff.; 104f.; 113; 119ff.; 134f.; 147f.; 153
Reinhardsbrunn 31; 60

Reinhardsbrunn (Schloß) 37; 65
Reinhardsbrunner Teiche 65
Remstädt 44; 117ff.; 121; 123
Rennsteig 7f.; 15f.; 26; 62; 67ff.; 78; 81; 91ff.; 97; 99f.; 107
Rhön 91; 129; 147
Ringhofen 138
Rödichen (OT v. Waltershausen) 68; 82; 86f.
Röhnberg 142
Röhrensee 7; 138
Römhild 91
Ruhla 32; 42; 68; 83; 90; 106f.
Runneburg 22

Saaletal 16; 68; 132
Saalfeld 34; 36
Saalfeld-Arnstadt-Gotha-Eichenberger Störungszone 10
Salzungen, Bad 125
Sättelstädt 107
Schauenburg 22; 63
Schloßleite 11; 141
Schmalkalden 11; 15; 22; 29; 63; 70; 78; 81
Schmalwasser (-grund) 78
Schmalwasser-Talsperre 80
Schmerbach 106
Schmiedefeld 68f.
Schneekopf 91
Schnepfenthal (OT v. Waltershausen) 65; 104
Schönau 67; 93; 97f.
Schwabhausen 16; 141; 143f.
Schwarzhausen 106f.
Schwarzwald (OT v. Luisenthal) 22; 25; 75
Seeberg 10; 19; 34; 52
Seebergen 18; 19; 78; 141; 144
Sembachtal 107
Siebleben (OT v. Gotha) 59; 144
Sömmerda 114
Sonneborn 18; 20; 48f.; 126; 130f.
Speicher Dachwig 155
Spießberg (-haus) 66; 70
Stadtilm 132
Stutzhaus (OT v. Luisenthal) 75
Suhl 41; 68
Suhl (Bezirk) 48
Sülzenbrücken 133f.
Sundhausen 43; 60; 105

Tabarz 15f.; 39; 43; 74; 88; **89ff**.
Tambach-Dietharz 8; 15; 21; 26; 29; 38f.; 42; 68; 70; **78ff**; 93; 123; 144
Tammichgrund 81
Tanzbuche 8; 66; 70; 82
Tenneberg (Amt) 7; 15; 22; 25; 39; 60f.; 66; 83f.; 88f.; 97; 100; 102; 104
Tenneberg (Schloß) 83f.
Tennstedt, Bad 60; 154

Teutleben 101ff.
Thal 36; 42; 83
Thüringer Becken 7; 9; 11f.; 126
Thüringer Burgenland „Drei Gleichen" 10; 17; 137
Thüringer Wald 7ff.; 22; 36; 38ff.; 65ff.; 73f.; 78f.; 81; 86; 89; 92; 97; 102; 103; 104; 106; 132; 146
Tilleda 129
Tobiashammer 72f.
Tonna (s.a. Gräfentonna u. Burgtonna) 11; 15; 24; 26; 36; 110; 120; 146ff.; 151
Tonna-Bach 11; 146; 148
Töpfleben (OT v. Gotha) 52; 59
Töttelstädt 110; 113f.; 148
Treffurt 130
Tröchtelborn 48; 108; 113ff.
Trügleben 82; 101ff.
Tüngeda 125
Tüttleben 28; 108; 113; 145

Uelleben 57; 60f.; 105
Unstrut 7; 11f.; 15; 20; 22; 24; 32; 92; 146
Unstrut-Hainich-Kreis 146

Vargula 149
via regia 15; 22; 104; 113; 135

Wachsenburg 7; 10; 25; 27; 73f.; 132f.; 140f.
Wahlwinkel 86; 88; 105
Walschleben 154
Waltershausen 9; 12; 15f.; 22; 25; 27; 29; 31f.; 36; 38; 42ff.; 52; 69; **83ff**.; 90; 97; 104f.
Waltershäuser Vorberge 9; 12
Wandersleben 7; 11; 16f.; 48f.; 139; 141f.; 147
Wandersleber Gleiche (Burg) 139
Wangenheim 11; 19; 83; 102f.; 106f.; 117; 120; 123ff.
Wangenheimer See 11; 125
Wartburg 22f.; 63; 91
Wartburgkreis 125
Warza 117ff.
Wechmar 11; 19; 24; 48; 108; 141ff.
Wegscheide 16; 74
Weimar 7; 26; 30f.; 41; 44; 46; 80; 89; 91; 108; 123
Weingarten 10; 126; 129
Weißensee 22; 48; 52; 113
Werra 8; 15; 22; 30; 68; 78; 100; 105
Weser 8; 146
Westhausen 117
Wiegleben 123; 125
Winterstein 69; 82; 106f.; 120; 124
Wipperoda 97f.
Wölfis 73ff.
Würzburg 21; 29
Wutha 16

Zella-Mehlis 41
Zimmernsupra 108; 110; 114; 116

Personenregister

Adolf v. Nassau, Ebf. v. Mainz 147
Albrecht d. Beherzte, Hzg. v. Sachsen 29
Albrecht, Ldgf. v. Thür. 136; 145; 154
Altenburg, Michael 114
Alvary, Max 89
Apel v. Warza 117
Arnoldi, Ernst 118
Arnoldi, Ernst Wilhelm 35; 54; 118
Asolf (Asolv) 21
August v. Sachsen, Kfst v. Sachsen 29; 118; 123; 130
August, Hzg. v. Gotha-Altenburg 34; 150

Bach, Musikerfamilie 72; 142
Bader, Hans (Langer Hans) 27
Baderich, Bruder Herminafrieds 20; 82
Baethcke, Paul 94
Balduin, Ebf. v. Trier 153
Balthasar, Ldgf. v. Thür 24f.; 83; 126; 141
Banér, Johan, schwed. General 31; 136
Barth, Karl 81
Bechstein, Johann Matthäus 84
Bechstein, Ludwig 69
Becker, Rudolph Zacharias 35
Benda, Georg (Jici) 34; 128
Bernhard II., Hzg. v. Sachsen-Meiningen 36
Berthachar, Bruder Herminafrieds 20
Bisinus (Bessinus), Kg. d. Thür. 20
Bobbo v. Sonneborn 129
Böhm, Rudolf 95
Böhner, Ludwig 114
Bonhorst, Heinrich 143
Bonifatius (Wynfreth), Missionar u. Bf. 15; 21; 71; 80; 92; 95f.; 98; 137
Böttcher, Julius 71f.
Brandt, Willy 50
Brehm, Christian Ludwig 97f.
Breithaupt, Werner 121
Brückner, Nicolaus 98
Bühring, Johannes 69
Burbach, Johann Jacob 105
Buschmann, Christian Friedrich Ludwig 63
Buttlar, Frh. v. 139

Carl Eduard, Hzg. v. Sachsen-C. u. Gotha 40; 55
Chlotar (Chlotachar), Kg. d. Franken 20
Christian v. Goldbach 121
Cramer, Alfred 102
Cunrad de Ingersleben 134
Cyprian, Ernst Salomon 33

Dietrich v. Hopfgarten 129
Dietrich v. Mols(ch)leben 113
Doell, Friedrich Wilhelm 98
Dörfling 101
Duronius, Johannes 93

Eberhard, Gf. v. Berg 92
Eberhard, Gustav 37; 64; 152

Eberwinus de Buffleiben 119
Echarti, Hans 47
Echt, Johann Friedrich Bachoff v. 118
Eckermann, Johann Peter 34
Eckhart (Eckehard) v. Hochheim 79, 123
Eelbo, Bruno 125
Eginhold (Engelsbach) 99
Ekbert II., Mgf. v. Meissen 142
Ekhof, Konrad 34
Elisabeth, Landgfn. v. Thür., „Domina" in Gotha 24
Elisabeth, Landgfn. v. Thür., Hl. 20; 23f.
Erffa, Hrn. v. 103; 104; 117; 126; 130
Ernst I., d. Fromme, Hzg. v. Sachsen-Gotha-Altenburg 7; 9; 24; 29ff.; 53f.; 65, 69; 75; 79; 91; 93; 118; 134; 141; 145; 149; 151
Ernst II., Hzg. v. Sachsen-Coburg u. Gotha 37; 91
Ernst II., Hzg. v. Sachsen-Gotha-Altenburg 33f.; 54; 87; 103
Ernst, Gf. v. Gleichen 96, 143; 147
Erwin I. v. Tonna 147
Erwin II. v. Tonna 147
Eulefeld, Leonhard 65
Eyserbeck, Johann Rudolf 59

Fabian, Otto 94
Flacius Illyricus 119
Florschütz, Georg 19
Frei, Michel 125
Freytag, Gustav 59; 66; 70
Friedrich d. Weise, Kfst. v. Sachsen 27; 29; 123; 154
Friedrich I. Barbarossa, dt. Kg. u. Ksr. 22
Friedrich I., d. Freidige, Ldgf. v. Thür. 24; 136
Friedrich I., Hzg. v. Sachsen-Gotha-Altenburg 32; 83, 110; 126; 127; 149; 153
Friedrich II., d. Ernsthafte, Ldgf. v. Thür. 24; 147
Friedrich II., d. Große, Kg. v. Preußen 33, 136
Friedrich II., dt. Kg. u. Ks. 23; 78
Friedrich II., Hzg. v. Gotha-Altenburg 83f.; 141
Friedrich III., d. Strenge, Ldgf. v. Thür. 24; 77; 96; 147; 150
Friedrich III., Hzg. v. S.-Gotha-Altenburg 33; 76
Friedrich IV., Hzg. v. Sachsen-Gotha-Altenburg 36
Friedrich v. Wangenheim 130

Gadolla, Josef Ritter v. 46
Geißler, Johann Gottfried 34
Georg d. Bärtige, Hzg. v. Sachsen 27
Georg II., Gf. v. Gleichen 71
Gerbing, Luise 86
Gerlach v. Emleben 96
Glenck, Carl Christian Friedrich 119
Godehard, Abt v. Hersfeld, Bf. v. Hildesheim 52
Goethe, J. W. v. 17; 34; 54; 60; 63; 91; 107; 147
Gotthard, Sankt, s. Godehard
Gotter, Gustav Adolf v. 132; 135
Gottschalk, Günter 47
Gregor II., Papst 92
Grimm, Paul 129

Grumbach, Friderun v. 25; 29
Grumbach, Wilhelm v. 25; 29; 53; 123; 130
Grünewald, Matthias 154
Gunderich (Günthersleben) 143
GutsMuths, Johann Christoph Friedrich 65; 87

Haack, Hermann 127
Hagen, Eduard v. 128
Hahnemann, Christian Friedrich Samuel 94
Halbig, Carl 77
Hans Ludwig, Gf. v. Gleichen, 139
Hansen, Peter Andreas 91
Hartung, Gustav 67
Hartwich v. Hörselgau 104
Hatzfeld, Gf. v. 138f.
Heden, Hzg. 21
Heinrich d. Erlauchte, Mgf. v. Meißen 24
Heinrich I., dt. Kg. 22; 69, 141;
Heinrich III., Gf. v. Schwarzburg 78; 144
Heinrich IV., dt. Kg. u. Ks. 23; 129; 139; 142
Heinrich Raspe, Ldgf. v. Thür., dt. Gegenkg. 23
Heinrich v. Ballstädt 120
Heinrich v. Friemar d.J. 108
Heinrich v. Gebesee 137
Heinrich v. Trügleben 104
Heinrich, Abt v. Georgenthal 95
Herber, Hugo 48
Herdwich v. Hirsilgowe 104
Hering, Felix 79
Hermann I., Gf. v. Gleichen u. Tonna 147
Hermann I., Ldgf. v Thür. 23; 63; 145
Hermann v. Bufleben 119
Herminafrid, Kg. d. Thür. 20
Hertel, Ludwig 69
Hey, Wilhelm 100; 114
Hoff, Karl Ernst Friedrich v. 34; 69
Hoffmann, Eckart 89
Hoffmann, Heinrich 89
Holle, Wilhelm 42
Hornaff, Valentin 68
Hugo, Gf. v. Käfernburg 95
Hünersdorf, Carl Heinrich 55

Immel, Karl 75

Jacobs, Christian Wilhelm 69
Jacobs, Friedrich 34
Jannott, Edgar 102
Johann Casimir; Hzg. v. Sachsen-Coburg 30; 63; 83; 102; 119
Johann d. Beständige, Kfst. v. Sachsen 27; 29; 83; 93; 102; 142
Johann Ernst, Hzg. v. Sachsen-Eisenach 30
Johann Friedrich I., d. Großmütige, Kfst. v. Sachsen 29; 110
Johann Friedrich II., Hzg. v. Sachsen 29
Johann Friedrich v. Hopfgarten 104
Johann Wilhelm, Hzg. v. Sachsen-Weimar 30; 93

159

Julius Cäsar 20
Juncker, Christian 69
Jutta v. Schwaben 22

Kapp, Wolfgang 41; 42
Karl d. Große, fränk. Kg. u. Ks. 52; 73; 116; 118; 133
Karl IV., dt. Kg. u. Ks. 147
Karl V., dt. Kg. u. Ks. 29
Kaspar v. Vanre 150
Kaufmann, Hermann 126; 147
Kehr, Paul 86
Keil, Ferdinand 62
Kestner, Johann Daniel jun. 85
Kestner, Johann Daniel sen. 85
Kirchner, Hermann 74
Kirsche, Walter 60
Knauth, Guido 66
Knobloch, Hrn. v. 153f.
Kohlstock, Karl 103; 105
Königsmarck, H. Christoph v., schwed. General 110
Konrad II., dt. Kg. u. Ks. 129
Krohne, Gottfried Heinrich 135
Krügelstein, Friedrich 71
Krummfinger-Balthasar 139
Kunemund d. Ältere v. Molschleben 109
Kunemund u. Mechthild v. Boilstädt 100

Langenbeck, Matthias 95
Lappe 133
Leo, Johann Benedict 32
Liebetrau, Otto 41; 55
Lindenau, Bernhard v. 34
List, Friedrich 35, 54
Loch, Hans 47
Lothar III., dt. Kg. u. Ks. 22
Löwe, Hans 29
Luck, Artur 47
Ludwig d. Bärtige, Gf. 22; 63; 67; 96
Ludwig d. Deutsche, ostfrk. Kg 147; 153
Ludwig d. Springer, Gf. 22; 63; 147
Ludwig I., Ldgf. v. Thür. 22
Ludwig II., Ldgf. v. Thür. 22; 58
Ludwig III., Ldgf. v. Thür. 22f.; 59; 82; 86; 88
Ludwig IV., Ldgf. v. Thür. 23; 104; 120; 150
Ludwig v. Hausen 120
Ludwig v. Hörselgau 105
Ludwig, Abt v. Georgenthal 95
Luise Dorothea, Hzgn. v. S.-Gotha-Altenburg 33; 76
Lullus, Ebf. v. Mainz 21; 52; 71
Luther, Martin 29; 81
Lyna, Conrad v. 100

Meingoth, Abt v. Hersfeld 140
Meinhardus de Muleburg 137
Meinung, Carl E. 72
Melanchthon, Philipp 29
Melchior v. Wangenheim 131
Meyer, Eduard 103; 124; 127
Mitzschke, Paul 69
Moritz, Hzg. u. Kfst. v. Sachsen v. Sachsen, 29
Mozart, Wolfgang Amadeus 34; 114

Müller, Fritz 57
Müntzer, Thomas 27
Mutian, Conrad Rufus 93
Myconius, Friedrich 26; 29; 53; 81; 141
Napoleon I., Ks. v. Frankr. 35; 54; 85; 111; 117; 152
Neubauer, Theodor 56
Nexö, Marti Andersen 65f.; 70
Ney, Michel, frz. Marschall 152
Nordhofen, Hrn. v. 131
Nußbaum, Hans 149

Oschmann, Johann Georg 100
Otto I., dt. Kg. u. Ks. 128
Otto II., dt. Kg. u. Ks. 142, 154
Otto v. Vanre 150

Perthes, Friedrich Andreas 39; 62
Perthes, Justus 54
Petermann, August 55
Philipp, Gf. v. Gleichen 27; 130; 148
Plänckner, Julius v. 69; 104
Poster, Erasmus 64
Pückler-Muskau, Hermann Fst. v. 65

Rabich, Ernst 89
Radegunde, Hl. 20f.; 137
Radulf, Hzg. d. Thür. 21
Ratzmann, Georg Friedrich 72; 74
Ratzmann, Ludwig 66
Reckeroth, Jobst v. 101
Regel, Eduard v. 39
Regel, Fritz 69; 86
Reichard, Heinrich August Ottokar 34
Reinhard v. Eschenbergen 110
Reyher, Andreas 32
Ritter, Johann Heinrich 60; 83
Roßner, Alfred 69
Roth, Herbert 68
Rudolf v. Hausen 120

Salza, Hermann v. 153
Salzmann, Christian Gotthelf 65; 87
Schade, Amtmann 153
Scheffel, Joseph Viktor v. 66; 70; 107
Scheffler, Fritz 41; 44
Scheidemann, Philipp 41
Schenk v. Tautenburg, Christian 148
Schinkel, Karl Friedrich 37
Schlotheim, Ernst Friedrich v. 34
Schulze, Christian 127
Seebach, Friedrich Wilhelm v. 151
Sickler, Johann Volkmar 39; 151f.
Siegmund, Graf v. Orlamünde 88
Sigmund II., Graf v. Gleichen 27
Sizzo III., Gf. v. Käfernburg 92
Sophie, Ldgfn. v. Hessen 24
Spalatin, Georg 93
Stölzel, Gottfried Heinrich 33
Storch, Ludwig 69
Stoy, Volkmar 91
Straßburger, Johann Ernst 60; 77; 83f.

Stutzel (Hund) 107
Suttner, Berta v. 101
Sylten, Werner 56

Theotbald, Hzg 21
Theuderich, Kg. d. Franken 20
Thienemann, Georg 77
Thraen, Daniel 133
Thümmel, Hans Wilhelm v. 103; 131
Treffurt, Hrn. v. 130
Trinius, August 69; 81; 86
Troch, Christian 61
Trost, Gottfried Heinrich 84; 154
Trützschler, Wilhelm Adolf v. 74
Tüttleb, Jeremias 226

Uechtritz, K.G. v. 124
Urbanus (Fastnach, Heinrich) 93

Vegetius, Publius Flavius 20
Virchow, Rudolf 94
Voigt, Johann Carl Wilhelm 91; 107
Volckland, Franziskus 114
Voltaire, Fançoise-Marie Arouet de 33
Vulpius, Christian August 147

Wagner, Marcus 119
Wagner, Robert 135
Waldeck-Pyrmont, Gf. v. 148, 153
Walter v. Cobinstete 145
Walter, Gerd 154
Walther v. Hausen 120
Wangenheim, Inge v. 107
Weber, Carl Maria v. 149
Weidner, Albert 67
Welzing, Hans 53
Wenck, August Heinrich 128
Wendephaphe, Heinrich 147
Wenzel, dt. u. böhm. Kg. 147
Wenzel, Hans 149
Wichard, Abt. v. Reinhardsbrunn 63
Wichman v. Trügleben 104
Wilhelm I., Pr. Kg. u. dt. Ks. 38
Wilhelm, Hzg. v. Sachsen 142
Willibald, Benediktinermönch 71
Willibrord, Ebf. d. Friesen 21
Winterstein, Eduard v. 107
Withelo de Tueteleibe 113
Witzleben, Alexander v. 109
Witzleben, Gangloff v. 74
Wunderlich, Gottfried 77

Ymma 147
Ymmo 153
Ysnal, Heinrich 88

Zach, Franz Xaver v. 34; 91
Zink, Albert 99
Zinzendorf, Nikolaus Ludwig Gf. v. 132
Zitzmann, Müllerfam. 134
Zorn v. Plobsheim, Wolf 83

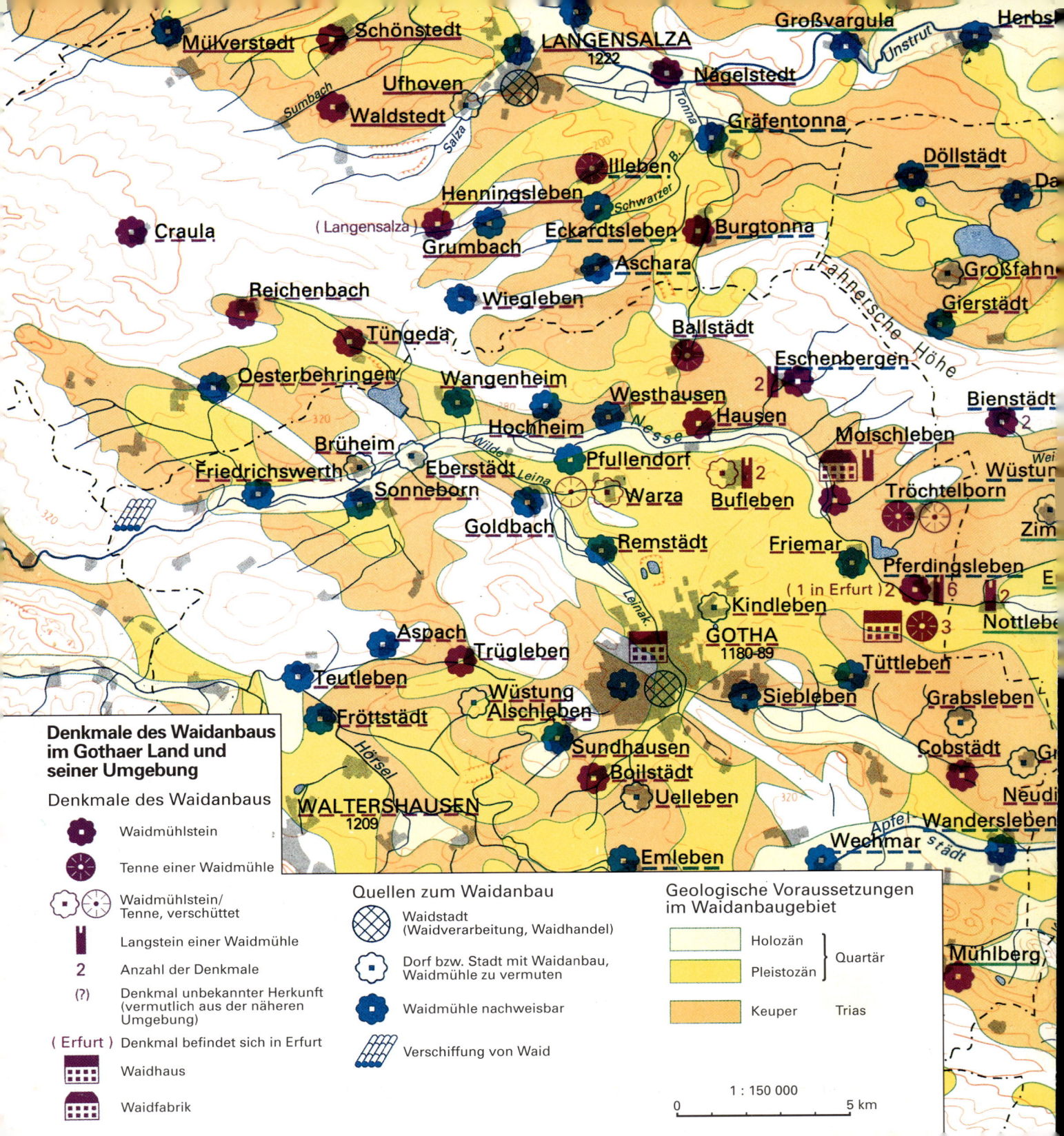

Denkmale des Waidanbaus im Gothaer Land und seiner Umgebung

Denkmale des Waidanbaus

- Waidmühlstein
- Tenne einer Waidmühle
- Waidmühlstein/Tenne, verschüttet
- Langstein einer Waidmühle
- **2** Anzahl der Denkmale
- **(?)** Denkmal unbekannter Herkunft (vermutlich aus der näheren Umgebung)
- **(Erfurt)** Denkmal befindet sich in Erfurt
- Waidhaus
- Waidfabrik

Quellen zum Waidanbau

- Waidstadt (Waidverarbeitung, Waidhandel)
- Dorf bzw. Stadt mit Waidanbau, Waidmühle zu vermuten
- Waidmühle nachweisbar
- Verschiffung von Waid

Geologische Voraussetzungen im Waidanbaugebiet

- Holozän } Quartär
- Pleistozän
- Keuper — Trias

1 : 150 000
0 — 5 km

Ortsnamen

Mülverstedt, Schönstedt, LANGENSALZA 1222, Großvargula, Herbs[...], Ufhoven, Waldstedt, Nägelstedt, Gräfentonna, Illeben, Döllstädt, Da[...], Henningsleben, (Langensalza), Grumbach, Eckardtsleben, Burgtonna, Craula, Aschara, Großfahn[...], Reichenbach, Wiegleben, Gierstädt, Tüngeda, Ballstädt, Eschenbergen, Oesterbehringen, Wangenheim, Westhausen, Bienstädt, Brüheim, Hochheim, Hausen, Molschleben, Wüstun[...], Friedrichswerth, Eberstädt, Pfullendorf, Bufleben, Tröchtelborn, Sonneborn, Warza, Friemar, Zim[...], Goldbach, Remstädt, Pferdingsleben, (1 in Erfurt), Nottleb[...], Aspach, Kindleben, GOTHA 1180–89, Trügleben, Tüttleben, Grabsleben, Teutleben, Wüstung Alschleben, Siebleben, Cobstädt, Fröttstädt, Sundhausen, Neudi[...], WALTERSHAUSEN 1209, Boilstädt, Uelleben, Wandersleben, Wechmar, Emleben, Mühlberg